乡村振兴：
基层干部法治素养与能力建设丛书

丛书主编／江必新

乡村诉源治理的实践经验与典型案例

第二版

主　编／郭　彦
副主编／徐东琪

人民法院出版社

图书在版编目（CIP）数据

乡村诉源治理的实践经验与典型案例 / 郭彦主编 ; 徐东琪副主编. -- 2版. -- 北京 : 人民法院出版社, 2024.5

（乡村振兴 : 基层干部法治素养与能力建设丛书 / 江必新主编）

ISBN 978-7-5109-4028-6

Ⅰ. ①乡… Ⅱ. ①郭… ②徐… Ⅲ. ①农村－社会管理－法治－研究－中国 Ⅳ. ①D920.0

中国国家版本馆CIP数据核字(2024)第025787号

乡村诉源治理的实践经验与典型案例（第二版）

郭　彦　主编

徐东琪　副主编

策划编辑　韦钦平

责任编辑　巩　雪

封面设计　天平文创视觉设计

出版发行　人民法院出版社

地　　址　北京市东城区东交民巷27号（100745）

电　　话　（010）67550658（责任编辑）　67550558（发行部查询）

65223677（读者服务部）

客服QQ　2092078039

网　　址　http://www.courtbook.com.cn

E－mail　courtpress@sohu.com

印　　刷　三河市国英印务有限公司

经　　销　新华书店

开　　本　787毫米×1092毫米　1/16

字　　数　290千字

印　　张　18.25

版　　次　2024年5月第1版　2024年5月第1次印刷

书　　号　ISBN 978－7－5109－4028－6

定　　价　60.00元

乡村振兴：基层干部法治素养与能力建设丛书
编辑委员会

乡村诉源治理的实践经验与典型案例（第二版）
编辑委员会

Introduction 第二版出版说明

21世纪以来，2024年是中央连续21年发布聚焦“三农”工作的中央一号文件。中央一号文件已逐渐成为中共中央、国务院重视农村问题的专有名词。今年的主题为《中共中央、国务院关于学习运用“千村示范、万村整治”工程经验有力有效推进乡村全面振兴的意见》。为助力乡村振兴战略的实施，推进法治乡村建设，提升基层干部群众的法治素养与能力，2020年，经过深入实地调研，在最高人民法院有关领导和庭室的指导帮助下，我们精心策划出版了《乡村振兴：基层干部法治素养与能力建设丛书》。丛书出版以来，其以与乡村社会生活紧密结合的实用性、解答法律问题的准确性，以及语言风格的简洁易懂性，受到了包括法官、律师等广大基层干部、群众在内的读者喜爱，收到了诸多积极评价和反馈。同时，丛书还入选了2021年中宣部农家书屋重点推荐书目，其中，《农村土地流转法律问题解答与实例》《农村生产经营、生活法律问题解答与实例》《乡村诉源治理的实践经验与典型案例》三册被农村党支部书记学院选用为基层干部培训教材。

丛书出版三年多以来，《民法典》正式施行，党的二十大作出全面实施乡村振兴战略的决策部署，乡村改革发展过程中出现了新的法律问题，司法实践中也形成了新的成果和经验。为使丛书对法律问题的解答能够紧密结合乡村社会发展变化，保证实用性和时效性，满足读者学法用法的强烈渴求，我们决定在第一版的基础上，对丛书内容进行全面补充更新完善，全新推出《乡村振兴：基层干部法治素养与能力建设丛书》（第二版），共5册，分别为《农村土地流转法律问题解答与实例（第二版）》《农村生产经营、生活法律问题解答与实例（第二版）》《集体土地征收、拆迁、拆违法律问题解答与实例（第二版）》《生态资源环境保护法律问题解答与实例（第二版）》《乡村诉源治理的实践经验与典型案例（第二版）》。

丛书在第一版的基础上主要进行了以下修订完善：一是结合法律法规、司法解释的修改，对法律问题解答内容进行全面审核、修改和更新，保证解答的准确性；二是梳理并补充此前未收录的法律问题和新出现的法律问题，对丛书内容进行全面丰富完善；三是收录新的案例，包括最高人民法院新公布的典型案例，在全新上线的“人民法院案例库”中精选的典型案例，以及各地法院近期裁判的典型案例，以体现当前新的司法观点和裁判标准。

丛书具有以下三个突出特点：

1. 内容全面、问题导向、针对性强。丛书编写过程中进行了充分调研，以问题为导向，听取基层执法人员在工作中遇到的问题和主要诉求，并结合人民法院丰富的案例资源和司法实践经验，全面、客观、科学地梳理、提炼出主要涉农纠纷类型、矛盾多发点和法律风险点，使内容全面反映并紧密贴合乡村振兴基层涉法需求，具有很强的针对性。

2. 观点准确、注重时效、实用性强。丛书由一批既有丰富审判实务经验，又具有较强法学理论研究能力的业务骨干法官组成作者团队，由最高人民法院相关庭室的审判业务专家进行指导、审稿，保证丛书观点的准确性、科学性以及与当前立法精神和司法观点的一致性，为司法人员正确适用法律、基层干部依法行政、群众依法维权提供准确的指引与帮助。

3. 一问一答、以案说法、通俗易懂。丛书采用一问一答的形式，先提出问题，然后对问题作出通俗易懂的解答，再附以相关典型案例以及案例分析帮助理解，并提示存在的认识误区和法律风险，最后列明相关联的法律法规条文，方便对照阅读和查阅。通过一套“组合拳”，让读者对相关法律问题形成点面结合、立体式的理解和认识。

丛书修订再版倾注了编写团队的大量心血，在此致以诚挚的敬意和由衷的感谢。希望丛书的再版能为全面实施乡村振兴战略、提升广大基层干部的法治素养和依法办事能力、推进法治乡村建设提供智力支持。丛书不足之处在所难免，欢迎广大读者批评指正，并对我们未来不断完善提升丛书内容质量积极建言献策。

编　者

2024 年 3 月

Introduction 出版说明

乡村兴则国家兴，乡村衰则国家衰。党的十九大提出实施乡村振兴战略、建设美丽中国，围绕实施乡村振兴战略党中央作出了一系列重大部署。《中共中央、国务院关于实施乡村振兴战略的意见》和《乡村振兴战略规划（2018—2022 年）》对实施乡村振兴的目标任务提出了明确要求。实施乡村振兴战略，是解决新时代我国社会主要矛盾、实现“两个一百年”奋斗目标和中华民族伟大复兴中国梦的必然要求，具有重大的现实意义和深远的历史意义。

良好的法治环境是健全乡村治理体系的有力保障，在实施乡村振兴战略中起着基础性和决定性作用。2018 年最高人民法院先后发布了《关于深入学习贯彻习近平生态文明思想为新时代生态环境保护提供司法服务和保障的意见》和《关于为实施乡村振兴战略提供司法服务和保障的意见》，明确了司法服务和保障实施乡村振兴战略的具体意见与措施。2020 年 3 月中央全面依法治国委员会印发了《关于加强法治乡村建设的意见》，对法治乡村建设提出明确要求。广大基层干部是乡村振兴、美丽乡村建设的参与者与推动者，在乡村振兴中发挥着重要作用。增强基层干部法治观念、法治为民意识，提高基层干部的法治素养和依法办事能力，教育引导广大基层干部群众办事依法、遇事找法、解决问题用法、化解矛盾靠法，对于促进乡村依法治理，建设法治乡村，加强社会主义民主法治建设和精神文明建设具有重要作用。鉴于此，人民法院出版社在最高人民法院有关领导和庭室的指导帮助下，经过深入实地调研，精心策划推出了《乡村振兴：基层干部法治素养与能力建设丛书》。丛书由第十三届全国人民代表大会宪法和法律委员会副主任委员江必新、浙江省高级人民法院院长李占国担任主编，最高人民法院和浙江省高级人民法院有关庭室的领导和法官以及相关部委的有关科室人员为本套丛书的主要作者。

丛书项目实际调研中，充分听取乡镇干部、村干部、基层人民法庭工作人员在乡村振兴、美丽乡村建设中遇到的问题和主要诉求，并依托人民法院海量的案件资源和司法大数据分析，全面、客观、科学地梳理了乡村振兴、美丽乡村建设中矛盾纠纷的主要类型、多发点以及法律风险点，以确保丛书的内容既系统全面，又重点突出，贴合实际。丛书作者既有相关领域的专家，又有实践经验丰富的基层一线人员，保障了丛书内容的科学性、严谨性、权威性和实用性。

乡村振兴涉及面广，对基层干部的综合能力素质要求高，因此，本套丛书设计为开放式丛书，以便后续根据乡村振兴的实际需求不断追加。首批，推出 4 卷册，包括《生态资源环境保护法律问题解答与实例》《集体土地征收、拆迁、拆违法律问题解答与实例》《农村土地流转法律问题解答与实例》《农村生产经营、生活法律问题解答与实例》。后续，将陆续推出涉农法律法规，乡村规划，矛盾纠纷多元化解与乡村治理，涉农刑事法律问题，村规民约在乡村治理、法治乡村建设中的作用等分卷册图书。为便于理解与查阅，丛书采用了一问一答形式，并结合典型案例分析，对人们普遍关心的涉农法律问题进行通俗易懂的解答，提示存在的法律风险，对于提升基层干部的法治素养和依法办事能力具有重要指导与帮助作用。

丛书以问题为导向，依托人民法院丰富的案例资源，不断梳理挖掘乡村振兴战略实施过程中的新情况、新问题，以充分发挥人民法院典型案例的指引、规范和示范作用，服务于生态环境保护、乡村规划与产业发展、乡村治理与乡风文明、乡村人文素养提升等涉及乡村振兴的各个方面。希望丛书的出版能够为实施乡村振兴战略提供整体的法律解决方案与全方位的智力支持，为把我国农村建设成“产业兴旺、生态宜居、乡风文明、治理有效、生活富裕”的美丽乡村贡献绵薄之力。

编　者

2020 年 10 月

Preface 前言

实施乡村振兴战略是以习近平同志为核心的党中央作出的重大决策部署。乡村振兴，治理有效是基础。乡村有效治理，矛盾纠纷源头治理是重点和难点。当前，我国乡村发展正处于大转型的关键时期，乡村矛盾纠纷日益增多且呈现纠纷主体多元化、利益诉求复杂化、纠纷类型多样化等特点，多领域的新旧问题交织叠加、内外主体利益碰撞，对乡村矛盾纠纷的调处化解工作提出了更高的要求，必须要更加注重系统治理、依法治理、综合治理、源头治理，健全乡村矛盾纠纷多元预防调处化解综合机制，推动社会治理资源和服务重心向基层下移，夯实基层治理社会根基，实现将矛盾纠纷化解在基层、将和谐稳定创建在基层。

党的十八大以来，习近平总书记从推进国家治理体系和治理能力现代化、建设更高水平的平安中国的高度，就正确处理人民内部矛盾、加强和创新社会治理、预防和化解社会矛盾推进诉源治理等提出一系列新理念、新思想、新战略，为加强乡村诉源治理推动矛盾纠纷源头化解提供了根本遵循。党的二十大报告强调："健全共建共治共享的社会治理制度，提升社会治理效能。在社会基层坚持和发展新时代'枫桥经验'，完善正确处理新形势下人民内部矛盾机制，加强和改进人民信访工作，畅通和规范群众诉求表达、利益协调、权益保障通道，完善网格化管理、精细化服务、信息化支撑的基层治理平台，健全城乡社区治理体系，及时把矛盾纠纷化解在基层、化解在萌芽状态。"人民法院坚持以习近平新时代中国特色社会主义思想为指导，深入学习贯彻习近平法治思想，切实发挥司法在乡村治理中的参与、推动、规范和保障作用，牢固树立强基导向，推动司法重心下移、力量下沉，既立足当下抓末端、治已病，又着眼长远抓前端、治未病，积极探索乡村矛盾纠纷源头治理的方法路径，推动健全覆盖城乡街镇村社的纠纷预防化解链条，努力开创乡村诉源治理新局面。

本书分为上下两篇。上篇系统阐述了乡村诉源治理的基本原理、方法路径和关键环节的有效治理举措，共包含六个章节：第一章以乡村振兴进程中乡村矛盾纠纷现状趋势为切入点，论述乡村振兴战略背景下诉源治理的价值意义、内涵目标，讲清楚什么是诉源治理、乡村振兴进程中为什么要推进诉源治理以及要实现什么样的治理效果。第二章从健全工作格局、完善调处机制、创新服务体系三个方面论述推进乡村诉源治理的方法路径。第三章至第六章围绕矛盾纠纷产生、发展、演变三个阶段，按照第二章论述的方法路径，结合具体实例，从源头预防、前端化解、关口把控、内外衔接等四个方面全链条构建乡村诉源治理模式。强调在源头预防上加强“三治融合”体系建设，在前端化解上坚持力量资源、制度规范、平台应用同步发展，在关口把控上深化诉非协同、特邀调解、司法确认多元协同，在内外衔接上发挥人民法庭的桥梁、窗口作用，健全覆盖城乡的司法服务网络，推动基层社会治理体系和治理能力现代化。下篇收录了全国率先部署推进诉源治理成都地区的69个乡村诉源治理典型实例，为广大基层干部和群众提供参考和指引。

习近平总书记强调，让老百姓遇到问题能有地方“找个说法”，切实把矛盾解决在萌芽状态、化解在基层。① 而在推进乡村振兴的过程中，群众矛盾纠纷调处工作占据了基层干部很大一部分精力。本书基于乡村振兴背景下，基层矛盾纠纷解决的新形势、新任务，对乡村矛盾纠纷源头治理进行体系化研究，并收集编录了丰富翔实的典型案例，为推动乡村诉源治理提供一定的范式参考和实践指引，力争让广大群众通过阅读和学习本书后在遇到问题时能“找到说法”，让基层干部通过阅读和学习本书后在开展工作时能“找到办法”。

编　者

2024年4月

---

①《习近平在浙江考察时强调：统筹推进疫情防控和经济社会发展工作 奋力实现今年经济社会发展目标任务》，载《人民日报》2020年4月2日，第1版。

Contents 目录

上篇　乡村诉源治理概论

第一章　乡村诉源治理概述

第二章　乡村诉源治理的方法路径

第三章　源头预防，止乡村矛盾纠纷于未发

第四章 前端化解，解乡村矛盾纠纷于萌芽

第五章 关口把控，化乡村矛盾纠纷于诉前

第六章 立足服务，终乡村矛盾纠纷于诉内

下篇 乡村诉源治理典型案例

第七章 创新机制

第八章 典型案例

上篇

乡村诉源治理概论

第一章
乡村诉源治理概述

从基层看去，中国社会是乡土性的。[①]厌讼，是刻在乡土中国骨子里的基因。然而，随着城镇化进程的快速推进，乡村资源不断向城市转移，村民积极融入城市陌生人的社会，不再被土地囿住生活的时候，乡土社会的礼治秩序在现代化变迁中受到强烈冲击，传统的治理理念和方法已不足以有效应对新的社会问题，矛盾冲突和纠纷诉讼的滋生在所难免。乡村振兴，本质上是要回归乡土，推进农业农村现代化发展，从根本上解决城乡发展不平衡的问题。但在资源要素回流的过程中，乡土社会将再次面临蜕变的考验。及时有效地防范化解社会稳定风险，减少振兴路上的社会矛盾纠纷羁绊，正是建立现代乡村社会治理体制，确保乡村社会充满活力、和谐有序的关键。

一、 乡村振兴进程中的基层矛盾纠纷现状与趋势

实施乡村振兴战略，是党的十九大作出的重大决策部署。2018 年中央一号文件再次聚焦，发布《中共中央、国务院关于实施乡村振兴战略的意见》，加快推进乡村治理体系和治理能力现代化以及农业农村现代化，旨在让农业成为有奔头的产业，让农民成为有吸引力的职业，让农村成为安居乐业的美丽家园。2018 年以来，社会整体的矛盾纠纷数量不断增长，基层乡村矛盾纠纷呈现何种状态和趋势，通过全面推进乡村振兴先行区域的地方法院受案情况可窥见一斑。[②]

（一）传统民事纠纷缓慢上涨

基层传统的民事纠纷主要集中在婚姻家庭和继承纠纷、劳动争议、机动

---

① 费孝通：《乡土中国》，北京大学出版社 2012 年版，第 9 页。

② 本章主要以四川省成都市非主城区基层人民法院的司法统计数据为分析样本。

车交通事故责任纠纷等纠纷类型上，受到生活水平提高、思想观念转变、法治意识增强等因素的影响，以成都地区为例，以上三类纠纷数量近年基本上呈现出连续上升的态势，但总体上的上升幅度未超过 70%（详见图 1）。

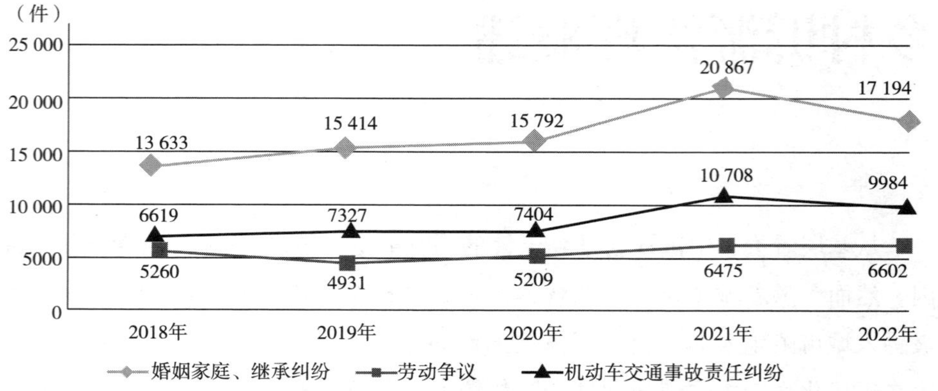

图 1　成都地区 2018~2022 年基层传统民事纠纷受案趋势

（二）经济合同纠纷快速增长

随着乡村振兴战略的全面深入推进，乡村产业集聚发展，要素资源加速流动，市场交易活动频繁，自 2018 年以来，基层社会以借贷、租赁、建设工程、劳务、服务、合伙、运输等领域为代表的合同类纠纷均出现成倍增长的趋势，造成基层司法资源供需失衡，挑战着基层社会的和谐安定（详见表 1）。

表 1　成都地区 2018~2022 年基层经济合同纠纷受案数量

纠纷类型	2018 年/件	2019 年/件	2020 年/件	2021 年/件	2022 年/件	近四年增幅/%
借款合同纠纷	12 772	16 047	18 739	26 706	49 455	287
租赁合同纠纷	3955	4691	6260	8372	13 521	241
建设工程合同纠纷	2637	3526	4201	6801	9793	271
劳务合同纠纷	1796	2722	3815	7145	6674	271
服务合同纠纷	600	815	1354	2251	5010	735
合伙合同纠纷	469	674	927	1344	1619	245
运输合同纠纷	256	482	572	740	780	204

（三）与“三农”密切相关的纠纷保持低位运行

经统计，与农业、农村、农民息息相关的几类纠纷数量总体偏少，变动不大。其中，相邻关系纠纷明显上升，土地承包经营权合同纠纷明显下降，除此之外的纠纷类型没有明显的变化趋势（详见表2）。

表2　成都地区2018~2022年涉农纠纷受案数量

（单位：件）

纠纷类型	2018年	2019年	2020年	2021年	2022年
土地承包经营权纠纷（物权类）	175	67	125	212	259
土地承包经营权合同纠纷	702	235	129	94	133
农林渔牧业承包合同纠纷	5	6	4	17	5
民事主体间房屋拆迁补偿安置合同纠纷	106	193	73	524	260
侵害集体经济组织成员权益纠纷	88	118	71	64	46
宅基地使用权纠纷	4	4	18	17	12
农村建房施工合同纠纷	8	14	11	22	37
相邻关系纠纷	118	120	172	193	262
环境污染责任纠纷	19	6	8	6	5

二、乡村振兴战略中诉源治理的价值与意义

乡村振兴，治理有效是基础。社会治理涉及社会主体活动的方方面面，需要社会自治、法治、德治融合推进，强调系统治理、依法治理、综合治理、源头治理，追求“良序善治”。

（一）诉源治理是保障乡村和谐有序的基本要求

一般意义上而言，诉与社会利益的调整和变动之间有着密切关系，诉在事实上是社会主体间的一种利益对抗状态。① 随着社会发展，社会主体的流动与交往日趋频繁，人与人之间的利益关系也在不断调整，这是诉增加的客观原因。应该说，作为一种社会现象，只要有人类社会，就会存在纠纷，就会产生诉。诉本身并不能被根除，诉实际上会产生许多能使人类生活更具实际意义的东西，没有纠纷，社会就会停滞。因此，关键在于社会必须对诉进行

① 顾培东：《社会冲突与诉讼机制》，法律出版社2004年版，第27页。

适当的调节。[①]诉源治理就是以社情民意和群众诉求为着眼点，通过推动完善党委领导、政府负责、民主协商、社会协同、公众参与、法治保障、科技支撑的社会治理体系以及党组织领导的自治、法治、德治相结合的城乡基层治理体系，衔接联动诉讼和非诉讼的多元化纠纷解决机制，调动多方力量共同参与解决基层群众合理诉求，实现基层矛盾纠纷预防在先、发现在早、化解在小，促进百姓和顺、城乡和美、社会和谐。

（二）诉源治理是激发乡村社会活力的重要举措

乡村振兴，既兴在产业兴旺、生态宜居、生活富裕，也兴在农业全面升级、农村全面进步、农民全面发展。但当人民群众在生产生活中的诉求得不到及时回应，利益冲突达到不可调和的地步时，冲突的当事人就会陷入诉讼的泥沼。在诉讼的过程中，往往没有任何产出，只是涉及利益的分配。人们停止生产、停止建设、停止交易，耗费时间和精力去诉诸利益，只有在最终解决利益分配问题后才能积极地投入生产生活当中。这也是人们厌讼的主要原因。通常来说，诉讼只适合，也只能够依据法定程序和法律规则解决有关社会矫正正义的问题，即通过处理个案的纠纷对利益受损者进行补偿，矫正经济社会交往中的公平正义。在任何社会，最大量的纠纷一定是通过立法、政策的安排，通过仲裁、调解、互惠甚至相互忍让的社会机制，以及保险这类市场机制予以回应的，不可能指望全部通过诉讼来解决。推进诉源治理，旨在依托社会治理体系化的安排，让社会主体在资源分配和交换环节能够及时获得公平正义，在利益受损时也能够理性选择适合的纠纷解决机制救济权利，避免不必要的诉讼，继续保持并进一步释放社会活力。

（三）诉源治理是推进乡村治理现代化的应有之义

传统的乡土社会是安土重迁的，人们终老是乡，人口流动很小，因为人们汲取资源的土地很少变动，它的秩序可以用礼来维持。而在一个变迁很快的社会，传统的效力是无法维持的。在发展现代化农业，建设美丽乡村的过程中，所应对的问题如果需要团体协作的时候，就得要有一个大家都认同且接受的办法，保证大家在规定的办法下合作共同解决问题，这其实就是规则和法律。由于我国的乡土社会受到礼治传统根深蒂固的影响，契约意识、规

---

① 何兵：《现代社会的纠纷解决》，法律出版社 2003 年版，第 3 页。

则意识、法律意识，这些现代社会的特征，也正是乡土社会所欠缺的。但是，法治的推行不是单纯的法律和法庭下乡，也不是以破坏礼治秩序为目的。即使乡村振兴促使乡土社会加速变迁，原有的诉讼观念还是很坚固地存留于广大民间，这便是推行诉源治理的特殊意义所在。在乡村治理现代化的语境下，诉源治理将纠纷的预防和解决放在社会治理的大视野中对待，充分尊重村民的自治实践，积极培育民间调解力量，重视优秀传统文化和善良风俗的德治教导，同时下沉公共法律服务资源和司法资源深入开展法治辅导，有效回应基层人民群众的多元化纠纷解决需求，真正意义上从源头预防化解社会矛盾纠纷，推动社会治理从化讼止争的事后应对向少讼无讼的前端防范转型。

三、乡村振兴导向下诉源治理的内涵与目标

（一）诉源治理的基本内容

诉源，是指纠纷诉讼产生的根源、来源。对于诉源的追溯有两个层面：第一个层面着眼于纠纷的产生，即从源头上避免或者减少矛盾纠纷的发生；第二个层面则立足于纠纷的化解，着力建构一套行之有效、运转有序的纠纷化解体系，尽量避免纠纷演化成诉讼以及诉讼内的衍生案件。治理，是指政府、社会组织、企事业单位、社区以及个人等多种主体通过平等的合作、对话、协商、沟通等方式，对社会事务、社会组织和社会生活进行引导和规范，最终实现公共利益最大化的过程。① 诉源治理，则是指社会个体及各种机构对纠纷的预防及化解所采取的各项措施、方式和方法，使潜在纠纷和已出现纠纷的当事人的相关利益和冲突得以调和，进而减少诉讼性纠纷，并且采取联合行动所持续的过程。②

诉源治理的内涵体现在四个层次：一是从深化社会基层治理的层次，依靠党委政府，调动基层社会组织和群众力量，推动城乡社区治理，避免和减少基层社会矛盾纠纷的发生。二是从及时调和矛盾纠纷的层次，建设多元化纠纷解决队伍力量，构筑科学合理的纠纷解决防线，促进基层矛盾纠纷前端化解，防止矛盾激化升级。三是从减少纠纷进入诉讼的层次，充分发挥人民

---

① 王浦劬：《国家治理、政府治理和社会治理的基本含义及其相互关系辨析》，载《社会学评论》2014 年第 3 期。

② 郭彦：《内外并举 全面推进诉源治理》，载《法制日报》2017 年 1 月 14 日，第 7 版。

法院引领、推动、保障多元化纠纷解决机制建设的重要作用，通过完善诉非衔接程序和司法保障机制，引导适宜通过非诉讼纠纷解决机制处理的矛盾纠纷在诉前分流。四是从诉讼的层面，构建一个梯度性的案源治理机制，实质高效化解诉讼内的纠纷，有效减少二审、执行、再审、涉诉信访等诉内衍生案件。

诉源治理的工作思路可概括为“标本兼治、重在治本，内外并举、善借外力”。治标，目的在缓解目前的司法资源供需矛盾；治本，重在着眼长远，形成完善“诉源治理”的工作格局、制度体系、联动平台和操作机制。既要从短期治标上努力减少诉讼案件存量，更要从长期治本上有效缓解诉讼案件增量。内外并举，既要着力法院内部挖潜，提质增效，又要眼光向前、向外，大力推动社会相关方面形成“诉源治理”的牢固共识和强大合力，共同构建诉非衔接、诉调对接的体系、模式，促进多元化纠纷解决机制的作用有效发挥，提升基层社会治理体系和治理能力现代化水平。

推进诉源治理需要坚持三大工作理念：一是坚持共治共赢，实现诉源治理的联建共享。着力破除认为推动诉源治理是“种了别人的地，荒了自己的田”的狭隘认识，深刻认识到诉源治理不是某个部门或组织的一家之事，而是关系到社会方方面面，需要社会共同努力，通过共建、共推、共享，才能实现纠纷共治、效果共赢的目标。二是坚持全域全程，实现诉源治理的全方位覆盖。切实克服诉源治理只是着力于“局部地域、部分案件”的认识，坚持将诉源治理的思路贯穿于所有相关部门、所有纠纷类型、所有工作机制、所有程序流程的工作策略。三是坚持多方多元，实现诉源治理的多种多样。积极推动、广泛动员社会主体参与诉源治理，促进各主体间加强相互沟通和协调，共同参与治理。着力打造诉源治理的多元化方法体系，坚持预防措施、解纷措施和修复措施并重，诉讼方式和非诉讼方式结合，政策工具和社会工具兼顾，线下实体平台与线上网络平台共融。

诉源治理主要有七大重要举措：第一，畅通渠道，合力化解纠纷，即在党委的领导下，借助政府力量，由党委政法委牵头实现跨部门的协作机制。第二，建好机制，筑实“四类平台”，即诉讼解纷平台、非诉解纷平台、诉非衔接平台、线上和线下融合平台。第三，关口前移，力推重心下沉，即尽量在前端解决纠纷，重点发挥城乡基层和一线的解纷力量作用。第四，有序分流，实现顺畅对接。坚持纠纷解决的分层递进理念，在当事人自愿的前提下，做好诉讼案件的诉前分流引导工作，同时加强诉非衔接。第五，加强引导，合力一体共治。在坚持党政主导、司法推动的基础上，根据不同部门、不同行业的性质充分发挥其职能作用。第六，注重统筹，着力重点突破。一方面，充分考虑各种因素，综合施策，多措并举，统筹推进；另一方面，坚持重点突破，特别是针对矛盾纠纷多发、突发的领域。第七，建好队伍，提升综合能力。按照革命化、正规化、专业化、职业化的要求，着力培养解纷能力较强、资历经验丰富、知识结构合理、人品操守服众的诉源治理队伍。

（二）诉源治理是对新时代“枫桥经验”的发展与创新

新时代“枫桥经验”植根于中华优秀传统文化，凝聚了中华民族的精神和智慧。党的二十大报告指出，要在社会基层坚持和发展新时代“枫桥经验”，完善正确处理新形势下人民内部矛盾机制，及时把矛盾纠纷化解在基层、化解在萌芽状态。

1. 诉源治理继承了“枫桥经验”的基本精神。“发动和依靠群众，坚持小事不出村，大事不出镇，矛盾不上交，就地化解”是“枫桥经验”的核心要义。诉源治理积极推动、广泛动员社会主体共同参与，支持社会自治，发展民间力量，吸纳基层组织负责人、社区工作者、网格管理员、“五老人员”等参与纠纷解决，下沉法治资源与工作重心，并注重从纠纷解决末端发现前端社会治理问题，推动完善党委政府决策，从源头上预防和减少影响社会和谐安定的问题发生，让诉讼外的调解、仲裁、行政裁决、和解等方式为基层群众提供更加多元的选择，积极引导和支持群众理性表达诉求，有利于矛盾纠纷预防在源头，化解在城乡社区，本质上是对“枫桥经验”发动和依靠群众、就地化解纠纷的坚持和传承。

2. 诉源治理延伸了“枫桥经验”的适用领域。诉源治理强调“内外并举”，就纠纷当事人而言，存在内部协商解决与外部调解、仲裁、诉讼的方式；就具有纠纷解决职能的单位或机构而言，存在内部工作流程、工作效率和工作质量的问题，也存在外部的协调、纠纷处理效果等问题，不再只着眼于纠纷本身的处理。诉源治理“共治共赢、全域全程、多方多元”的工作理念也反映了纠纷的预防化解不再简单地归结为“小事不出村，大事不出镇，矛盾不上交”，而是通过治理体系的构建、工作机制的完善、解纷平台的搭建以及解纷资源的合理安排，让不同类型、不同处理难度、不同层级的纠纷进入适宜的渠道和程序，以最早的介入、最小的成本得到最优化解，真正地实现标本兼治。

3. 诉源治理丰富了“枫桥经验”的法治内涵。新时代的“枫桥经验”是以法治为核心，以人民群众为主体，自治、德治融为一体，引领助推乡村振兴的基层社会治理重要经验。诉源治理的概念率先由人民法院提出，天生带有法治化的基因，具体体现在推进诉源治理的体系安排中，人民法院要深挖司法“富矿”，以基层人民法庭为载体，联动基层司法所、派出所，向基层社会下沉司法、公共法律服务资源，深入开展法治咨询辅导、法治宣传教育，普惠诉讼与非诉讼的纠纷解决服务，尽可能以有限的司法条件使基层人民群众最大限度感受到社会公平正义，以法治保障“枫桥经验”在新时代乡村振兴战略中焕发勃勃生机。

（三）乡村诉源治理的主要愿景

1. 优化解纷层级结构，实现基层矛盾纠纷的分层递减。首先，依靠基层力量的深入、有效治理，减少基层源头的纠纷发生率。其次，充分运用丰富的多元化资源，将和解、调解、仲裁、裁决等非诉讼纠纷解决机制挺在前面，减少纠纷诉讼率。在穷尽非诉讼救济途径的基础上，最后才是司法救济，让司法真正回归最后一道防线，集中有限的资源依法审理重大疑难、复杂的纠纷案件。

2. 促进纠纷向少讼无讼转变，实现解纷供需平衡。通过诉源治理的全面深入推进，逐步戒除纠纷解决对司法程序的过度依赖，促进诉讼案件增速减缓、增量减少，改变当前解纷资源诉前供大于求、诉中供不应求的结构性失衡，实现诉讼内外资源合理化配置、可持续发展。

3. 加强诉内外互动，实现多层次多领域依法治理。随着优势法治资源对基层的注入，对基层组织和群众自治培育指导的深入，以及解纷平台、资源的共享，司法保障机制的完善，促进基层依法自治力量以及非诉讼纠纷解决力量的独立成长，充分发挥他们的优势和作用，推进多层次多领域的依法治理，形成诉讼与非诉的双重机制同频共振、互补短长，基层法治与自治良性互动的工作局面。

4. 培育规则意识和契约精神，实现全民尊法守信。以社会主义核心价值观为引领，将仁义礼智信的优良传统融入诉源治理，推动法治与德治有机结合。以违法失信惩戒制度的完善，以日常解纷引导、诉讼辅导和案例指导的强化，提高基层群众纠纷解决成本意识，主动将尊法守信内化为行动准则，自觉以违反法律、践踏契约、制造纠纷为耻，共同塑造良好家风、淳朴民风、文明乡风。

5. 修复司法供应链，让人民群众在每一个司法案件中感受到公平正义。通过专注司法标准体系化建设、推行判后释疑、强化类案参考等措施，集中解决司法裁判可信度不高、公信度不足等问题，扭转“应付式司法”扩增局面，提高基层司法供给质量，改善司法供应关系，建构优质、高效、畅通的司法供应链，不断满足基层人民群众日益增长的司法需求。

第二章
乡村诉源治理的方法路径

当前乡村矛盾纠纷调处化解工作面临的困境，本质上是乡村诉源治理的理念、治理方式、治理手段与乡村经济社会发展还不相适应，一定程度上影响了国家治理体系和治理能力现代化的进程。乡村作为诉源治理的基础场域，迫切需要通过创新治理模式，构建起能够适应新时代城乡社会发展的社会矛盾纠纷多元调处化解综合机制，其基本策略是要在党的领导下协调多元主体，充分发挥共建共治共享在基层的作用，推进系统治理、依法治理、综合治理、源头治理有机融合，推动政府治理同社会调节、基层自治良性互动，以“分级、分类、分流”实现前端治本、中端控险、末端化解，使基层治理的每个社会细胞都健康活跃，实现将矛盾纠纷化解在基层、将和谐稳定创建在基层的目标。

一、 健全乡村矛盾纠纷源头化解工作格局

（一）建立党委领导的“大治理”格局

党的领导是中国特色社会主义社会治理体系的本质特征和最大优势。习近平总书记指出：“国家治理体系和治理能力是一个国家制度和制度执行能力的集中体现。国家治理体系是在党领导下管理国家的制度体系，包括经济、政治、文化、社会、生态文明和党的建设等各领域体制机制、法律法规安排，也就是一整套紧密相连、相互协调的国家制度；国家治理能力则是运用国家制度管理社会各方面事务的能力，包括改革发展稳定、内政外交国防、治党治国治军等各个方面。国家治理体系和治理能力是一个有机整体，相辅相成，有了好的国家治理体系才能提高治理能力，提高国家治理能力才能充分发挥

国家治理体系的效能。”① 在国家治理体系和治理能力建设中，党的领导是根本保证。只有在党的领导下，充分调动社会各方面的积极性、主动性和创造性，才能形成广泛而有效的工作合力，才能确保正确方向。

乡村诉源治理是城乡社区基层治理体系的重要组成部分，是实现国家治理体系和治理能力现代化的基础工程，是一项事关基层社会稳定发展的治理课题，必须在党的领导下进行，在多方主体协同配合中推进，才能取得实际成效，促进乡村有效治理。乡村诉源治理要充分发挥党总揽全局、协调各方的领导核心作用，把城乡社区诉源治理纳入基层社会治理、平安建设大格局中去部署推进，改变政府职能部门、行业协会、社区村镇、法院“各自为战”的局面，构建党委领导下多方协同、权责明晰、运行规范、高效联动的诉源治理工作格局，明确基层政府、基层治理单位、基层党组织、社会组织等治理主体间的关系，推进主体职能归位。

特别是党委政法委要牵头抓总，健全党委领导下多方协同、权责明晰、运行规范、高效联动的诉源治理工作机制，结合服务供给、矛盾化解、安全防范、应急处置等各项工作的不同要求，分门别类制定基层社会治理标准体系，形成预防、解纷和修复并重、政府治理与社区自治并举、诉讼与非诉讼方式并行、多元主体共同参与的城乡社区诉源治理工作体系。加大对下指导考核，将体现诉源治理成果的实效性指标纳入地方平安建设工作考核，确保本地常住人口中产生的诉讼案件数量稳定在与经济社会发展水平、人口数量、管辖范围、社会治理规律等相匹配的合理区间。

（二）深化党建引领的“微自治”格局

新时代发挥党建引领和保障作用，是加强和创新乡村治理推动诉源治理的关键所在。党的二十大报告强调，坚持大抓基层的鲜明导向，抓党建促乡村振兴，加强城市社区党建工作，推进以党建引领基层治理，持续整顿软弱涣散基层党组织，把基层党组织建设成为有效实现党的领导的坚强战斗堡垒。基层党组织发挥核心领导作用与战斗堡垒作用，不是发挥全能型作用，包办基层的一切工作；而是着重发挥统领作用，构建科学的组织动员体系，推进基层党组织广覆盖、大整合、强凝聚，以党建带群建，引领基层治理体制机

---

① 习近平：《切实把思想统一到党的十八届三中全会精神上来》，载《求是》2014 年第 1 期。

制创新，增强党组织的组织、宣传、凝聚、服务群众的能力，推动基层党建自治、社区自治、专业自治等社会多元力量参与共治，以服务促治理、以治理强服务，建立起社会协同、部门协作、专群联动、多元共治的问题解决机制。

一是要健全党组织领导的村民自治机制。推动基层治理重心下移，探索以村民小组或自然村为基本单元的村民自治，进一步加强自治组织规范化建设，完善村民（代表）会议制度，推进民主选举、民主协商、民主决策、民主管理、民主监督实践，让人民群众成为诉源治理最广泛的参与者。创新村民自治形式，搭建村民会议、村民代表会议、村民议事会、村民监事会、院落业主委员会等多元载体，完善乡规民约、社区公约，鼓励和保障人民群众依法依规开展自治，增强村民自治组织能力，形成民事民议、民事民办、民事民管的多层次基层协商共治格局。

二是要探索以公益性为主的社会协治模式。建立以基层党组织为领导、村民自治组织为基础、集体经济组织和合作组织为纽带，其他社会组织为补充的村级组织体系，由基层党组织主导整合社区服务资源，完善社区服务标准，引领各类组织做好服务群众工作，培育扶持基层公益性、服务性、互助性社会组织，建立健全志愿服务参与机制，推动形成与邻为善、以邻为伴、守望相助、乐观包容的良好社会氛围，从根源上减少社会矛盾纠纷的产生。

三是要创新集约化管理的线上智治平台。将乡镇（街道）、村（社区）纳入信息化建设规划，统筹推进智慧城市、智慧社区基础设施、系统平台和应用终端建设，强化系统集成、数据融合和网络安全保障，推进在线矛盾纠纷多元化解平台进乡村、进社区、进网格，整合基层人民调解、社区网格员、“五老乡贤”、公益服务等乡村本土解纷资源，提高基层治理数字化智能化水平，提升政策宣传、民情沟通、便民服务、多元解纷效能。

（三）完善共建共享的“众参与”格局

当前乡村社会关系和社会结构已发生很大变化，传统乡村治理资源与秩序已难以适应融合城乡各要素的社会治理，因此要打通城乡社区诉源治理机制、平台联建共享渠道，着力推动建立健全由乡镇（街道）党委领导、综治办牵头，集合人民法庭、检察室、派出所、司法所等力量，建立联席会议制度，以群团组织为纽带、各类社会组织为依托，切实履行矛盾纠纷排查调解、法律服务等职能，促进驻区司法行政、公安、民政、人社、信访、卫生、教育、自然资源、综合执法等多部门力量及行业、专业各类社会组织广泛参与村社事务，通过收集民情、民意、民生信息和建议等方式，帮助群众解决各类问题，构建“多方参与、共建共享”的末梢治理体系。深入推进社区（村）治理创新，在社区建立专门场所作为法律咨询、现场调解、调解确认、巡回审判、综治活动等工作室，整合社区工作者、人民调解员、司法所工作人员、退休法官等力量，通过收集民情、民意、民生信息和建议等方式，帮助群众解决各类问题，并深入居民楼栋和辖区单位预防和化解纠纷。当社区出现纠纷苗头，由社区调解员及时引导当事人理性表达诉求；对于可能激化的矛盾，根据纠纷性质，请乡镇、综治、公安、司法等部门主动介入，协作调解，相关部门及时回应；对于已经发生的矛盾纠纷，社区首先指导当事人在人民调解组织先行调解，如遇到相关的法律问题难以解决，以及社区的婚姻家庭、邻里纠纷、小额债务等简单民事案件，可以请求当地派出法庭予以法律支持。

二、　完善乡村矛盾纠纷分层分级调处化解机制

（一）创新“三治融合”，完善乡村纠纷源头预防机制

自治、法治、德治“三治融合”源于基层实践，是“枫桥经验”创新发展的重大成果。习近平总书记强调，要创新乡村治理体系，走乡村善治之路。建立健全党委领导、政府负责、社会协同、公众参与、法治保障的现代乡村社会治理体制，健全自治、法治、德治相结合的乡村治理体系，确保乡村社会充满活力、和谐有序。[①] 从防止纠纷产生的角度来看，通过创新自治、法治、德治相结合的基层治理机制，以自治“预防矛盾”，以法治“定分止争”，以德治“春风化雨”，让纠纷止于未发、解于萌芽。

1. 引导社区自治。发挥基层人民法庭纽带作用，建立与城乡社区诉源治理指导协作关系。一是从社区发展治理决策层面积极参与指引，支持和促进

---

① 参见新华社：《中央农村工作会议在北京举行 习近平作重要讲话》，载人民网，http：//jhsjk. people. cn/article/29737103，最后访问时间：2024 年 4 月 1 日。

基层党委政府和社区“两委”[①] 依法决策、民主决策、科学决策，在社区完善自治章程、村规民约、居民公约、研判处理重大矛盾纠纷等事项时，应社区“两委”需求，提供顾问意见，避免因源头决策失误引发矛盾纠纷。二是与社区自治组织有效衔接，充分依托社区自治组织和人员，引导促进社区内矛盾纠纷通过自治手段自我预防、化解。三是参与孵化培育社区诉源自治力量，包括但不限于民间调解、行业调解、志愿服务等力量，鼓励和支持搭建社区调解平台，协同相关部门搭建刑满释放人员、社区矫正人员、缠诉缠访人员等特殊人群帮教服务平台，提升社区自我消化矛盾、自行解决纠纷的供给服务能力。

2. 指导社区法治。强化对审判中发现的社区共性问题进行研判，适当将司法力量下沉社区，延伸司法职能，普惠公共司法服务。通过走进社区开展巡回审判、法治教育、法治讲坛等活动，以案说法、以事普法、以理送法，有条件的法院还可以采取“一对一”派驻法治指导员、设立法治指导站或工作室等形式，深入指导社区主体依法决策、依法管理、依法调解。一方面，提高社区管理者运用法治思维和法治方式解决问题的能力，提升有效应对矛盾问题、依法就地解决纠纷的水平；另一方面，指导社区群众在法治轨道上参与治理、主张权利和解决纷争。

3. 教导社区德治。重视社区的文化引领功能和道德教化作用，以培育和践行社会主义核心价值观为根本，结合司法实践，提炼和宣传体现公序良俗的典型案例，深度挖掘和弘扬本地“孝善”文化、“和谐”文明、“无讼”传统，将优秀传统文化融入居民公约、村规民约，培育口口相传的城乡社区精神，增强居民群众认同感、归属感、责任感，内化为崇德向善的道德情感，外化为尊法守信的自觉行动。协同基层党委政府，组织开展“无讼社区”“无讼院落”等文明创建活动，倡导和睦相处，形成与邻为善、以邻为伴、守望相助的良好社区氛围。

（二）加强“多方联治”，完善乡村纠纷前端化解机制

针对城乡已经产生的纠纷，在党政主导的源头治理大格局下，构建联调联动机制，综合运用引导协商、调解、仲裁、行政裁决等多种手段，使人民

---

① 社区“两委”：具体指社区党支部委员会和社区居民委员会。

调解、行政调解、行业调解、律师调解等多元力量及时有序介入，构筑矛盾纠纷前端处理防线，让多元解纷工作走在矛盾激化前，防止纠纷外溢。

1. 围绕服务乡村产业振兴，共建专业化解纷力量。近年来，我国经济的快速转型，农村产业融合发展，促进了农村产业由“三农”传统向现代新兴产业的升级发展的同时，也引发了较多的经济纠纷、劳动纠纷、知识产权纠纷等。专业的事务交给专业力量解决，是提高社会治理专业化水平的内在要求。促进产业内纠纷源头治理的基础要素是要有“懂行”的专业化解纷队伍，行业主管部门、行业协会组织以及司法机关要加强联合协作，探索构建产业纠纷多发领域联调共治模式，深入完善人民调解、行政调解、司法调解联动工作体系，推进多元解纷力量跨界融合，深入业内依法治理。

2. 围绕维护农民合法权益，共谋涉众涉稳纠纷源头治理之策。随着城市化发展，农村基础设施建设持续加快，其中诸多利益牵扯也使得其极易成为发生纠纷诉讼的重点区域，征地、拆迁、安置、补偿、劳务、建设、施工等每一个环节都可能是矛盾纠纷风险集中点，且一旦发生纠纷往往都具有群体性特点。因此，在项目决策阶段进行风险预判评估、防控以及出现纠纷后进行联动应对等对项目的顺利实施尤为必要。实践中，项目推进一般由党委领导、政府牵头，职能部门负责。相应地，这些主体也承担着纠纷预防解决的主要责任。为避免项目建设出现大规模诉讼，司法机关可以基于自身职能，积极主动向党委政府及相关职能部门提示纠纷隐患，从诉源治理的角度提出司法建议，为其决策提供重要参考，促进达到既减少诉源又保障项目进展的双赢效果。

3. 围绕推动乡村文明进步，共推社会诚信体系建设。在婚姻家事、民间借贷、邻里纠纷等城乡社区矛盾纠纷高发领域，除了有关职能部门积极作为，发挥主渠道作用，推动建立健全其主管领域纠纷的调解制度，主导建立多发类案的联动处理平台，及时将类型化纠纷化解在本系统内外；还需要加强诚信教育和诚信文化建设，依法保护、鼓励诚实守信者，依法制裁、谴责失信者，让遵法守纪者扬眉吐气，让违法失德者寸步难行，积极培养公民的诚信意识，有效预防和减少因不诚信行为导致合同违约引发的纠纷。

（三）坚持“非诉挺前”，完善乡村纠纷关口把控机制

实践中，源于城乡社区导入法院起诉的纠纷，仍有相当一部分适宜通过

非诉方式解决。对于这类纠纷，人民法院深入开展“一站式”建设，与基层、重点行业领域形成预防化解链条，对起诉到人民法院的纠纷，开展分流引导、诉非衔接、调裁对接、登记立案、繁简分流等工作引导促进纠纷在登记立案前向诉外分流化解。

1. 强化人民法院分流对接功能。对起诉到法院的纠纷，释明各类解纷方式的优势特点，提供智能化风险评估服务，按照自愿、合法原则，引导鼓励当事人选择非诉讼方式解决纠纷。对适宜调解的纠纷，当事人同意诉前调解的，通过人民法院调解平台委派给特邀调解组织或特邀调解员调解，实现在登记、委派、移送、调解、司法确认、立案等环节的全流程线上办理，提升诉前调解效率。加快诉讼服务中心调解速裁区和类型化调解工作室建设，邀请调解组织或者调解员入驻法院，现场为当事人提供咨询辅导、诉前调解服务，努力让当事人看到实惠、自愿调解。

2. 深化特邀调解倍增计划。持续加强法院与基层党组织、政法单位、职能部门、法学院校、自治组织对接，将符合选任条件的非诉讼解纷力量择优纳入特邀调解名册，统筹全域多元优质解纷资源在诉前有效解纷；联合主管部门常态化开展指导培训，提高特邀调解主体纠纷化解能力，促进特邀调解“从多到强、从强到精”，将特邀调解引入高端专业调解的发展方向，打造特邀调解“专业品牌”，吸引更多的当事人选择特邀调解和非诉解纷力量的加入，形成非诉解纷规模效应。

3. 推动纠纷协同联动化解。坚持把非诉讼纠纷解决机制挺在前面，前移解纷端口，人民法院要自觉当好党委和政府的法治参谋助手，加强人民法庭与基层党委政府建立的线上线下矛盾纠纷多元调处化解机制的对接，积极提供法律指引和示范裁判案例指导，引领、推动和保障非诉讼纠纷解决机制良性高效运转，有效促进当事人通过调解、仲裁、行政复议、行政裁决等非诉讼方式解决纠纷。强化多方多元联动共建，主动联合纠纷多发领域的职能部门，搭建专业化类型化解纷平台和法治联席会议机制，定期研判会商重大案件、重大项目、涉诉整体态势，凝聚多元共治合力。

（四）立足“三个服务”，完善乡村纠纷实质化解机制

立足加强新时代人民法庭工作，深刻把握人民法庭处于服务群众、解决

纠纷第一线与守护公平正义最后一道线的辩证统一关系，积极服务、全面推进乡村振兴、基层社会治理，有效发挥桥梁、窗口作用，按照简案快办高效解决群众具体纠纷、繁案精审向城乡社区供给解决类似纠纷的普遍性规则，最终促进当事人服判息诉，防止一个纠纷或类似纠纷衍生出多个案件。

将人民法庭嵌入基层治理新格局，与城乡基层党组织广泛开展联建共建，积极打造“枫桥式”人民法庭，加强与基层派出所、司法所、网格员协同联动，形成基层多元解纷网络，在线开展化解、调解、司法确认等工作，妥善化解涉农村土地、乡村家事、邻里纠纷等案件。

提升人民法庭一站式诉讼服务能力，在人民法庭建立诉讼服务站，在人民法庭及辖区乡镇街道综治中心或者矛盾调解中心设立自助诉讼服务设备，方便当事人随时随地办理诉讼业务。健全诉讼辅导机制，推广应用电子诉讼平台，提高乡村司法服务的覆盖面和便利性，确保诉讼服务网、线、点延伸城乡社区服务质量不打折；深化人民法庭案件繁简分流机制建设，激发立审执监访各个流程的纠纷调处化解作用，尽最大可能实现案结事了，形成诉内治理工作闭环。

三、构建线上线下一体多元的乡村解纷服务体系

（一）建立城乡社区“互联网+网格管理”服务模式

建立“大联动·微治理”体系，探索社区治理服务网格化，强化乡村风险信息资源互联互通，网格员通过移动终端服务设备，走街串巷活跃在基层群众身边，完善信息收集、处置、反馈联动工作机制，提升乡村治理智能化、精细化、专业化水平。

1. 资源大整合。横向整合部门力量，确立区（市）县级部门信息查询、事务协办、应急响应的范围、时限和程序，形成条块联动、条线协同的工作格局。纵向贯通社区资源，通过“区（市）县大联动中心—街道大联动分中心—社区管理服务站—网格”四级服务治理网络，实时掌握社区矛盾纠纷动态。将纠纷调解、送达执行协助、诉讼服务站运行管理等纳入网格员职责范围，最大限度地推动诉源治理向院落、楼栋、家庭延伸。借助网格化工作的数据收集、沉淀、分析、挖掘和共享机制，法院可随时查看网格员收集上报

的事件和向相关部门发送的协办申请，获取数据互联互通的综合效益。

2. 纠纷大调解。委托社工服务组织开展社区调解培训，做强社区调解。依靠信息化技术的提档升级，向社区人民调解员推广应用“和合智解”多元化解纷平台，提高调解便利性和实效性，做实诉前调解。先行先试，在社区骨干调解力量中择优选拔，聘为特邀调解员，编入民商事审判团队，构筑“1个法官+1个法官助理+N个特邀调解员+1个书记员”的新型团队模式，做大特邀调解。特邀调解员接收委托案件，不受社区地域的限制。

3. 司法大服务。联合社区群团组织以及网格院落中的专业人才，共同开展法治宣传、走进法庭听审判、青少年法治教育等活动，通过示范诉讼、示范调解开展“以案说法”“以调释法”，使办理案件、调处纠纷的过程成为教育引导群众依法解决问题、依法维护自身权益的过程，引导群众在法律框架内主张权利、解决纷争。同时，与社区建立长效工作机制，动态掌握居民司法需求和社区多发纠纷种类，定制司法服务内容，变被动裁判为主动作为，加强对调解组织的培训指导力度，促进人民调解、行政调解发挥矛盾纠纷化解作用，解决好地缘性、亲缘性强及涉民生的常发纠纷。

（二）打造城乡社区诉源治理服务中心

伴随中国特色社会主义进入新时代，我国已进入高质量发展阶段。党的十九届五中全会指出，“十四五”时期经济社会发展要以推动高质量发展为主题。这是根据我国发展阶段、发展环境、发展条件变化作出的科学判断。高质量发展，不只是一个经济要求，更是对经济社会发展方方面面的总要求。在纠纷治理领域，推动高质量发展必然要求纠纷解决机制、解纷渠道手段都是集约集成的，实现各类解纷要素资源投入产出效益最大化，努力为人民群众提供分层次、多途径、高效率、低成本的纠纷解决方式。

通过建设城乡社区实体化运行的诉源治理中心，强化“物理结合”催生“化学反应”，在力量、空间和机制上深度整合各类多元解纷资源，同步建立健全组织管理、人员配置、业务规范、解纷流程等实体化运转机制，融合信访调处、法律援助、困难帮扶、民政救济、司法救助、心理安抚、多元调解、司法确认等全流程一站式解纷功能，深化多元解纷纵向贯通、横向衔接、资源整合、共享共用，实现多元解纷与诉讼服务的集约集成。对内进一步优化司法资源配置，对外最大限度地满足人民群众的司法需求，构建从矛盾纠纷源头预防，到诉前多元解纷，再到简案快审、繁案精审的分层递进、繁简结合、衔接配套的综合解纷服务机制，为人民群众提供分层次、多途径、高效率、低成本的纠纷解决方案，努力让群众解纷“只进一个门、最多跑一次”，切实提升人民群众获得感、满意度。

（三）推广运用人民法院调解服务平台

诉源治理涵盖多元主体、多元资源、多元程序、多元平台、多元途径，要善于通过在线方式增强集成能力。最高人民法院深化“互联网+枫桥经验”实践，创新打造的人民法院调解平台，线上再造多元化纠纷解决机制，通过在线方式集约集成基层解纷力量，形成多元解纷网格。基层人民法院及人民法庭邀请本辖区街道党政领导、派出所、司法所、村（社区）等单位负责人、人民调解员、网格员、“五老乡贤”、村（社区）法律顾问等入驻人民法院调解平台，对适宜在乡镇（街道）、村（社区）处理的纠纷，通过平台逐级分流至基层组织或人员进行化解、调解，并提供法律指导、在线司法确认、在线立案等服务。乡镇（街道）、村（社区）需要人民法院指导处理的纠纷，可以通过人民法院调解平台在线提出申请，由人民法院协同做好疏导化解和联合调解工作。实现预警、分流、化解、调解、司法确认、进展跟踪、结果反馈、指导督办等全流程在线办理，为基层群众提供一个开放、完整、一站式的线上多元解纷供应链。按照村（社区）、乡镇（街道）、基层法院和人民法庭三级路径，及时预测预防风险，排查梳理矛盾，化解调解纠纷，最大限度将矛盾纠纷化解在基层、解决在当地。

第三章
源头预防，止乡村矛盾纠纷于未发

“党政主抓、法院主推”是健全诉源治理机制，深入推进矛盾纠纷源头预防和前端化解的必经之举。法院更应当提高政治站位，强化责任担当，履行好诉源治理中法院的主推职责，充分发挥引领、推动、规范和保障作用，自觉当好党委和政府的法治参谋助手，主动对接并配合相关职能部门，深度融入乡村诉源治理，完善自治、法治、德治融合路径，创新多元化纠纷解决机制与诉讼联动协同的思路方法，推动乡村治理、社会调节和基层自治良性互动，形成矛盾化解的“多车道”，奏好诉源治理的“大合唱”，不断提高乡村诉源治理的司法公信力和社会影响力。

一、 以自治激发群众参与， 创新社区治理

深化乡村依法治理，支持社会主体进行自我约束、自我管理。依法建立各领域社会组织，重点培育、优先发展行业协会商会类、城乡社区服务类社会组织。完善多层次多领域社会规范，健全村规民约、居民公约等社会规范体系。通过群众自治，强化“物理结合”催生“化学反应”，在力量、空间和机制上深度整合对接各类多元解纷资源，深化诉非衔接实体运行，实现多元解纷与诉讼服务的集约集成，进一步增强改革的系统性、整体性、协同性，释放改革总体效应，构建起乡村诉源治理实质化运行的“组合拳”。

（一）丰富村（居）民议事协商形式，拓宽群众参与自治渠道

“说事评理”与“两会治理”解纷机制本质上具有社会自治的逻辑属性，乡村社会自治区别于以国家法律为支撑的公权力统治，其秩序的建构并非以完善的制度权威为保障。作为一个相对封闭的系统，社会自治本质上具有使

个体服膺与认同系统内既成规范的应然要求。[①] 乡村熟人社会治理中，“说事评理”与“两会治理”作为一种富有社会自治色彩的解纷机制，恰如其分地均衡和弥补了现代法律之治在人情伦理本位基层社会治理中的不足。

作为当下基层乡村社会治理的创新范式，“说事评理”解纷机制以当地党委、政府领导为原则，以解决关涉群众最为切身现实的利益问题为旨归，以礼治与法治并重的方式化解基层社会矛盾纠纷。在组织架构上统筹协调整合多部门资源，由法院、司法局以及综合办联合组成指导机构，制定《指导“说事评理”工作规则》《关于推进“说事评理”乡村替代性纠纷解决机制的意见》等指导性文件，并于各村（社区）建立“说事评理”工作小组，形成工作合力。“说事评理”在运作过程中以说家事公事农事、评情理德理法理为具体内容，并就评议内容、程序与职责建章立制，确保程序规范。工作步骤分为收集群众诉求、村（社区）提议说评、分类说事评理、建档跟踪问效四个阶段，对于纳入提议说评的纠纷，由“说事评理”工作小组拟定评议时间、地点和议题，保证评理员人数达到 5 人以上，并提前 2 日告知当事人。评议启动后，先由当事人陈述纠纷事实，继而由知情人答疑，其后由评理员进行评议，再由村（社区）法律顾问提供法律意见，经整理汇总评理员的意见后形成解决方案，最后由当事人签字确认意见。当地乡村还以“说事评理”为契机，开展孝善典型评比活动，形成了以关爱空巢老人为主题的《“助老巡访”办法》，增进了属地孝善元素新风蔚然的和谐氛围。

天府新区以服务型党建为总揽，探索“居民说事会”模式推进小区居民民主议事、民主管理，实现社区的事大家管、大家议、大家办，聚拢起来的“好声音”，提振了社区居民的精、气、神，为社区和谐建设加满正能量。同时，以党建为引领，充分发挥基层党组织的战斗堡垒作用和党员先锋模范作用，将党建工作和院落治理有机结合，在辖区小区成立院落自治委员会，以解决老旧小区治理的突出难题。例如，社区居民兰某因对道路交通事故人身伤害产生的赔偿费用问题对保险公司已经赔付了的金额提出质疑，但保险公司认为已履行对兰某的赔付，不予增加赔付，因此希望社区出面组织协调解

① 刘永：《社会治理与社会自治的耦合——宪法学对社会治理的反思》，载《湖南警察学院学报》2012 年第 4 期。

决双方的矛盾。社区接到双方诉求后，第一时间多方了解该事件的主要情况，针对该事项组织召开“居民说事会”，参与会议人员有社区主要领导、社区调解员、网格员、社区律师、社区民警、小区业委会、保险公司负责人以及当事人兰某夫妇。保险公司负责人和当事人兰某夫妇陈述事情的经过和诉求，社区律师对兰某的诉求进行分析后，从法律角度回答兰某的疑问。同时，社区民警和社区工作人员时刻关注双方情绪，当双方出现矛盾争执时，分别做好双方的思想工作，促使双方换位思考、互谅互让。本次“居民说事会”从法律角度分析案件、厘清案情，将法与情相结合来解决矛盾点。

（二）加强乡村社会自治规范建设，善用乡贤促进邻里和谐

坚持依法治国与以德治国相结合是我国全面推进依法治国的内在要求，融传统文化元素与现代法治元素于一体的“五老调解”“无讼社区”“院落互助联盟”“牡丹讲坛”等解纷机制推行以来，较好地诠释了其为基层解难题、办实事、惠及民生的治理理念。通过乡规民约与法律法规的引导规范，实现了调处乡村社会各类纠纷的基本职能作用，尤其对属地涉及基层经济社会发展中产业发展、土地遗留问题、邻里矛盾以及婚姻家庭纠纷等的源头化解效果显著，助益经济社会大局稳定。此外，通过搭建基层社会自治平台，提升了作为基础社会单元的村（社区）的治理能力与效果。

蒲江县充分汲取地方乡土文化养分，深度拓展“无讼”文化内涵，精心培塑“五老调解”文化品牌，积极探索以为民司法为牵引的诉源善治新路径，拓展“大道之行、善治为民”维度，构建以亲民文化、利民文化、便民文化为主旨的智慧司法辐射体系。蒲江县人民法院在县委、县政府的支持下，延伸石象湖人民法庭职能，会同辖区乡镇司法所，培育、塑造和发展来自乡土、根植民间的老党员、老干部、老代表、老军人、老教师等力量成为新乡贤，成立“五老”调解工作队，建立“五老”调解工作室，在法庭指导下，综合运用法律规定和村规民约、族规族训、家规家训等广泛开展邻里纠纷、宅基地纠纷、家事纠纷等民间纠纷调解工作，在全省率先推动建立以“五老”为主的新乡贤民间调解组织，有机整合评事说理等基层调解智慧，下沉一线解纷，升华“枫桥经验”。先后从村规民约、家规家训中提炼符合法律规定的良俗，探索形成“一碗汤的距离”“上不弯腰下不抬头”等 7 种调解“土方

法”，在“五老”调解中推广应用。

大邑县于2016年8月以来积极回应人民群众的高品质和谐宜居生活新需求，突出“共建共享”全域提升、“三大平台”全网覆盖，深入推进城乡社区“五治融合”，有力增强矛盾纠纷“多元共解”，积极打造诉源治理“金字招牌”，率先打造“无讼社区”，全面激活多元善治解纷活力，构建基层社会治理新格局。共建共享方面：党委主抓推进，全面嵌入乡村治理。推动大邑县委、县政府先后印发《关于开展“无讼社区”建设工作的实施意见》《关于深化社区“诉源治理”推进高品质和谐宜居生活社区建设的实施意见》。成立由大邑县委常委、政法委书记任组长的“无讼社区”建设工作领导小组，领导小组成员分片区包干督导，搭建高效运行组织架构。各成员单位制定10余个配套操作规范，分类指导、分步实施。同步明确相关部门、乡镇（街道）职责清单，先期试点乡镇充分发挥点位示范效应，组织评选12个先进集体，带动“无讼社区”逐步在全县推广。2018年7月，大邑县人民法院与司法局等部门联合在四川省率先创建人民调解员培训学校，财政给予专项经费保障，建立实体培训基地，全域建设网络视频教学室。组建优质培训师资库，由资深法官、金牌调解员常态开展集中授课、庭审观摩、网络培训等教学活动，提升实务技能，打造过硬治理队伍。2019年1月，学校转型升级为大邑矛盾纠纷多元化解培训学校，面向全省开展专项培训，拓展受训主体，延伸教学触角。同时，坚持以政治为导向、自治为核心、德治为先驱、法治为保障、智治为手段，全方位推进“无讼社区”建设。引导居民制定“无讼公约”，加强基层自律自治，社区工作站同步集约承担法治教育、治安防控、人员帮教功能，实现家园“共治共享”；社区广泛吸纳威望人士组建调解队，以德治“春风化雨”淳民风，及时属地化解邻里、家事等日常纠纷；各职能部门为社区提供专项法治保障，以法治“定分止争”促和谐，以智治“多元解纷”提实效。平台建设方面：坚持“三大平台”全网覆盖，深化矛盾纠纷“多元共解”。建成“1+N”综合调解平台，开放理念促多元解纷。集成建设一个调解平台，有效对接各类多元解纷调解组织。该平台广泛吸收整合人民调解、法院“和合智解”e调解、律师调解、公证调解、劳动仲裁调解、公调对接、访调对接等多种调解资源，吸纳全县70余个调解组织和400余名“随手调”

网格员。建成“诉调对接”三级联网平台，实体运行促联动解纷。在法院、人民法庭、乡镇（街道）社区设立诉调对接中心、分中心、工作站三级联网平台。2018 年大邑县矛盾纠纷多元化解协调中心、诉源治理“无讼社区”建设诉调对接中心与综治中心（B 区）入驻法院，引入人民调解委员会和公益律师等非诉解纷组织和力量，进一步夯实三级联网平台。2019 年法院全面打造诉前简案和立案速裁团队，保障“诉调对接”实体化运行。建成“智慧政法”资源整合平台，信息共享促便捷解纷。依托县综治中心的信息化平台，充分运用四川省矛盾纠纷多元化解、“9+X”网格化服务管理等 5 个信息系统，倾听群众声音、搜集社情民意。创新运用“雪亮工程+”搭建“智慧社区”服务平台，采取远程法治宣传等措施实现社区信息发布屏、电脑屏、电视屏、手机屏多屏同传。法院“和合智解”e 调解平台入驻社区，将法律辅导、在线调解、司法确认等司法服务送到老百姓家门口。

金堂县赵镇街道三江社区辖内面积为 1. 32 平方公里，是典型的老城区、老社区。“困难群众多、群众诉求多元、服务职责重大”是社区面临的主要问题。社区有正式党员 197 名，设党委 1 个、党支部 6 个。为充分整合辖区单位力量，三江社区在金堂县建立了第一个区域大党委，通过党建项目认领让辖区单位融入社区建设，为居民提供服务。社区根据党员规模和工作需要，将党总支升格为党委，并下设了 6 个党支部。院落联合党支部，在院落整治、院落治理等方面提出意见、建议，实现居民自治。同时，社区注重党员“示范引领”，构建和谐示范社区。在有 3 名党员以上的院落成立党小组，社区引导党员带头参与环境治理、院落治理、治安防范、文化活动等，现共建立院落党小组 32 个。通过党员引领，社区成立了院落互助联盟和邻里互助志愿者队伍，为辖区近 100 个独居老人和弱势群体安排心理慰藉、打扫卫生、买菜、买药等服务，并且引导居民参与院落治理。

乡村振兴战略实施以来，彭州市紧紧围绕“五大振兴”和“二十字方针”要求，坚持因需赋形、求变自新的系统思维，紧扣人民法庭整体功能布局、审判职能延伸和服务效能发挥三个基本点，不断增强人民法庭扎根基层、深入群众、定分止争、服务乡村的社会功能。彭州市人民法院遵循自下而上行动路径，把解决纠纷、化解矛盾下沉贯通于基层“末梢神经”，让乡镇乡村成为长治久安的“前沿阵地”。主动融入基层社会治理，依托创新构建的城乡社区“家和促进”前端共治体系，将人民法庭设为共治点位对应辐射两个及以上乡镇，同步撬动民政、司法、公安、妇联等20余个部门的共治力量，择优聘任200余名基层乡贤作为乡村定点辅导员，组建起“法官+乡贤”工作模式，为纠纷双方提供全方位的咨询、调解和服务，让涉农矛盾纠纷成功化解在源头。组建“现代农业助力团”“航空动力助力团”“生态旅游助力团”“美丽田园助力团”等4个基层服务团队，能动司法助推产业发展，深入研判分析农村集体经济发展及涉诉纠纷态势，以“组团结对”的方式定向定期走访调研，妥善处置80家鲈鱼养殖户与旅游开发公司财产损害赔偿纠纷，为农民挽损；依法审慎认定涉“仙山花谷”“林木香村”等多起土地租赁纠纷合同效力，鼓励涉集体经济企业持续盘活农村土地资产价值，激发乡村振兴发展活力。精塑“牡丹讲坛”普法宣传品牌，区别不同乡村经济水平、人口结构、风土人情，差异化开展送法进村、普法进组活动；创新建立村民议事会前学法制度，为村支两委及村民代表举办专题学习活动。围绕农村赡养、抚养等易发纠纷开展巡回法庭、坝坝法庭，审理一案、教育一片效果明显。

（三）培育城乡社区服务类社会组织，提高社区自治能力

“群众工作之家”“上善调解工作室”以及成都社会组织学院作为当代关于多元化纠纷解决机制的产物，其内部系统的运作已日臻流畅，各者之间取长补短，平衡乡村社会治理的重心，使礼治与法治在互动交融中各司其职的同时相得益彰，形成乡村社会矛盾纠纷解决的新格局。

从2018年开始，成都信访系统体系建立了信访工作高质量发展的方案举措，旨在积极推动成都全域信访工作的高质量发展，让信访工作的“阵地”不断地前移和下沉，使“枫桥经验”成为带动成都地区信访工作优化发展的核心支撑和重要力量。通过在全市22个区（市）县筛选基础条件较好的110个村（社区），试点构建“群众工作之家”，探索基础信访治理新机制，将信访工作的覆盖范围朝着更远更深的方向延伸，通过新型的信访工作机制，大大提升了民众的核心凝聚力。通过区域性的成功实践，于2019年开始在成都市范围内全面推进“群众工作之家”建设。到目前为止，“群众工作之家”已覆盖了成都市的所有村（社区）。就目前“群众工作之家”的运行情况来

看，与传统的信访办相比，“群众工作之家”其本质上就是村（社区）党组织统一领导下的专门进行社会群众调解工作的一个组织机构。相比于前者，其工作人员更加固定，工作内容更加明确，工作技能更加专业，功能也更加完善。两者最直观的区别在于，“群众工作之家”就是在深入研究“枫桥经验”的基础上进行的本地化重构。“群众工作之家”属于自治机构，其直接面向的是广大群众，并非在行使政府权力而是在发挥自治功能，让群众关心的“最后一公里”的问题解决机制朝着更为优化的方向发展，其根本目的是将信访问题解决在萌芽的初始阶段，避免信访问题的扩大化、恶性化。在“群众工作之家”建设的过程中，从最开始的建设选址到场地空间的功能性布局以及场地的装修布置，都本着开放性和互动性的基本理念，真正地让人民群众成为建设、活动的主体，让社区的群众接待功能、意见征询功能以及问题解决功能得到进一步的凸显。其核心目标就是让基层组织能够全面、翔实地知道广大社会民众的基本诉求，能够第一时间知道各种矛盾纠纷并实时地进行处理化解，缓解广大社会公众的情绪，解决广大社会公众的基本诉求。同时，搭建信访服务平台，通过网格化的服务模式，让专业的工作人员，譬如法律服务工作者和心理咨询师等，都能够通过信访服务平台加入此项工作。因此，除了进行本职的社会矛盾纠纷排解和信访问题调处的内容以外，“群众工作之家”还积极整合社会公益服务、志愿者服务、综治维稳、农民夜校、道德讲堂等功能，从各个维度上来满足民众的基本诉求。例如，成都高新技术产业区中和街道化龙社区聚焦社区居民的“急难愁盼”问题，充分发挥基层信访工作优势，整合辖区企业、公益组织等资源，打造100平方米左右功能齐备、氛围温馨的社区群众工作之家，在5个院落服务站分别打造“群众工作之家”延伸站点，构建“一家五站”信访基层基础工作格局。通过“听”民声，“问”民计，摆家长里短，增进邻里感情，孵化了一批“知心大姐”和“知心大哥”，把矛盾纠纷调处在谈笑间，把社区共建意识浸润在日常生活中。组织“五组联盟”，深入群众小区院落、商业楼宇开展流动接访，听诉求、答疑问，逐步形成了“有问题找群众工作之家，群众工作之家的事情群众自己齐心解决”的良好氛围。

简阳市精耕法治土壤，厚植为民情怀，培育司法品牌，为助推基层治理体系和治理能力现代化提供有力司法保障。简阳市人民法院筑牢解纷前沿阵地，做优前端服务，大幅降低纠纷增量。打造 10 分钟“诉讼服务圈”，搭建“7 个人民法庭为主干、14 个镇（街道）诉讼服务点为支撑、73 个社区自助服务终端为延伸、605 个村司法联络员为末梢”的四级诉讼服务网络，实现各类诉服事务近距离受理、同标准办理。推送个性化“诉讼服务包”，在人民法庭集成人民调解、行业调解、行政调解等多元解纷窗口，返聘资深退休法官开展 1 对 1 诉讼辅导，定向提供多元解纷服务。做优法治文化阵地，引领“三治融合”乡村文明风尚。致力优化村风民俗，以核心价值引领基层自治。以村级建制调整和村“两委”换届为契机，人民法庭主动帮助 7 个村修订完善村规民约，将社会主义核心价值观融入生态保护、勤俭节约、勤劳致富等自治章程。人民法庭在当地村“两委”的协助下，依托村规民约化解家庭邻里纠纷，并选取其中涉及环境资源、劳动争议、赡养继承等具有典型教育意义的案件，开展巡回审判，旁听群众达万余人，以“家门口”的规范指引，推动社会主义核心价值观在基层社会落地生根。

青羊区上善人民调解工作室是在贯彻党的十九大主旨精神的基础上，在青羊区委政法委、区司法局指导下于四川坤弘律师事务所挂牌成立的公益性调解组织，依托于坤弘律师团队的法律专业力量，牵头负责承办青羊区劳资纠纷、医疗纠纷、物业纠纷、知识产权等专业性人民调解委员会的具体工作，在本部设立有专门的调解室、心理疏导室，接待群众上门调解、咨询。同时，上善调解室还主动“走出去”，依托于政府开展调解工作，通过派遣律师调解员常驻派出所调解室，及时就近调处报案群众所涉民间纠纷；另外，上善调解室也与青羊区人民法院深入合作，参与“诉调对接”工作，开展第三方专业组织介入诉前调解的探索试点。此外，上善调解室还派员常年入驻市、区公共法律服务中心调解岗位，接待人民群众咨询及现场受理调解。通过多渠道、多接口地拓展调解工作的深度和广度，探索创新人民调解工作的方式方法，上善调解室取得了显著的调解工作成绩。

成都社会组织学院是全国第一家由党委、政府主导的为社会组织及其工作者提供培训的专门机构。学院围绕加强基层社会治理的需要，努力造就优秀的社工人才，培育健康的社会组织，切实增强社会发展动力。学院主要以社会组织及其工作者为培训对象，并深入研究社会组织建设、党对社会组织实施领导的方式、如何培育壮大社会组织、激发社会组织活力、如何更好地引导和规范社会组织在基层社会治理中的作用。成都社会组织学院是成都在继村政学院后，在推进县级党校办学体制改革，加强基层干部教育培训方面的又一改革创新。

二、 以法治护航乡村善治， 规范社区秩序

（一）深入乡村开展法治宣传教育，提高城乡居民法治素养

通过成立“杨婷工作室”“蓉城法官讲坛”“豌豆荚未成年人保护”等，加强重点群体法治宣传教育，增强妇女群众法治意识，从源头预防侵害未成年人违法犯罪，提升未成年人的自我保护意识，引导乡村形成关爱和保护以上群体的良好氛围。

崇州市人民法院于2017年4月，以少年家事审判团队法官杨婷的名字命名，构建起了以少年家事审判庭为依托、举全院法官之力的未成年人法治宣传教育工作机制——“杨婷工作室”，深入学校、家庭开展法治宣教工作，用法律和关爱为未成年人幸福成长筑起坚实“防线”，有效回应社会关切。杨婷法官带领工作室的18名常务工作者，以及招募的一批有能力、有干劲、有爱心的志愿者，包括教师、律师、心理咨询师、民警、社区工作者等，以“关爱成长，法律护航”为主题，在全市展开未成年人法治宣传教育工作。活动形式主要包括模拟法庭、巡回审理、旁听庭审、法治夏令营、关爱留守儿童专项行动、未成年人自我防护技能提升课堂、小学生行为规范课堂、中学生法治精神培养课堂和亲职教育课堂等。工作室选派46名员额法官、法官助理担任58所学校（幼儿园）法治副校长（副园长），根据学校的具体情况和需求制订法治教育计划，协助学校形成未成年人法治教育长效机制。工作室和少年家事审判深度融合，坚持“案结事不结”，帮教转化“问题少年”，将有不良行为甚至严重不良行为的未成年学生纳入帮教档案，落实帮教措施。开展涉留守、困境儿童的案件司法救助。工作室加强与公安、综合行政执法部门、文旅局等有关部门协作，依法管理和整治校园周边的网吧、歌舞厅、酒吧等营业性娱乐场所，维护校园治安，及时解决影响青少年健康成长的问题；

针对学校内外出现的危害学校治安秩序的情况和不安定因素，及时向有关部门提出司法建议，为青少年健康成长提供更加有力的司法保障。

"蓉城法官讲坛"是在成都市委全面依法治市委员会守法普法协调小组的统一指导下开展的，该活动不仅是一项法治服务活动，更是成都市中级人民法院深入推进"不忘初心、牢记使命"主题教育的一项重要举措。活动的目的是让法官从法院、法庭走出来，走进机关、社区、学校、企业，最大限度地满足新时代人民群众和各行业不断增长的多元化司法需求。为举办好"蓉城法官讲坛"活动，成都市中级人民法院从41个审判团队中优选了理论功底深厚、实务经验丰富的18名员额法官作为首批授课人，并精心筛选授课主题，重点围绕婚姻家庭纠纷、民间借贷纠纷、合同纠纷、校园霸凌、刑事犯罪等热点问题，以规模化的法治宣传教育形式，让法治观念更加深入人心。成都市中级人民法院每月开展一期"蓉城法官讲坛"活动，为各行各业提供精准化、个性化的法律服务，为全市经济社会发展提供强有力的司法保障。

2021年5月，成都市中级人民法院创新打造"豌豆荚"未成年人保护品牌，以做坚强有力的"豌豆荚"为工作宗旨，在成都市街道社区设立"豌豆荚"未成年人保护法官工作室31个，选派资深法官、心理咨询师等入驻开展法律咨询、维权救济、心理辅导。组建"豌豆荚"青少年法治宣讲团，深入学校、社区开展专题法治宣讲101场次，覆盖1.6万人。健全侵害未成年人利益违法犯罪人员数据库，录入成都市法院近10年涉侵害未成年人相关裁判数据，并联通重庆市第五中级人民法院相关案件信息，供教育、医疗等相关部门招录人员时查询参考。工作经验荣获中央国家机关工委举办的"第三届党建创新成果展示交流活动"百优案例。

（二）健全乡村公共法律服务体系，满足群众多元法律需求

推进乡村公共法律服务标准化规范化，加快整合律师、调解等法律服务资源，努力建设覆盖乡村的普惠均等、便捷高效的法律服务供给体系。

叙永县人民法院健全完善少数民族地区多元解纷机制，在全国首创"石榴籽"多元解纷品牌，在全省率先设立少数民族村寨"石榴籽"调解工作室，探索出了一条基层治理与民族团结深度融合的特色路径，旨在促进各民族像石榴籽一样紧紧抱在一起。"石榴籽"调解主要是以"两法融合"的矛盾调

解机制、“石榴籽调解工作室+专业法官+乡贤人士”联动机制等特色经验，让新时代“枫桥经验”在民族地区落地生根。创新“两法融合”，即将国家法律和“少数民族习惯法”作为调解依据进行调解，在探索“石榴籽”调解方法过程中，叙永县委统战部（民宗局）、叙永县人民法院确定了“三不”准则，即“不违反法律法规强制性规定、不违反公序良俗、不违反社会道德”。在此基础上，“石榴籽”调解室深入梳理、研究和查找民族地区的风俗习惯和国家法律条例的共同性，收集认定出一批有普遍约束力、公正力和公信力的“少数民族习惯法”。针对个别国家法律没有作明确规定的案例，以“少数民族习惯法”内容作为调解依据，运用德古担保酒、民族祭祀习惯等方式，促成当事人达成和解协议。在化解民族地区矛盾纠纷中，组建办案队伍、陪审队伍、调解员队伍等三支队伍，借乡土文化、用乡音乡情、靠乡土办法，汇聚了多元解纷活力。

新津区人民法院借助当地“法治诊所”平台、积极构建“法官诊疗室”，探索实践集社会矛盾纠纷“诊断、治疗、预防”于一体的“义诊义治”服务窗口，积极向前延伸“定分止争”的司法职能，深入推进诉源治理的有效路径。在实践中探索的“义诊、坐诊、巡诊、约诊、会诊”的“五诊”工作法，促进“零诉讼”社区创建。（1）预约“门诊”。开通预约咨询电话，对相对简单的问题进行在线“门诊”解答，对较复杂的纠纷则通过电话记录、分析初始“病症”后，预约时间解决。（2）定期“坐诊”。每月 10 日、20 日定期“坐诊”，接待来咨询群众，并对提前预约的复杂疑难纠纷提供“一对一”服务。（3）综合“会诊”。对矛盾尖锐、人数众多的复杂疑难纠纷，与社区民警、人民调解员等组成“综合会诊”小组，共同研讨，提出科学有效的方案。（4）个性“巡诊”。针对网格员在走访巡查中了解到的老弱病残等特殊群体的法律诉求，及时组织上门“巡诊”。（5）日常“义诊”。汇集多方人员集中开展综治信访维稳专题宣传、新法律动态宣传和法律咨询服务活动。纠纷分层化解，努力创建“零诉讼”社区。充分发挥社区综治力量，通过“法治诊所”，借鉴医院“门诊”和“住院部”的分流模式，民警、干部、民间调解员、其他工作人员在“门诊”初诊后，法官再进行专业诊断；“门诊”上无法调处的纠纷，由当事人选择是否进入诉讼，进行“住院”治疗。

（三）加强乡村自治力量培训指导，增强群众依法自治能力

组织加强乡村自治力量矛盾纠纷预防和化解能力建设，推动自治力量组织发展，培训指导自治力量履行矛盾纠纷化解职责，促进纠纷就地受理、就地化解。

为进一步加大人民调解员队伍的培训力度，提升县域人民调解员的政策法律水平和调解业务能力，打造一支适应新时期化解社会矛盾纠纷新需求的人民调解员队伍，大邑县人民调解员培训学校自2018年2月成立，在2019年8月转型升级为大邑县矛盾纠纷多元化解培训学校。培训学校的培训对象是全县各乡镇（街道）、各村（社区）、各行业人民调解委员会中从事人民调解工作的专职和兼职人民调解员。培训学校分为实体培训基地与网络培训中心。实体培训基地设在大邑县公共法律服务中心，网络培训中心设在县综治中心。县综治办、县人民法院、县司法局共同组建人民调解工作培训师资库，确保培训师资数量充足、理论和实践兼备，提升培训效果。县综治办负责推荐调解经验丰富的基层干部，县人民法院负责推荐办案经验丰富的法官，县司法局负责推荐律师、基层法律工作者和优秀人民调解骨干。培训工作以法律知识、典型案例、调解方法和现场带教等为主要内容，侧重于人民调解实务技能的提高。具体内容包括人民调解职业道德和工作纪律教育、常见纠纷的法律法规释疑、各种案例处理的剖析、人民调解方法、心理学在人民调解中的运用、人民调解工作流程规范、人民调解协议书的制作等。培训方式分为集中授课、网络在线培训、旁听庭审。培训学校的校长由县司法局主要负责人担任，副校长由县综治办、县人民法院、县司法局分管领导担任，人民调解员培训工作由县综治办、县人民法院、县司法局共同承担并实施。县人民法院和县司法局应指导各级人民调解委员会做好人民调解员的组织、管理、参训和考核工作，及时掌握人民调解员培训工作的需求和存在的问题，提出合理化意见和建议，确保培训取得实效。

四川战旗乡村振兴培训学院是经四川省民政厅批准成立，四川省农业农村厅主管的具有独立法人资格的民办非企业单位。学院于2019年2月12日在四川省成都市郫都区战旗村举行揭牌仪式，标志着致力面向全国培养乡村振兴专业型、实用型人才基地正式启动。四川战旗乡村振兴培训学院是在坚持

"党委领导、政府支持、市场运作、资源共享"的原则上，由唐昌镇战旗资产管理有限公司与郫都区国有资产投资经营公司共同组建的成都蜀源战旗企业管理有限公司作为投资办学主体，学院呈现田园望山、川西林苑风格，是一座新型多功能的智慧学院、绿色学院、平安学院。学院总占地28亩，建筑面积达6500平方米，集展览展示、教学科研、学术交流等功能于一体，能同时容纳2000人培训学习。四川战旗乡村振兴培训学院作为乡村振兴人才培训基地，致力于培养高素质的基层组织引路人、产业发展推动人、乡风文明传承人、农业科技推广人和脱贫致富带头人，对于加快推进农业农村现代化，建立健全城乡融合发展体制机制和政策体系；巩固和完善农村基本经营制度，构建现代农业产业体系、生产体系、经营体系；健全自治、法治、德治相结合的乡村治理体系意义重大。

2017年以来，武侯区人民法院自主部署人案矛盾攻坚工程，深入研判中心城区治理法治需求，精准把握"诉源治理"基层固本要求，率先探索建立"基层法治指导员"制度，由资深法官结对街道社区开展综合法治指导，持续推进涉法、涉诉纠纷源头化解，助力提升社会治理体系和治理能力现代化水平。聚焦源头解纷，延伸司法触角，夯实人才队伍，紧盯疑难复杂案件化解，优化诉调对接机制，凝聚各方治理合力。建强高素质指导队伍，聚合全院精干力量，优选14名审判一线资深法官担任基层法治指导员，对口联系、分片包干13个街道、87个社区、一个新城管委会，开展普法、法律、诉讼和调解等"一对一"法治指导。同步强化提升法治职业素能，全力培塑知识结构合理、基层经验丰富、解纷本领高强、人品操守服众的坚强队伍。重点调处复杂疑难案件，实施月度调解指导制度，每月深入街道社区开展个案调解指导，形成"源头介入把脉问诊、加强联动多元治理、灵活变通快速处理"的经验做法，有效补齐街道社区人民调解法律专业短板。基层法治指导员积极联动区维稳办、综治办、街道社区等成功化解多起追索劳动争议和医患纠纷。优化升级诉调对接机制，与各部门共建调解员、调解志愿者信息库，街道社区调解成功后，可经法院诉调对接绿色通道高效进行司法确认，形成资源共享、力量共用、良性互动的诉调有机衔接机制。同时，深度聚焦司法保障供给能级，服务法治政府建设，提高基层调解实战能力，搭建智慧便民解纷平台，全面提升基层司法服务实效。健全政务决策咨询服务机制，围绕涉征收拆迁、旧城改造、重点项目、重点企业等重大敏感纠纷，常态化走访调研、了解需求、摸排情况、研判纠纷、强化指导，为街道社区基层治理提供司法支撑。强化基层调处技能提升服务机制，法院密切配合街道社区解纷组织，每年以案代训、庭审观摩等形式对各类调解员开展不定期集中培训，针对社区多发的涉婚姻家庭、物业管理、民间借贷等纠纷集中组织法律法规学习，传授调解实战技巧，提升调解员一线解纷能力，助提基层自治、风险预防和治理能力。构建智慧便民解纷服务机制，推动“和合智解”e调解平台全区覆盖，将辖区100名街道社区调解员纳入平台管理系统，指引调解员通过该平台接收法院委派调解并进行调处，指导社区群众积极使用平台，形成纠纷调解线上申请、调解员自主选择、视频远程调解为一体的在线调解模式，促进委派调处效能和服务群众能级有效提升。

三、以德治涵养乡风文明，修复基层土壤

（一）弘扬优秀地缘传统文化，开展柔性化治理

弘扬优秀地缘传统文化，充分汲取地方乡土文化养分，健全联动融合、集约高效的乡村治理机制，加强源头治理、动态管理，引导属地解纷资源积极参与诉源治理。

大邑县地处成都市远郊地区，乡镇社区较多，人口流动性小于城区，群众通常生活在一个“熟悉”圈子，通过诉讼途径解决矛盾纠纷少于成都市其他城区，且诉讼案件调撤率平均达65%。因此，用传统方式化解纠纷的社会风尚，为诉源治理“无讼社区”建设提供了良好的实践基础。原本“无讼”一词源于孔子，曾言“听讼，吾犹人也，必也使无讼乎”。费孝通老先生在《乡土中国与乡土重建》一书中的“无讼”篇章里提到，在中国传统差序格局下，人们社会关系的调节主要是靠“礼”这种社会规范来调节，通过教化的手段维持礼治秩序，而非“折狱”。在建设初期我们遇到了不少的困难，传统的“无讼”更多是利用传统的伦理道德等观念来调解、协调，而大邑县人民法院研究的诉源治理“无讼社区”建设是结合新时代新思想，取传统思想的“无讼”之精华。

金堂县的土桥镇是四川省孝善文化重镇。2016 年，金堂县人民法院以弘扬“孝善文化”，提出推行以社会自治手段化解民间纠纷为旨归的“说事评理”乡村替代性纠纷解决机制，旨在以党委领导、政府主导为原则，结合现代法治理念、方法和“孝为本、理为先、法为绳、和为贵”的乡村本土治理理念与治理方式，推动解决关涉群众最为切身现实的利益问题，源头预防、柔性化解基层社会矛盾纠纷。

都江堰市人民法院深入挖掘地域文化资源，借力山水文化精炼司法理念，传播传统文化浸润司法修为，筑牢法治文化夯实司法根基，全面彰显法治内涵，有机培育文化精品，长效释放司法动能，持续探索具有都江堰特色的法院文化建设新模式，为法院高质量发展奠定坚实基础。山水文化凝理念，深耕细作彰内涵。将都江堰的山水文化与法文化有机结合，注重价值熏陶，打造文化器物，深度彰显法的内涵。深挖山水文化，精炼司法理念。组织专班研究都江堰历史形成的地域山水文化，充分借鉴“深淘滩，低作堰”“遇弯截角，逢正抽心”“乘势利导，因时制宜”等科学治水理念，深刻把握司法作为社会治理重要手段的定位和运用法律调节社会关系、促进社会和谐的价值追求，精准提炼“执法如山，衡平如水”的院训理念，铸就法院文化精神内核。增强价值引领，打造服务先锋。文化建设有效激发全体干警“不忘初心、牢记使命”，有力服务大局，有为服务群众。全市首创“6S”诉讼服务中心，围绕都江堰市建设国际生态旅游名城目标，设立旅游环保审判庭，充分发挥法院在都江堰市“1+3+N”旅游市场综合监管机制中的功能，联动高效解决旅游纠纷；通过人文底蕴和法治共识长期培塑，促进干警形成依法治理、司法为民的理念，自觉参与“诉源治理”、执行长效工作，自主创建“法官进社区”定向联络机制、“执行信息对称交流”机制，推动依法治理。

（二）践行社会主义核心价值观，引领乡村社会新风尚

弘扬社会主义核心价值观，推进社会公德、职业道德建设，深入开展家庭美德、个人品德教育，营造更好履行社会责任的乡村环境。

莲花社区的前身是“老三线企业”——四川齿轮厂单位生活区，其始建于 1965 年，由老一辈革命家朱德委员长、邓华将军视察过的川齿厂与岷江齿轮厂两厂合并而成，是西南地区屈指可数的齿轮变速箱专业厂，拥有职工

5200余人、固定资产1.5亿元。2006年3月，在经济转型的浪潮中，川齿厂走完了它风风雨雨的45个春秋。双流区委、区政府在原川齿生活区，组建社区党总支、社区居民委员会筹备小组，并命名为莲花社区。莲花社区一方面通过坚持党建引领，充分发挥党组织的核心作用，提升社区党组织的组织力，夯实基层治理，整治好软弱涣散党组织。莲花社区经历了从老工业单位小区向城市社区的艰难转型，街道党工委和社区党委始终坚持把夯实基层基础作为建设幸福美丽新莲花的核心，抓住关键、转变观念，进一步牢固树立“抓党员队伍是抓社区建设发展关键”的观念，通过建强社区党组织，发挥党员、老职工的模范带头作用，夯实了社区发展治理的组织基础。

时刻牢记司法为民的宗旨，通过司法审判践行和弘扬社会主义核心价值观，让人民群众在每一个司法案件中感受到公平正义，感受到司法的温度。通过掌握把握社情民意、化解矛盾纠纷等的能力，在案件审判中兼顾国法天理人情，让司法审判更有力量、有是非、有温度。例如，成都法院审理了在社会上有较大影响的“外嫁女”离婚后拆迁房权益案件、遗弃残疾女性的离婚案件，依法保护弱势群体，既让人民群众切实感受到法律的温度，又通过司法审判向全社会传达社会主义核心价值观。

（三）培育发展新时代大众文化，重塑乡村居民精神面貌

大众文化的培育和发展对于提升新时代人民法院化解矛盾纠纷、服务人民群众能力，加快推进审判体系和审判能力现代化具有重要意义，诉源治理和大众文化在价值导向上高度一致，在重要功能上交叉融通，应通过深刻把握好二者的同向性和差异性，进一步重塑乡村居民精神面貌。

战旗村位于成都市郫都区唐昌街道，距离成都市区40公里。战旗村原名集凤大队，在1965年兴修水利、改土改田中成为一面战斗的旗帜，后改名为战旗大队，1986年又改为战旗村。2018年2月12日，习近平总书记视察战旗村时，高度肯定了该村的工作，指出“战旗飘飘，名副其实”，并希望战旗村在乡村振兴中“走在前列，起好示范”。战旗村在党建的实践过程中，充分发挥了党组织先进的带头作用，坚持把党支部建在产业链、居民集中居住区、集体经济合作社、民营企业和项目上，同时在战旗村党总支领导下，推进自治组织、群团组织、社会组织、经济组织等多种组织共同发展。战旗村选举

优秀的有共产主义信仰的村民成为党员，由党员按照其优势、特长、技能带领村民兴办产业，脱贫致富。战旗村聚焦党建引领乡村振兴，探索出了“党建引领，共建共治共享”的基层治理机制，示范推动乡村产业、人才、文化、生态、组织全面振兴，带领全体村民实现增收，走上致富之道。

在四川省都江堰市柳街镇七里诗乡青城湾的田间，中国都江堰田园诗歌节曾在这里开幕。夕阳西下时，大地金黄，发源于柳街镇邬家坝、七里坝，延续和传承了300多年的“柳街薅秧歌”又在七里诗乡的稻田里唱起来。中国都江堰田园诗歌节开幕式暨诗歌诵读晚会在这里隆重启幕，晚会引领了每一位观众走进诗文中的都江堰，感受天府文化的魅力和天府居民的精神面貌。

自党的十九大以来，崇州市充分依托天府文化资源禀赋，充分发挥“文化小康”在乡村全面小康中的重要作用，积极培育“文化+”一二三产业融合业态，培育出竹艺村等乡村产业发展模式，推动天府文化特色资源的创造性转化和创新性发展，为乡村振兴找到现实动力引擎。竹艺村是“中国民间文化艺术之乡”道明镇的一个传统村落，占地面积约123亩，居民有86户约300人。千百年来，这里的人们依竹而居，削竹为器，处处呈现出“山上清泉山下流，家家户户编花篼”的景象。南宋诗人陆游曾写下“冷翠千竿玉，浮岚万幅屏”的诗句，“竹艺村”便因其产业基础和文化底蕴而得名。近年来，竹艺村引进了当代艺术家刘伟福、“竹里”设计师袁烽、青年诗人马嘶、国学老师冯玮等“新村民”。“新村民”带着“艺术家的眼睛、人文者的心、经营者的脑”，与当地自然、人文环境产生互动，将艺术巧妙融入乡村自然，有效推动了当地文化的挖掘和再生。通过发挥新村民、新乡贤的文化带动和风尚引领作用，竹艺村村民的精神风貌进一步提升，生活习惯大幅改进，发展信心不断增强，文明乡风、良好家风、淳朴民风正在滋养这片美丽乡村。

第四章

前端化解，解乡村矛盾纠纷于萌芽

随着乡村振兴战略的深入推进和农村经济结构的调整，各类矛盾纠纷呈现多样化、复杂化、专业化趋势，要在前端化解乡村矛盾纠纷，止纠纷于萌芽，不能单靠法院一家唱“独角戏”，必须坚持和发展新时代“枫桥经验”，推动本土力量、专业力量、平台力量等多元解纷力量整合、资源聚合，努力将矛盾纠纷化解在乡村，维护乡村和谐稳定，助推乡村发展振兴。

一、 善用本土力量， 推动常发纠纷就地一站化解

2018 年中央一号文件《中共中央、国务院关于实施乡村振兴战略的意见》提出建立健全城乡融合发展体制机制和政策体系，加快推进乡村治理体系和治理能力现代化。城乡融合发展不代表同质化发展，在几千年农业经济和传统文化影响下，乡村社会的发展样态与城市有很大区别，治理方式也必须因地制宜。针对乡村社会特点，通过深挖创新本地特色“和”文化，融合乡村自治、法治与德治，善治诉源，从而有效化解乡村矛盾纠纷，有力助推乡村振兴。

（一）善用“五老乡贤”，维护人民群众合法权益

“五老乡贤”即老党员、老干部、老代表、老军人、老教师等在乡村德高望重、面对乡村的各类矛盾纠纷时有较大话语权、说话有分量、处事公道的老乡贤。乡贤们土生土长又熟悉村里情况，对家乡怀有深厚的感情，是村里的“活档案”“活地图”，通过激发乡贤们治理乡村的积极性，利用乡贤们“贤”的引领、“能”的带动、“德”的滋涯、“善”的教化、“敬”的尊崇，能够凝聚起基层治理和乡村振兴的强大合力。

蒲江县人民法院延伸人民法庭职能，会同辖区乡镇司法所，培育、塑造

和发展来自乡土、根植民间的老党员、老干部、老代表、老军人、老教师等力量成为新乡贤，成立“五老”调解工作队，建立“五老”调解工作室，在法庭指导下，综合运用法律法规、村规民约、族规族训、家规家训等广泛开展邻里纠纷、宅基地纠纷、家事纠纷等民间纠纷调解工作，取得了良好效果。例如，2023 年 5 月，成佳镇某社区村民宋某诉至蒲江县人民法院，要求与其丈夫杨某离婚。经了解，宋某与杨某婚后生育一女杨小某，女儿出生后不久就被诊断为精神发育迟滞，两人带女儿多处就诊均被告知无法治疗。为照顾女儿，宋某外出务工，赚得的钱部分用于自身生活，部分用于帮助女儿治疗疾病等。杨某在家务农，专职照顾女儿，工作与家庭的重担让二人不堪重负，夫妻关系一度紧张。后二人因相处时间极短，感情逐渐淡漠，长期艰难困苦的生活让宋某愈发不满，因此生出离婚的想法。承办法官为化解二人矛盾纠纷、促进家庭和谐稳定，在法庭开展了第一次调解，但宋某仍坚持离婚。承办法官通过人民法院调解平台，将该案推送给了成佳镇“五老”调解队，向其说明了情况，希望调解队能化解该纠纷，帮助二人重修旧好。徐队长与二人系同一社区的居民，对情况较熟悉，接到调解任务后，徐队长将二人约至石象湖人民法庭的“五老”调解室与承办法官共同开展调解，以照顾杨小某为切口，向宋某说明并进行劝解，宋某最终心意扭转，同意与杨某和好。

金堂县人民法院构建的“说事评理”机制，由知情人士、老党员、老干部等组成的评议员，通过对纠纷发生原因、过错、如何化解等进行现场评说，摆事实、讲道理、明法理，形成了让纠纷双方心平气和化解矛盾、达成协议的民间乡村替代性纠纷解决机制。2016 年以来，金堂县人民法院积极指导建立和运行“说事评理”机制，重新定位乡村司法的价值取向与功能，理性确立了推进乡村法治化的路径与方法。同时，以民间矛盾自我化解的“乡村特色”为重点，融入土桥镇地方特色“孝、善”文化，广泛发挥人民群众在纠纷解决中的作用，使人民法院参与到乡村矛盾自我化解机制中，促进乡村治理体系的构建，利于矛盾纠纷在源头化解。

（二）善用社区网格，回应人民群众美好生活需求

网格员是运用现代城市网络化管理技术，巡查、核实、上报、处置市政工程（公用）设施、市容环境、社会管理事务等方面的问题，并对相关信息

进行采集、分析、处置的人员。社区网格员处在民生服务和社会治理的第一线，了解社情民意，对辖区内人员动态与矛盾纠纷较为清楚。同时，社区群众也熟悉网格员，在面对矛盾纠纷时，网格员作为当事人的熟人，能够充当解纷“话事人”的角色，是社会治理的一支生力军。

锦江区人民法院积极争取党委、政府的支持，将司法事务工作纳入网格员职责清单，充分借助网格员“人地两熟”的优势，开展网格送达、纠纷调解工作，这不仅是增加司法供给、构建司法供应链的有力举措，也是解决司法供给本位化、单向化、封闭化问题的有益探索。按照人民法庭建设的“两便原则”，锦江区人民法院将矛盾纠纷化解阵地前移，让派出法庭与第一线的网格员建立工作联系，实现纠纷在第一线就地化解，便于当事人诉讼与案件审理。同时，锦江区人民法院充分应用“互联网+”思维，开发法律文书网格化派送系统，实现法院网上下单，网格员手机接单的“滴滴模式”，网格员办理司法事务全程留痕，法院后台全程跟踪，充分使用信息化技术手段，加强数据支撑、强化统计分析，切实提升办案质效。

成华区将网格分为基础网格和专属网格，其中专属网格主要针对街面、商务楼宇、各类园区、集贸市场、商场、学校医院、企事业单位、铁路沿线、河道湿地等区域。专属网格员属于该区域内选拔的兼职网格员，履行发现、搜集和报告问题隐患，适时采集人、地、事、物、组织等基础信息；排查劝调一般矛盾纠纷；宣传发动人民群众参与基层社会治理等职责。

（三）善用综治资源，统筹城乡社区系统治理

综合治理是党和国家为解决社会治安问题作出的重要制度安排，也是预防和治理青少年犯罪的正确而有效的途径。它是指在各级党委和政府的统一领导下，以政法机关为骨干，依靠人民群众和社会各方面的力量，分工合作，综合运用法律、政治、经济、行政、教育、文化等各种手段，惩罚犯罪，改造罪犯，教育挽救失足者，预防犯罪，达到维护社会治安，保障人民幸福生活，推动社会主义现代化建设顺利进行的目的。利用综治中心丰富的资源，充分发挥基层综治干部熟悉社情民意的优势，将综治中心及综治干部纳入基层矛盾化解体系，有助于城乡社区的系统治理，维护基层和谐稳定。

大邑县人民法院构建信息资源共享平台，助推基层矛盾纠纷调解精准化。

依托县综治中心的“信息中枢系统”，完善乡镇、社区综治中心建设，整合“9+X”网格化服务管理、网格员矛盾纠纷“随手调”信息，对各类纠纷适时分析研判，及时启动应急响应，快速实现诉非分流。创新运用“雪亮工程+”，搭建“智慧社区”服务平台，通过人脸识别等智能手段，加强对社区矫正人员、精神障碍人员等特殊人群的监管，提高风险防控的精确性。

二、巧用专业力量，推动类型纠纷多方多元化解

在当前乡村快速发展的大背景下，乡村矛盾纠纷也呈现出专业化的特点，如农产品种植、乡镇企业改制、土地流转等纠纷类型，处置难度大，专业化程度高，要化解此类矛盾，单靠法院则独木难支。因此，在法院大力打造专业化审判团队、审判法庭的同时，必须突破常规，以法院为原点，向全社会画圆，将行业协会、政府相关职能部门等具有独立性、专业性、行业性等特征的社会力量纳入解纷队伍，充分利用专业力量熟悉乡村事务、掌握涉乡村专业知识、了解行业规则等优势，为乡村矛盾纠纷高效化解提供专业支持与智力保障。

（一）行业协会参与专业化解乡村产业纠纷，服务乡村产业振兴

在乡村经济腾飞的过程中，打造乡村特色产业、发展乡镇企业等是极其重要的一环，个人与个人、个人与基层组织紧密联结，在发生矛盾纠纷时，如处置不当，其后果往往不是某个人或者某几个人能够独立承受的，而是与整个乡村的发展相关联，牵一发而动全身。行业调解作为一种非诉讼纠纷解决机制，与诉讼程序相比，具有成本低、效率高等优势。吸纳行业力量参与乡村产业纠纷调解，有助于厘清其中的利害关系，而司法在法律规定的原则性问题上进行把关，不仅有助于纠纷解决，更有利于产业发展和服务乡村产业振兴。

蒲江县人民法院依托行业协会高效化解猕猴桃购销案。蒲江县是农业大县，种植猕猴桃是蒲江县特色产业之一，是本地乡村经济发展不可或缺的一部分。蒲江县人民法院在猕猴桃购销案中引入行业协会进行调解，从专业性来看，蒲江县猕猴桃协会熟知猕猴桃从种植到结果再到销售等方方面面的流程和技术要点。从权威性来看，猕猴桃协会作为该行业的引领者，是果商和

果农之间联系最紧密的第三方，加之协会派出的调解员一般为会长，本就是该行业较专业且德高望重的人。从成本比较来看，诉讼成本较高，且水果行业季节性较强，再生产或者销售需要大量资金回笼，对于此类纠纷采用时耗较长的诉讼程序并不经济。行业调解可以将费用支出、时耗等成本降到最低。蒲江县人民法院为及时预防和有效化解猕猴桃农业产业纠纷，切实维护当事人的合法权益，保障猕猴桃产业的良性发展，邀请猕猴桃协会介入调解，构建联动化解机制工作体系，充分发挥行业调解在多元化纠纷解决机制中的重要作用，将果农和果商的总损失控制在最低范围内，双方合作关系得以维持，利益得到最大化。例如，蒲江县人民法院在处理一起涉猕猴桃购销案中，原告蒲江某科技公司复兴经营部起诉被告四川某农业科技公司向原告销售不合格农药，原告方负责人张某要求被告方负责人肖某赔偿由此造成的猕猴桃损失 5 万余元，而肖某则认为没有证据证明农药有质量问题，且张某尚欠货款 4 万余元。第三人四川某农业公司负责人田某某同意与原告将欠款和本案一并调解处理。承办法官组织双方进行调解，依托农产品行业联调机制主动邀请复兴乡猕猴桃协会会长参与调解，利用其对猕猴桃种植、销售渠道的充分了解，以及双方当事人的信任和尊重，最终促成双方达成和解，被告愿意承担原告部分损失。经折抵，原告当庭向被告支付了 24 800 元的农药款，所有纠纷就此了结，三方当事人握手言和。调解结束后，三方当事人一起走进猕猴桃果园，共同商谈下一步的合作事宜。

崇州市工商联联合崇州市人民法院成立崇州市商会人民调解委员会共解民营经济纠纷。2019 年 2 月 20 日，崇州市商会人民调解委员会调解室正式入驻崇州市人民法院诉讼服务中心并开展工作。崇州市商会人民调解委员会针对传统诉讼调解中调解时机不佳、冲突及对抗性强、调解被动性强、成本高、时效严格与程序烦琐特点，创新工作制度，建立排查预防、协调会办、跟踪回访等相关制度，加强商会人民调解组织和队伍建设，不断增强商会调解的权威性及公信力，充分发挥商会调解优势，加强诉调对接工作，为非公有制经济持续健康发展提供有力保障。例如，在崇州市人民法院联合崇州市工商联成功化解的一起涉众型商品房预售合同纠纷案件中，王某等 27 位业主于 2019 年 12 月分别与成都某置业有限公司签订了《商品房买卖合同（预售）》，约定购买该公司位于四川省崇州市的商品房。该合同对房屋价款、交付时间、违约责任等事宜也进行了约定。该合同第 19 条约定：“（2）逾期在 90（含 90）日后…… 买受人要求继续履行合同的，合同继续履行，出卖人按日计算向买受人支付全部房价款万分之五的违约金。”后成都某置业有限公司未按合同约定的期限交付房屋，王某等 27 位业主向人民法院提起诉讼，要求该公司按照合同约定支付迟延交付房屋的违约金，案涉金额达 200 余万元。收到该案后，崇州市人民法院通过人民法院调解平台将本案委派到崇州市商会人民调解委员会进行调解。调解员组织双方当事人进行多次协商，告知其通过调解的方式解决纠纷具有低成本、高效、便捷的优势，并引用上级法院已生效的同类判决做当事人的工作。在调解员的耐心沟通下，双方一致同意对违约金的计算标准进行调整，并达成调解协议。同时，立即向人民法院申请司法确认，现已履行完毕。

（二）府院联动实质化解涉农村土地纠纷，助推城乡融合发展

当前，农村土地流转、拆迁等现象十分普遍，由此引发的矛盾纠纷有激增趋势，且此类矛盾往往涉众、涉稳，事关乡村群众切实利益，处理不当极易影响基层稳定，若单由法院来处理，解决路径较窄，且多数法院的法官对土地政策了解不够透彻、涉案人数众多、群众心理难以准确把握，达到化解纠纷、平息事态的效果的难度较大。以“府院联动”机制为抓手，构建涉农村土地纠纷治理“大格局”，实现行政与司法良性互动，有利于在法治轨道内高效解纷，最大限度维护人民群众的合法利益。

简阳市人民法院在处置土地承包经营权出租合同纠纷中，及时启动重大纠纷沟通协调化解机制，促进人民法庭、乡镇综治办、司法所、人民调解委员会、村（居）便民服务点的良性互动，借助乡镇、村社等基层组织力量，共同开展当事人的政策宣传、法律解释和思想疏导工作，促成纠纷高效妥善化解。同时，简阳市人民法院携手行业主管，防范土地流转风险，就农村土地流转类纠纷反映的行业主管部门履行审批、监督等管理职责的问题向相关政府部门发出司法建议，针对农村土地流转对扶贫政策落实、项目招商引进、社会平安稳定等方面的法律风险向简阳市委作专题汇报，推动简阳市委、市政府召集相关部门进行专题研究，在全市范围内开展专项清理、排查和整改，

预防和消除了土地流转类纠纷产生的根源，进一步完善了党政主导、综治协调、多元共治、司法保障的涉农村土地纠纷治理格局。例如，在简阳市人民法院依法巡回审理的一起涉农村土地承包经营权出租合同纠纷案件中，被告某建筑公司因承建某高速路，租用了简阳市五星乡某村9户村民的耕地用作建渣堆场。工程完工后，被告某建筑公司未按合同约定将土地整理复耕。村民因耕地无法使用，将被告某建筑公司告上法庭。由于五星乡离城较远，且原告村民多为老年人，为了满足群众的诉讼需求，法官决定对该案进行巡回审判，并现场了解耕地被占用情况。开庭审理后，双方对土地修复问题难以达成一致意见，但在旁听庭审的人大代表和政协委员的协助调解下，最终促成双方就耕地损坏情况达成土地修复赔偿协议。

（三）职能部门协同整治乡村环境问题，推动乡村生态文明建设

在乡村发展振兴过程中，要深入贯彻落实习近平生态文明思想，践行“绿水青山就是金山银山”的重要理念。生态环境保护是一项系统工程，各相关单位肩负不同职责，法院要充分发挥依法打击、生态修复和宣传教育作用，要强化与各行政执法机关的协调联动，形成各单位、各部门各司其职、各负其责、密切协作、齐抓共管的生态环境资源保护联动机制，为谱写乡村高质量发展新篇章守牢生态底色。

大熊猫国家公园管理局会同四川省高级人民法院、四川省人民检察院印发了《关于建立大熊猫国家公园生态环境资源保护协作机制意见（试行）》，切实落实最高人民法院环境资源审判专门化的工作要求，加强环境资源审判专门机构建设，在四川省探索建立了生态环境资源保护协作机制，设立大熊猫国家公园成都、德阳、绵阳、广元、雅安、眉山、卧龙7个专门法庭，覆盖四川省大熊猫国家公园全部区域，致力于保护大熊猫和大熊猫赖以生存的自然生态环境。

崇州市人民法院自2017年以来自主探索环境资源审判机制改革，并将其与诉源治理工作有机结合，系统强化环境资源案件的源头预防、源头治理和源头化解，推动形成保护大格局，合力提升共治真本领，首创“1+1+4R”修复机制，打造新时代生态保护司法供给新模式，有力保障人民群众生态权益。建立1套环境智库。发挥生态专家的专业领域优势，聘任西南财经大学教授

和大气污染、水污染控制、动物学、生态学等环境保护领域的 7 名专家学者成立专家咨询委员会，为生态环境资源保护工作提供决策参考和专业技术支持，从纠纷源头开始介入，提出专业意见和建议，提升环境资源案件防治的科学性、合理性。打造 1 个生态基地。深入推进“翡翠之城康养崇州”行动，与崇州市农发局达成会议纪要，由崇州市人民法院在鸡冠山森林公园建立生态修复教育基地，涉案被告人通过涉林刑事案生效判决确定的补种复植义务，在农发局下属国有林场开展生态修复活动。加强院校合作，鼓励中小学生参与环境资源生态修复建设，努力把教育基地建成“司法实践学校”“法律教育讲堂”“学法普法窗口”。探索“4R”生态修复模式。坚持“修复为主、补偿为辅”的办案原则，协调相关部门共同制定修复方案，邀请水利、农林等专业部门指导，落实以生态环境修复为中心的损害救济制度，探索“原态修复、代偿修复、劳役修复、异地修复”的“4R”生态修复模式；定期与相关部门开展生态修复“回头看”活动，确保惩罚犯罪与生态修复双重效果。例如，2019 年 11 月，崇州市人民法院审理了一起非法采伐楠木的刑事案件，对非法采伐楠木的 8 名被告人判处有期徒刑一年至四年不等，并处罚金 5000 元至 10 000元不等。被告人施某等人委托第三方公司代为在生态修复教育成都基地（鸡冠山森林公园内）补植楠木 10 株，并连续 2 年进行管护，确保成活率达到 100%。同月，崇州市人民法院对一起盗采红豆杉案件公开宣判，以被告人吴某犯非法采伐国家重点保护植物罪，判处其有期徒刑二年，缓刑二年，并处罚金 15 000 元。在审理过程中，吴某委托第三方公司代为在生态修复教育成都基地（鸡冠山森林公园内）补植红豆杉树 10 株。

三、 活用平台力量， 推动纠纷线上线下便捷化解

（一）建立乡村诉源治理中心，就近集约解纷

诉源治理涉及多个部门和多元主体，形成党政主导下的纠纷源头治理格局是“诉源治理”的首要命题。城乡社区作为社会治理的基本单元，处于矛盾纠纷的初始源头，是“诉源治理”的重心所在，建立乡村诉源治理中心，实现乡村矛盾纠纷就近集约解决，是推动“诉源治理”取得实效必不可少的一环。近年来，经过成都法院的主动争取与努力推动，这一工作格局在成都

市范围内已经初步形成。

天府新区打造社会矛盾纠纷化解协调中心。“矛调中心”分为5大功能区、13个功能室，设置15个服务窗口，是一个多功能集成、多部门集中、多服务集约的社会治理“综合服务站”，承担信访联合接待、公共法律服务、矛盾纠纷调处、社会心理服务等职能，实现群众来访受理、调处、帮扶、反馈等一站式服务，让矛盾在一线化解、问题在一线解决、隐患在一线消除。

“矛调中心”强化平台体系建设，构建共建、共治、共享工作格局，搭建“诉调对接”三级平台，整合多部门力量，打造符合天府新区实际的“1+N”综合调解体系。同时，强化工作举措，推进自治、法治、德治“三治”融合，加强法治宣传，挖掘、重构“无讼”文化传统，强化队伍建设，建立以法官、律师、心理咨询师、金牌调解员等为主体的调解队伍专家库，充实矛调中心调解力量，为三级矛调中心提供强大的人才支撑。天府新区“矛调中心”建设作为四川省区级首个标志性工程，通过统筹各部门力量，有效协调处置多起疑难案件，推进形成纠纷联调、问题联治、工作联动的多元共治格局。

彭州市人民法院为持续深化诉源治理，促进矛盾纠纷多元化解，推动本地诉源治理中心实质化运行，联合彭州市司法局，在彭州市天彭街道、致和街道、濛阳街道、隆丰街道、敖平镇、通济镇、丹景山镇、丽春镇、天府中药城、新材料产业园区挂牌成立10个基层诉源治理中心。为加强诉源治理中心与基层司法所的协调配合，充分整合矛盾化解资源，推动纠纷解决机制建设，彭州市人民法院还与彭州市司法局联合签署《关于进一步推进诉源治理和加强诉调对接的合作框架协议》，主要从发挥基层人民调解委员会作用、创新人民调解工作方法、加强法院同司法局协调联动等方面发力，为人民群众提供“一站式”解纷服务。同时，进一步加强与当地政府机关的协作配合，依托村（社区）党群服务中心，统筹整合资源，突出“治理+服务”场景建设与功能应用，持续释放诉源治理效能。

（二）创建“和合智解”e调解平台，绿色便捷解纷

“和合智解”e调解平台是成都市中级人民法院打造的，融裁判规则导引、纠纷案例学习、调解资源整合、远程视频调解、诉非对接等多项在线解纷功能于一体的线上解纷平台，通过构建纠纷解决申请、调解员确定、调解

过程、调解文书生成等互联网运行新制度，搭建纵向贯通、横向集成、共享共用的在线纠纷调解系统，丰富和再造多元化纠纷解决机制，推动诉讼与非诉讼相衔接的纠纷解决机制改革，为人民群众提供经济、方便、快捷、高效的纠纷解决渠道。

“和合智解”e调解平台自升级2.0版以来，不断向基层人民法庭及城乡社区布局，逐步引入社区法律服务工作室、律师调解工作室或“无讼社区”工作站，让城乡社区居民足不出户就能享受到便捷、高效、多元的咨询和纠纷解决服务，为解决与广大基层群众息息相关的矛盾纠纷提供了新的路径。

蒲江县人民法院特邀调解员充分发挥自身工作经验、知识优势，在乡镇党委、政府的支持配合下，利用“和合智解”e调解平台成功在线调解多起农村土地纠纷。当前，随着国家乡村振兴战略和惠民政策的不断落地落实，农村土地价值也越来越高，随之而来的诸如土地分配、承包面积及承包金、土地征用、流转、田边地角归属甚至过去征收税款期间农民自愿放弃土地、现在土地政策反补又要求收回土地等矛盾纠纷凸显。对于这些争议时间长、政策性强、矛盾激化的涉农案件，通过诉讼程序解决并不能达到最佳效果。“解铃还须系铃人”，蒲江县人民法院依靠地方党委、政府的积极支持，借助基层组织、民间调解组织资源优势，形成合力更能实质性化解纠纷。

成都高新技术产业开发区人民法院利用“和合智解”e调解平台2.0版成功调解涉外案件，当事人均为外国人，且代理人也身处异地，“和合智解”e调解平台利用互联网将法官、调解员、双方当事人、代理人等涉及三个国家、四个地方的人员同时连线，使得本需要花费很多时间和金钱的一起简单纠纷，在一天之内就成功化解。2019年1月16日，“和合智解”e调解平台2.0版在网页端、电脑端、App端、微信小程序端，其上接法院特邀调解组织系统，下连法院办案系统，并成功入驻成都市“天府市民云”平台，开放式地为纠纷当事人提供在线多元解纷服务。调解全程在线开展、在线留痕。调解前，法院可以在线进行诉前委派或诉中委托特邀调解组织和特邀调解员调解；调解后，当事人也可以根据调解结果选择直接在线申请司法确认或起诉，案件信息、结果及相关材料均在网上流转，极大地便利了当事人（特别是异地当事人）、调解组织、调解员和法官，具有鲜明的“互联网+”时代意义。

（三）打造类型化一站式解纷平台，高效专业解纷

2021年9月15日，最高人民法院印发《关于深化人民法院一站式多元解纷机制建设推动矛盾纠纷源头化解的实施意见》，对人民法院参与诉源治理，推动一站式多元解纷向基层延伸、向社会延伸、向网上延伸、向重点行业领域延伸，促进矛盾纠纷村村可解、多元化解、一网通调提出具体要求。一站式解纷平台突出一站、解决、集成、在线、融合五个关键点，切实推动诉源治理高站位推进、多元解纷高效能运行、在线调解高水平发展、智慧诉服高效率供给、便民工程高质量建设、长治长效高标准推进，实现纠纷解决“只进一个门、最多跑一次、可以不用跑”，达到一站集约、便民利民、高效解纷的目的。

成都市中级人民法院联合市人社局、市司法局、市总工会共建“成都劳动纠纷多元化处置中心”，挂牌成立“成都市劳动争议人民调解委员会”，整合人民调解员、人民法院特邀调解员、工会律师、退休法官等资源，形成统一端口的劳动纠纷调解力量，启动“成都市劳动纠纷”微信小程序，将劳动者维权的投诉举报、仲裁、法律服务、人民调解、司法确认、财产保全以及法律法规智能咨询等植入微信小程序，通过手机微信小程序实现在线投诉、申请仲裁、调解、司法确认、法律咨询等事项，实现约80%的劳动纠纷在诉讼前端化解。

温江区人民法院探索建立物业纠纷调解前置联动平台，在温江城区目前最大的住宅小区所在社区开展试点合作，设立小区物业纠纷联调办公室，办公室人员由小区党支部、人民调解委员会、小区业主委员会共同构成。同时，在社区内设置物业纠纷调解前置联动工作领导小组。一旦小区发生物业服务纠纷，由物业纠纷联调办公室组织先行调解，调解不成则交由人民调解委员会组织调解，最后调解不成再进入人民法院处理。被告户籍地为该街道辖区的，须经社区人民调解委员会先行调解后才能诉至法院。未经调解的，法院收到相关起诉材料后委派社区人民调解委员会调解。对诉前化解不成功且立

案受理的案件集约纳入审判前台快速审理，实现“二次诉前分流+一次集中快处”。例如，在某小区物业纠纷案件中，陈某居住于温江区某小区，该小区的《前期物业服务合同》由开发商与当前物业公司签订，且该小区至今未成立业主委员会，业主与物业之间的沟通存在障碍，物业服务质量有待提升。陈某以自己并未与物业签订物业服务类合同且没有看到物业公司作出服务为由拒绝缴纳物业费，物业公司多次催收无果后向温江区人民法院提出诉讼。近日，在收到物业公司起诉业主的系列案件后，温江区人民法院诉讼服务中心认为该类案件事实清楚、标的额小，为快速化解矛盾纠纷、减轻当事人诉累，在征得当事人同意后，将该类案件分流至诉前调解室。调解过程中，物业公司出具了《前期物业服务合同》，并举证了自己提供服务的照片，表示已经履行了合同约定义务。调解员向陈某明示物业费的收取具有公共属性，如对物业服务不满意拒交物业费，会导致物业公司失去经济来源，物业服务质量无法继续维系，如此陷入恶性循环，最终受损害的是业主。同时，劝诫物业公司不要只是关注费用的收取，应多听取业主的建议，不断提高物业服务质量，及时修缮和管护公共设施，避免给业主造成人身及财产损失，否则要承担相应的法律责任，并督促物业公司就现有令业主不满的服务方式进行整改，做出调整。经调解员努力，化解了当事人之间的隔阂，陈某现场缴纳了拖欠的物业费，物业公司承诺今后会加强物业管理服务，提升服务质量，该起纠纷得到圆满化解。

双流区人民法院探索建立起了符合双流特色的“四位一体、二审合一、积极互动、一站式”交通事故联调联动处理机制，坚持联动融合、梯次化解、调解先行，提升“道交联动”司法服务从源头优质高效化解诉讼纠纷。一是建立快撤快处快赔服务中心。双流公安交警大队于2016年成立了轻微道路交通事故快撤快处快赔双流服务中心，对双流区内道路上发生的机动车之间造成的轻微损失，不涉及人员伤亡和车外财务损失、车辆损失不超过10 000元的交通事故提供便捷快速处理的“三快”服务。二是实行保险协会坐班制。在联调联动中心，保险行业专门派驻2名工作人员负责和各个保险公司沟通协调，确保保险公司积极参与联动调解，将矛盾化解在诉前，减轻审判压力的同时更好地方便群众。三是诉非衔接，集中办公实时随地指导。交通事故案件从原来的分散到现在的集中办公实时随地指导，有利于更好地加强与相关部门的沟通、协调，无论是诉讼材料传递、财产保全、案件调解，还是预付保险款、及时救治伤员和提供医疗费用等方面，都能够充分发挥资源效用的最大化，改变传统的审理周期较长、程序烦琐、调解率低、理赔困难的不利局面，加速各个办案流程，缩短诉讼周期。四是诉讼便捷化。在联调联动中心，当事人“足不出楼”就可以实现交通事故的处理、调解、诉讼、开庭等“一站式”的交通事故处理流程。

第五章

关口把控，化乡村矛盾纠纷于诉前

从基层来看，要解决社会转型时期乡土社会存在的大量矛盾纠纷，仅由人民法庭承载案件审理职能是远远不够的，应当以善治理念为导向，传承中国传统乡村社会治理理念，融合国法、天理、人情、习俗等生活的经验、智慧，用实用性的递进思维和综合思维继承与革新“枫桥经验”，通过实现法律统一下的规则多元化、现代司法主导下的纠纷解决机制多元化、法治秩序下的公共治理主体多元化，重构新时代中国特色的人民法庭职能和制度，推进乡村治理体系和治理能力现代化，夯实乡村振兴的基层基础。

一、 深化诉非协同， 延伸人民法庭分流衔接功能

诉非协同，即诉讼与非诉讼的衔接配合，将人民法院、企业事业单位、社会组织以及基层力量予以结合发挥，将诉讼与非诉讼的纠纷解决渠道协调畅通，提升非诉讼纠纷解决机制的潜能、权威和底气，使各种纠纷解决方式为民所需、为民所用，从而促进纠纷解决方式的和谐发展。诉非协同的主体包括人民调解委员会及其他各类调解组织。人民法庭通过加强对各类型调解组织和调解人员在法律知识、调解技能、文书制作等方面的培训，并结合区域实际对其进行专业指导，充分发挥人民法庭在诉非协同机制中的推动作用。

（一）深化与乡镇街道的对接，促进乡村纠纷就地化解

在乡村矛盾纠纷呈多元化发展趋势的背景下，人民法庭参与纠纷治理具有地缘优势和专业支撑。新时代人民法庭在面临传统解纷格局颠覆、差序格局根基解构、法理礼俗冲突加剧等现实问题时，应当深层透视当下乡土司法的逻辑架构与村民价值观念的变迁，借力乡镇街道村社，建构人民法庭参与乡村治理的善治路径。乡镇街道村社因身处矛盾纠纷爆发的最前沿，能够最

早察觉矛盾纠纷产生的苗头及根源，对于群众有着极大的熟悉度、敏锐度，能够有效利用道德、伦理、纲常、习俗与人情等本土化的实践资源促进纠纷化解。因而，深化人民法院与乡镇街道的对接，主动“走出去”协助基层解决纠纷，能够极大地提升纠纷化解效率，节省司法资源，成都地区法院在与乡镇街道的对接机制上已经进行诸多探索。

双流区人民法院充分结合辖区经济社会发展需求，围绕区域特色，以审判服务团队为单元，“走出去”前端指导和参与纠纷化解工作，有针对性地创设空港解纷“199”机制，与全区九个镇街、九个行业建立一一对应的法治指导关系，形成“镇街呼叫、部门报到、法院指导”的工作机制。一方面，围绕重点领域加强纠纷源头防控，积极与镇街、行业协会、政府部门合力采取无缝衔接、及时参与、定期联席等常态化方式，做深做细联调、稳控、化解涉众涉稳矛盾纠纷。另一方面，依托通报机制提供个性化司法服务。定期提取诉讼案件大数据进行深度分析，以当事人地址、纠纷所在地及所属行业类型等为指数，将诉讼案件精准定位至相关辖区街道及所属行业，形成态势分析报告，通过数据分析精准了解当事人的司法需求，调动解纷力量有效介入，提供个性化司法服务。根据解纷人群需求，打造“槐轩法治堂”司法服务站、“空港司法护航‘企’飞加油站”和“车行 e 法庭”等。

天府新区人民法院籍田人民法庭探索聘任“诉讼联络员”作为法院与司法所间的“纽带”，籍田街道联合籍田人民法庭委任 44 名街道、村两级的人民调解员担任诉讼联络员并颁发聘书。诉讼联络员主要充当“快递员”“传声筒”“打工仔”三个角色：一是送达辖区内法律文书，保障调解协议效力；二是承担与法院的双向联络，及时沟通疑难复杂案件，协助建立案例库；三是接受法院委派调解，发挥民间调解能手作用，降低当事人诉讼成本、简化维权程序。

彭州市人民法院首创“社治+法治”的城乡社区“家和促进”前端共治体系。重点调动 67 名家事调查员、65 名家事调解员、10 名心理疏导员、16 名社区乡贤等社会自治力量参与社区治理，建强由“1 名法官+1 名社区工作者+3 名定点辅导员+X 名共治员”组建的社区工作团队，择优选派 42 名优秀指导法官，择优聘任 71 名经验丰富的社区工作者和 213 名群众口碑好、调解能力强、德高望重、工作负责的基层乡贤等作为定点辅导员。法院充分发挥司法利民、护民的职能，创新法治指导方式，选派优秀法官驻点社区值班，进行现场法治辅导和咨询，引导群众自我教育、自我管理。“家和促进”主要采取“固定+灵活”“线上+线下”的方式为社区群众提供全方位的服务，在社区专设“家和促进”窗口，指导法官和定点辅导员在社区定期坐班并现场开展服务，打造微信线上服务模式，在“天府市民云”App的彭州社区部分开设“家和促进”板块，提供24小时不间断服务，在预防和化解矛盾纠纷中不断迸发出法治引领的新活力。

（二）深化与职能部门的衔接，推动乡村纠纷非诉解决

诉非协同借力第二重是政府职能部门。深化与职能部门的衔接，多部门联动形成矛盾化解合力，将前端矛盾、初发矛盾及时化解在萌芽状态，防止形成衍生矛盾、重大矛盾、群体性矛盾。多部门联动有利于打破信息壁垒，融合平台优势，实现人民法院、公安机关、司法行政机关等平台互联、数据互通，也让人民调解、行政调解、司法调解等实现无缝对接。多部门联动还能形成一个信息互通、工作互联、资源互享的有机整体，在提升矛盾纠纷化解及时性、有效性和可预期性的同时，推动矛盾纠纷高效化解。

四川省法院联合省发改委、省住建厅、省交通厅、省水利厅、省人社厅、省市场监管局、省自然资源厅、省应急厅八家行政管理机关建立工程建设领域民事司法与行政执法衔接联动工作机制。机制内容涵盖：共同建立工程建设领域执法司法专家咨询库，为人民法院审理案件、行政机关行政执法提供专家咨询意见；建立违法行为的司法移送制度，人民法院在审判执行过程中发现当事人存在违法行为情形的，及时移送相关行政机关；行政机关在收到人民法院送交的《违法行为线索移送处理函》《违法行为移送处理函》及相关材料后，应当及时依法受理、调查、认定和处理，并将处理结果及时反馈移送人民法院；违法行为纳入征信系统，行政机关将其查处的违法行为、处罚结果或者因行政处罚追诉期届满而不予处罚的违法行为记入相关单位、个人的征信系统或者信用档案，并向社会公示；建立行政调解制度，行政机关依照相关法律、法规及规章等规定的行政调解职责，对与本行政机关履行工程建设领域行政管理职能有关的民事纠纷进行调解。

彭州市人民法院主导成立成都法院首家行政争议调处指导站，并同步发布《指导站工作实施意见》。指导站嵌入彭州市矛盾纠纷多元化解中心，通过该中心，将矛盾纠纷“三色”分类分级预警后及时分流。指导站的建立将行政争议化解端口前移，为诉前化解纠纷放大解纷路径，为行政机关与相对人搭建平等沟通平台。针对行政争议案件受理前、诉讼中、判决后等各环节，《指导站工作实施意见》细化了案发地与受案地法院之间的协调调解工作原则、职责分工、工作规则、操作方法等内容，着力形成异地帮助、信息互通、府院联动的新格局，有效推进调判结合、实质化解。指导站的运行方式是“1+7+N”工作模式，即1个多元化解委员会、7项机制、N个调解单元。通过建立司法行政联动解纷机制、重大案件协调化解机制、非诉行政审查先行磋商机制等7项机制，积极引导涉纠纷行政机关及早介入、主动作为，同时与案件相关的各行政部门积极配合、形成合力，确保矛盾化解在源头、争议防患于未然。

（三）深化与多元力量的协同，引导乡村纠纷诉前分流

随着乡村社会经济的不断发展，各种行业组织、民间社会团体、地方性组织及新乡贤组织等在公共事务方面呈现愈加活跃的状态，其涉足范围遍及政治经济、社会生活、文化公益等各个领域。这些社团组织在人员构成、专业知识、情感联结等方面有着优于人民法庭的天然优势，不乏当地老党员、老干部、道德模范、创业投资者等具有一定影响力的人员。他们在对婚姻家庭、邻里关系、土地房屋等纠纷的化解上，更能够修复当事人之间的关系，对基层建设更具有热情。人民法庭可以通过专业知识的指导、退休法官的参与、定期组织培训等形式，提升其他主体纠纷治理的法治化水平。

双流区人民法院创新建设成都市首个诉前调解与速裁一体化中心——调裁中心。调裁中心是一个立足高效专业解纷、延伸司法服务，集专业调解机构、律师事务所、行业专家等社会多方解纷力量于一体的诉讼与非诉相衔接的多元解纷综合平台。调裁中心打造“分—调—确（裁）”的运行模式：纠纷进入调裁中心后，通过分流岗进行案件分流，对不宜通过非诉方式解决的又符合立案条件的矛盾纠纷直接登记立案；对于可通过非诉方式解决的矛盾纠纷进入为期30日的诉前调解程序，构建“法官+专职调解人员+特邀调解人

员”的调解组合，形成多元解纷合力，采用“固定调+流动调”“坐班调+预约调”“现场调+网络调”多种调解手段相结合的方式，满足当事人不同时空需求，充分释放诉前调解效能；对调解成功的案件，现场对调解协议进行司法确认，第一时间固化调解成果，对诉前程序也解决不了的涉诉矛盾纠纷进行立案登记，符合速裁条件的分类进入专业速裁团队进行简易程序审理，高效快速化解矛盾解纷。不符合速裁庭审理的案件，进入专业化审判团队进行精细化专业审理。

武侯区人民法院将公证机构、商事仲裁、保险行业协会、律师事务所、人民调解员等社会解纷力量引入诉讼服务大厅，借助这“五大平台”的力量，搭建一张“诉源治理”网络。诉讼服务大厅分成立案诉讼服务大厅和诉调对接中心。在诉讼服务大厅，网上立案系统、智能导诉机、智慧诉服终端机、自助立案机等智能终端现代化升级让诉讼更便利。在诉调对接中心，商事仲裁机构、公证机构、行业协会、律师事务所、人民调解组织、调解法官及速裁法官共计 30 余人入驻开展工作。根据案件特点，武侯区人民法院总结出适用调解前置程序的纠纷范围和案件类型，分别委派给相应的基层街道、特邀调解组织进行调解，有效减少了进入审理程序的案件数量，大量案件在进入法院审理前即通过诉前委派调解消化掉，即使调解不成，也可促使被告签署地址确认书和无争议事项的记载，大大减轻“后台”的办案压力。

二、 加强特邀调解， 提高人民法庭诉前解纷实效

特邀调解，是指人民法院吸纳符合条件的人民调解、行政调解、商事调解、行业调解等调解组织或者个人成为特邀调解组织或者特邀调解员，接受人民法院立案前委派或者立案后委托依法进行调解，促使当事人在平等协商基础上达成调解协议、解决纠纷的一种调解活动。自《最高人民法院关于人民法院特邀调解的规定》于 2016 年 7 月 1 日正式施行以来，特邀调解制度正式成为我国纠纷解决制度体系中的重要组成部分。人民法院通过诉前导诉、案件分流、程序衔接对纠纷进行分流，将适宜的案件引入调解程序解决，为纠纷由诉讼转入调解提供了便捷通道。加强特邀调解，在减轻当事人诉累的同时，有效整合社会解纷资源，优化司法资源配置，使进入诉讼程序的疑难

复杂案件得到专业法官的细致审理，实现“繁简分流、诉非对接，简案快审、繁案精审”的目标。通过诉调对接，将司法解纷和司法服务功能向外延伸，最大限度上满足了人民群众多层次、多途径及低成本、高效率解决纠纷的需求。近年来，人民法院不断加强特邀调解工作，推动诉前解纷取得实效。

（一）探索实行调解程序前置

2003 年，最高人民法院颁布的《关于适用简易程序审理民事案件的若干规定》明确了婚姻家事纠纷、劳务合同纠纷等五类案件，人民法院在开庭审理前应当先行调解。2004 年，《最高人民法院关于人民法院民事调解工作若干问题的规定》将适用调解的案件范围规定为“有可能通过调解解决的民事案件”，并对调解程序作了更详细的规定。2012 年，《民事诉讼法》修正时增设规定“当事人起诉到法院的民事纠纷，适宜调解的，先行调解，但当事人拒绝调解的除外”。2016 年，最高人民法院发布的《关于人民法院进一步深化多元化纠纷解决机制改革的意见》提出，“探索建立调解前置程序……适宜调解的纠纷，在征求当事人意愿的基础上，引导当事人在登记立案前由特邀调解组织或者特邀调解员先行调解”。

根据“探索建立调解前置程序”的改革意见，最高人民法院先后出台了《关于人民法院特邀调解的规定》和《关于民商事案件繁简分流和调解速裁操作规程（试行）》，各地法院也结合本地实际相继制定了调解前置的相关制度，如《北京法院立案阶段多元调解工作的规定》《广东省高级人民法院关于进一步加强诉调对接工作的规定》等，均根据各地实际，对调解前置的范围、调解规范、案件管理等作出了细化规定。

成都市中级人民法院于 2017 年 8 月 22 日印发了《民商事纠纷调解前置操作规程（试行）》，提出在立案登记前和进入诉讼后，对于适宜调解的纠纷引导当事人自愿选择调解。在登记立案前，委派特邀调解组织或特邀调解员先行调解；在登记立案后或案件审理过程中，指派法院专职调解员或委托特邀调解组织、特邀调解员进行调解，调解程序的启动均以当事人书面同意为前提。适用的纠纷类型包括家事纠纷、相邻关系纠纷、劳动争议纠纷、交通事故赔偿纠纷、医疗纠纷、物业纠纷、消费者权益纠纷、小额债务纠纷、申请撤销劳动争议仲裁裁决纠纷和其他适宜调解的纠纷。该规程还全面细化规定了调解前置程序的具体流程、文书规范、调诉对接、监督管理等内容。

2021 年 9 月 27 日，上海市高级人民法院和上海市司法局联合印发《关于探索实行调解程序前置试点的实施办法》，明确提出自 2021 年 10 月 1 日起，在徐汇区、普陀区、杨浦区、松江区 4 个区开展为期半年的调解前置试点工作。试点期间，对于家事纠纷、相邻关系纠纷、小额债务纠纷、消费者权益纠纷、交通事故纠纷、劳动纠纷和其他法律关系简单适宜调解的民商事案件，由区非诉讼争议解决中心（人民调解中心）或其他具有调解职能的非诉解纷组织进行前置调解；未经前置调解的，由人民法院委派非诉解纷组织进行调解。调解成功的，当事人向人民法院申请司法确认；调解不成的，转入诉讼程序。

以上制度都是人民法院在调解前置方面进行的有益尝试，极大促进了纠纷的调解分流，优化了纠纷解决的层级结构，推动了非诉调解力量的自身发展。

（二）建立建强特邀调解智库

为深入推进民事诉讼程序繁简分流改革试点工作，健全完善特邀调解制度，有效发挥司法确认程序对推动矛盾纠纷源头化解的保障作用，最高人民法院于 2021 年 6 月 16 日颁布《关于进一步健全完善民事诉讼程序繁简分流改革试点法院特邀调解名册制度的通知》，对试点法院提出积极探索完善特邀调解名册工作机制的要求，包括充分认识健全完善特邀调解名册制度的重要意义、改进名册建立模式、明确特邀调解组织入册标准、明确特邀调解员入册标准、探索优化入册程序、健全完善名册运行机制、推动名册统建共享、提升名册管理信息化水平、优化司法确认案件管辖规则、健全违规行为处理机制、加强组织领导和工作协同。

成都市中级人民法院于 2017 年 8 月 1 日印发《特邀调解员管理办法（试行）》，规范全市法院对特邀调解组织和特邀调解员的选聘、职责内容、业绩考评、回报机制和监督管理等事项。2020 年 4 月 21 日，成都市中级人民法院印发《关于民事诉讼程序繁简分流改革试点进一步加强和规范特邀调解工作的意见》，明确提出充分认识加强和规范特邀调解工作的重要性、实施特邀调解倍增计划、加大特邀调解力度、规范特邀调解流程、完善特邀调解与诉讼衔接机制、加强特邀调解工作保障等6项28点意见，稳步推进特邀调解工作发展。2020年，成都法院特邀调解组织达到126个，同比上升157.14%；特邀调解员人数达658人，同比上升34.29%；委派调解纠纷达17 041件，同比上升120.68%；委托调解案件达1579件，同比上升70.33%；司法确认案件数达2557件，同比上升139.42%。

成华区人民法院“调解协助的社会化运作模式”取得了良好效果。实施特邀调解组织和特邀调解员倍增计划，从人大代表、政协委员、基层组织、人民调解委员会、行业协会中选拔特邀组织与特邀调解员。在成华区政府的支持下，利用外包调解80万元专项经费在全省法院创新打造“调解协助的社会化运作模式”，第三方机构辅助法院从事调解员选拔、管理、培训与案件调解、信息采集工作。科学定位各调解机构的擅长类型、结合调解成效及与各调解机构之间不同的合作模式，合理委派案件，使调解成效最大化。2021年，诉前委派第三方机构调解纠纷13 726件，成功化解纠纷2023件，并邀请第三方机构参与诉中调解，诉中委托第三方机构成功化解纠纷3535件。自2021年8月招标采购第三方机构成都市国力公证处后，诉前调解的成功率达到21.54%。

（三）大力开展委派委托调解

近年来，成都法院不断探索、锐意进取，创新工作模式，大力推进委派委托调解工作走深走实。

成都高新技术产业开发区人民法院的主要举措：一是专设“大调解中心”。广泛引入各类社会调解组织，制定出台《诉前调解分流规则》等文件，引入辖区内人民调解组织作为特邀调解组织，建立健全基层调解组织网络。在金融、房地产、建筑、保险等领域，分别与四川银行业纠纷调解中心、高新区建设工程担保行业协会、高新区建筑劳务和民工权益保障协会、四川省保险行业协会建立联调联动机制；针对知识产权案件，与国家知识产权局专利局专利审查协作四川中心、四川知识产权保护中心签订了合作协议；针对涉外商事案件，引入成都市涉外商事与法律服务中心，接受法院委派依法调解各类民商事纠纷。广泛引入法院特邀调解员，制定《关于特邀调解员的规定》，通过高新人才网向全社会公开招募65名特邀调解员进驻法院，充分吸纳律师调解、公证调解、人民调解、专家学者、退休法官等，壮大特邀调解员队伍。在硬件上抓投入，在人员上抓素能，配备专门工作场所，建立专业培训机制，打造门类齐全、人员到位、设施完备的特邀调解员工作样板。二是专设“诉调对接中心”。针对纠纷相对集中、多发领域，设立涉商事纠纷、家事纠纷、劳动争议、侵权纠纷、道交纠纷、行政争议 6 个专业化、类型化调解室，选定 6 名员额法官，以“1 名法官+2 名助理+N 名特邀调解员”模式，组建 6 个团队指导并负责相关调解工作。同时，由 6 名员额法官担任司法确认联络员，一对一对接辖区 7 个街道，建立司法确认“一小时办结”快速通道。

武侯区人民法院引入武侯区医疗纠纷人民调解委员会（以下简称医调委），设立晋阳工作站，选聘 1 名退休医护人员入驻调解。制定《医疗损害责任纠纷案件诉前调解工作规程》，确立了医调委与先调案件法官对接制度、反馈制度以及鉴定咨询会议三项制度，形成医调委主导、法官和医调委“1+1”全流程对接的诉前调解模式。2021 年 1~9 月，医调委共接受委派调解 77 件，成功化解 9 件未进入诉讼程序，21 件进行司法确认，占医疗纠纷案件 38.96%，调解协议总金额达 446 余万元。

三、 优化司法确认， 强化调解效力司法保障支撑

司法确认制度，是指对于涉及的民事权利义务的纠纷，经行政机关、人民调解组织、商事调解组织、行业调解组织或者其他具有调解职能的组织调解达成的具有民事合同性质的协议，经调解组织和调解员签字盖章或双方当事人签署协议之后，如果双方认为有必要，共同到人民法院申请确认其法律效力的制度。2009 年 7 月 24 日，最高人民法院发布《关于建立健全诉讼与非诉讼相衔接的矛盾纠纷解决机制的若干意见》确立了司法确认制度，2010 年 8 月 29 日《人民调解法》又通过立法对司法确认制度予以明确。司法确认制度由此正式入法，被确定为国家司法制度之一。从此，调解与司法确认作为多元化纠纷解决机制中的两个关键环节，程序上先后承接，效用上相互支撑，利用各自优势对纠纷进行疏导、流转、处断、化解，让多元解纷方式之间实现“1+1>2”的效果。

（一）创新人民法庭司法确认案件审查模式

“让群众少跑路、让群众少等待”，是化解基层纠纷的重要抓手。高效便捷地对人民调解协议进行即时司法确认，赋予调解协议强制执行效力，避免双方因一方反悔或不履行经调解协议确定的义务，又将纠纷诉至法院形成诉讼，可以从源头上减少案件进入诉讼程序，实现纠纷“化解在基层、化解在萌芽”。

成都高新技术产业开发区人民法院在“一站式诉讼服务”基础上，梳理分析司法确认制度运行中存在的成效及问题，创新构建司法确认“立等可取”快速通道，让该院所有司法确认案件均予以当场送达司法确认《民事裁定书》，切实实现效率要求。由于司法确认案件不收取任何案件受理费用，具有零费用、耗时短、手续少、有保障的特点，当事人通过“特邀调解、行业调解、人民调解+司法确认”模式，使各类纠纷得以快速便捷地化解后，再通过司法确认程序促使调解协议有国家强制执行力的保障，申请司法确认的生效法律文书又实现“立等可取”，不仅使当事人解决纠纷的便捷度大幅提升，而且使其时间成本与经济成本也大幅压缩。通过提高调解协议的司法确认率，积极推动赋予调解协议强制执行力，当事人依据司法确认后的调解协议，可直接向管辖法院申请强制执行，使自身权益得到刚性保障，减少纠纷成讼的比例，促使通过和解方式达成调解协议成为市场主体之间解决纠纷的最优选项。“司法确认快速通道”建立后，通过专人专业化办理、制作全套模块化文书、优化办理流程等方法，使各类民商事纠纷的司法确认数量实现从无到有，并逐步呈上升趋势，而相关纠纷的诉讼案件则明显出现下降趋势，纠纷源头化解成效显著。

“司法确认立等可取快速通道”的要点在于“直接立案、同步审查、即时裁定、当场送达”，以实现司法确认案件“一小时办结”，司法确认文书“立等可取”的效率目标。具体构架如下：“直接立案”，即由资深的专业法官担任“司法确认联络员”，当事人申请对调解协议进行司法确认的，直接联系担任“司法确认联络员”，由办案法官直接对其材料是否符合立案条件进行审查，法官审查同意立案的，安排法官助理直接在立案系统内立案。此举可以节省传统通过立案窗口立案后再转交的流程时间。“同步审查”，即在法官助理操作立案的同时，法官对双方调解协议的真实性、合法性、可执行性进行审查，符合确认条件的，直接制作予以确认的《民事裁定书》。“即时裁定”，即法官制作完成民事裁定书后，由助理校对打印并加盖法院公章，形成生效的《民事裁定书》。“当场送达”，即完成上述步骤后，法官助理当场向双方当事人送达已制作完毕的《民事裁定书》，对双方的调解协议完成司法确认，赋予调解协议强制执行力。即，双方当事人携带齐全的材料来申请司法确认，在一小时内得到予以确认的生效法律文书，实现“只跑一次，立等可取”的效果。一个司法确认案件按前述流程完成确认全程用时50~60分钟，实现单案“一小时办结”的目标，将法定的一个月的审限压缩为一小时。

天府新区人民法院依托全国首个省级现代法务集聚区——天府中央法务区高能级法律服务集聚功能，在天府中央法务区诉讼服务中心打造了四川省首家商事ADR中心、民事财产保全事务集中办理的保全事务中心、培育民事诉讼程序繁简分流改革试点的司法确认中心和集审判、执行各流程环节功能于一体的移动智慧法庭——e法亭，形成“三中心e法亭”的格局，实现了天府中央法务区“调立审保执”一站式、全流程办理，释放了司法资源的集聚服务效应。一是构筑市场化、专业化、集约化的商事ADR中心。在“双轨并进、统合运行”的解纷模式下，明确商事案件以市场化调解为主、以收费为原则。引导当事人将调解费用写入调解协议，法院对协议内容依法确认，使调解收费具有自愿基础上的合法性。推动诉前委派调解的市场化运作，提升调解组织和调解员能动调解的内生动力，对调解工作起到了巨大的正向激励作用。2021年，调解成功案件1500余件，其中通过市场化调解机制调解成功247件，涉及标的额5000余万元。二是融合创新链、价值链、供应链的保全事务中心。将保全立案、材料收转功能集中至保全中心立案窗口，实现保全咨询、材料提交、立案、缴费一站式办理。开辟诉保联动快速通道，确保小额诉讼、金融两类案件快保快审快结。建立调保审联合合议庭制度，专审争议较大、矛盾较为突出的保全案件，为确有困难的企业办理置换保全、解除保全提供便利。三是培育重规范、重创新、重实效的司法确认中心。先后制定印发《特邀调解员管理办法（试行）》《非诉调解协议司法确认操作规程（试行）》《委派、委托调解案件补贴实施细则（试行）》，实现调解组织和调解员名册制管理，确定了“非诉调解协议+司法确认”模式，严格按照征求意愿、委派确认、过程记录、调解确认等程序开展调解工作。积极开展律师调解试点，将入驻中央法务区的泰和泰、矩衡、通商三家律师事务所纳入开展律师调解试点，通过司法确认程序赋予调解协议强制执行效力。2021 年，线上线下办理司法确认案件 1227 件，确认调解协议有效 1221 件，确保司法确认中心实质化运行。

（二）依托人民法院调解平台开展在线司法确认

人民法院调解平台，是集合法院的审判调解资源和全社会的纠纷化解资源，共同做好纠纷调解工作；能够打通线上线下多种渠道，灵活组织开展调解；可以实现在线制作调解协议和在线司法确认，提高调解效率；对调解不成功的案件，法官引导当事人在线申请立案的信息化平台。依托人民法院调解平台开展在线司法确认，首先，应当完善在线调解机制。制定《线上调解程序规则》对线上调解的基本原则、适用范围，线上调解员的选任、管理、回避及监督规范，线上证据审查、事实认定及送达规则予以规范，实现对调解组织、调解员、调解流程的在线指导、规范和大数据考核监督。其次，完善在线司法确认机制。制定《线上司法确认工作规程》对线上确认程序加以规范，在线审核后符合确认条件的予以确认，不符合条件的，在线提出修改和完善意见。通过司法确认大数据分析对诉前调解进行反馈指导。最后，完善“一体化”在线平台设置。面对多元化的解纷需求，建设从在线调解到“一键申请”司法确认的“一体化”平台，推动平台之间数据交换、互联互通。依托人民法院调解平台、微法院及其他信息化平台，推进在线调解与在线司法确认顺畅衔接，形成“提交调解申请—选择调解员—进入调解程序—达成调解协议—申请司法确认”的“一站式”流程。

（三）虚假调解申请司法确认的防范与惩治

在司法确认中严格明确对虚假调解的惩治规定、完善虚假调解的鉴别与防范路径，建立完备的虚假调解监督与约束机制是推进司法确认程序的必要条件。根据《最高人民法院关于人民法院特邀调解的规定》第 18 条规定：“特邀调解员发现双方当事人存在虚假调解可能的，应当中止调解，并向人民法院或者特邀调解组织报告。人民法院或者特邀调解组织接到报告后，应当及时审查，并依据相关规定作出处理。”由此可知，识别调解过程中的虚假调解行为是调解员的法定义务。调解员作为面对纠纷当事人进行调解的一线工作人员，应当对纠纷真实性的审查承担一定义务。因此，在完善司法确认制度设计中，应进一步强调调解员鉴别虚假调解的责任与义务，通过在司法确认裁定书中签名背书、与关联特邀调解组织签署承诺书、调解过程全程留痕等方式将调解责任落实到个人，一旦发生虚假调解行为，调解员须对其在调解过程中尽到合理审查义务承担证明责任，否则应当根据其过错程度追究相应责任。

首先，前端源头筛查、识别。一是建立警示承诺制度。在司法确认申请时，由当事人签署《承诺书》，承诺申请内容真实，不存在恶意串通、逃避法律责任等行为，并愿意承担违法责任。二是建立虚假人员名册。将实施虚假行为的当事人、调解人员、委托代理人及相应机构纳入，通过信用惩戒实现威慑作用。三是加强信息化建设。通过审判信息共享平台统筹案件查询，实现在立案源头对涉虚假诉讼的主体、案件进行同步识别。其次，中端加强审查、防控。司法确认程序为虚假诉讼提供土壤，其原因在于司法审查环节存在漏洞。① 考虑到我国非诉调解发展不平衡及纠纷难易程度有别等现实状况，需要法院对涉及标的额特别巨大、法律关系复杂、社会影响面较广的重点案件进行实质审查，主动调查与案件有关的事实，还应当允许权益受损的“案外人”参加诉讼，形成“以形式审查为主，辅之以必要实质审查”的总体运作模式，② 避免司法确认程序被不当利用。最后，末端完善反馈、惩戒制度。实践中，当事人及其代理人共同实施虚假行为并从中渔利，增加了识别和规制虚假行为的难度，也造成了案外人或者公共利益受损的巨大风险。因此，一方面，要对指使、贿买、胁迫他人作伪证和伪造、毁灭证据获取非法利益等违法犯罪行为，加强打击力度；另一方面，要完善反馈、救济程序，对受害人进行权利救济，才能有效防范利用司法确认程序确认虚假协议的行径。

---

① 田海鑫：《论民事虚假诉讼的类型化体现及规制——基于北京市司法实践的考察》，载《法律适用》2018 年第 23 期。

② 马骁：《优化司法确认程序的制度定位、推进原则和工作机制》，载《人民法院报》2020 年 3 月 26 日，第 8 版。

第六章
立足服务，终乡村矛盾纠纷于诉内

从地理特征来看，人民法庭在服务基层社会治理中有着得天独厚的“地缘优势”，是乡村法治的重要主体和强力表征。在推进新时代乡村诉源治理的过程中，不仅应坚持和发展新时代“枫桥经验”，做实人民法庭指导调解法定职能，抓前端、治未病，整合多元力量化解矛盾纠纷于诉前，更应认识到人民法庭审判工作本身就是诉源治理的主要内容。要坚持司法本位性治理，围绕人民法庭审判职能，构建高效便捷的诉讼机制，以有效有益的裁判来引领社会风尚，引导乡村社会坚持正确价值导向，使纠纷自然止于萌芽。只有当诉内与诉外双重解纷机制并举，才能最大化发挥人民法庭的“桥头堡”优势，有利于实现法治秩序和自生自发秩序的融贯，促成自治、法治、德治的乡村诉源治理新体系的建构。

一、 发挥人民法庭司法职能， 服务基层社会治理

作为国家强制性司法权下沉乡村的权利主体，人民法庭处于国家权力与农村基层社会的交汇点，其司法审判活动是国家意志依靠法律载体在乡村融入再现的过程。通过本土化的语言将法治规范传达给乡民，让法律在外观上符合乡村体系，在传递法律的同时，又与地方性习俗、惯例互融共生，在实质内容上催化、引导乡村公共规则，最终通过潜移默化的方式实现乡村社会治理的有序发展。

（一）聚焦诉源治理，提升人民法庭综治能力

进一步明确人民法庭在新时期参与基层治理与深化诉源治理工作中的职能定位，广泛对接基层解纷力量，联合行业组织、司法机关、行政机关，积极推进道路交通、医疗纠纷等一站式解纷平台，如建设简阳石桥人民法庭、

都江堰永安人民法庭等5个道路交通专业法庭，实现行业、行政、司法一站式解纷，约96%的道交纠纷诉前得以化解。简阳市人民法院构建“4+18+N”诉源治理格局，在辖区设立四级诉源治理机构，辖区7个人民法庭主动对接镇（街道）分中心，定期评估各诉源治理责任主体的履职情况、解纷成效，确保化解主体不缺位。温江区人民法院永宁人民法庭（医学城法庭）联合区委社治委、区检察院等部门，启动构建“心安社区”法治保障体系，开展“家门口”调解工作；大邑县人民法院安仁人民法庭成立“涉藏蓉籍党员群众法律服务之家”，组织法官志愿队伍，以“轮班+包片”方式提供涉藏蓉籍党员便捷解纷服务；新都区人民法院搭建“新法云庭·司法确认5G智慧参审室”，实现人民法庭司法确认远程“立等可取”。

（二）不断提升办案质效，依法维护乡村公平正义

随着经济的快速发展和乡村社会变革的不断深入，乡村利益主体多元化、乡村社会矛盾纠纷复杂化是不可避免的历史趋势，纠纷化解难度增加，大量纠纷成讼进入司法程序。2018年至2022年这五年间，成都两级法院共受理各类案件229万件，是前一个五年的两倍。人民法庭作为法院的派出机关，面对司法资源的有限性和案多人少的现实，必须大幅度提高案件审判质效，以满足乡村人民日益多元的司法服务需求。一是以民事诉讼程序繁简分流改革为契机，扩大小额诉讼、简易程序、电子送达适用率，坚持“简案快办、难案精办”，实现民商事案件“轻重分离、快慢分道”。构建小额诉讼“立、审、执、监”一体化模式，推动案件高效快速化解，缩短案件审理天数，促进质效提升。同时，通过高效审案，可以达到以审判案件的方式加强法制宣传教育和参与社会综合治理的良好效果。二是深入开展诉内“衍生案件”治理。召开立审执部门联席会议、专业法官会议等方式统筹交换意见，寻求联动解决问题的办法，做到立案时兼顾审判、审判时考虑执行，增强内部衍生案件治理实效。不断挖掘司法建议深度，做好党委、政府的法治参谋助手，大量未形成纠纷但具有潜在风险的社会问题得到有效遏制，促进社会更加稳定、民风更加淳朴。三是构建人民法庭“一对一”服务保障格局，搭建管委会、行业组织、服务机构联动协同平台。深入调研各产业功能区不同发展阶段在项目用地、招工引产、融资租赁、知识产权保护等方面的司法需求，逐

项制定工作方案，主动会同当地党委政府、产业功能区管委会，建立常态化联席会议机制，推动在产业功能区建立人民法庭巡回审判点和法官工作室，有力保障天府现代种业园、天府粮仓等的建设与发展。四是融合乡规民约，强化司法裁判技能。在参与乡村治理过程中，法官裁判案件时仅使用法律是不够的，应当充分理解与尊重乡村的固有理念。在不违背法律法规的强制性规定下，善于用乡村思维理解纠纷，在裁判中用平实的语言与当事人交流，及时进行答疑解惑，在文书中强化释法析理，进一步实现法律条文与乡规民约的有效互动，真正做到实质解纷、案结事了。

简阳市人民法院通过打造巡回审判新模式，推进乡村振兴司法服务“零距离”。一是重塑精密网络体系，实现乡村振兴司法服务全域覆盖。围绕辖区面积广、农村人口分散等特点，以现有人民法庭为中心，在未设法庭的乡镇（街道）设立了37个巡回审判点，由人民法庭每月定期提供法律咨询、立案受理、材料收转、案件办理等司法服务，推进乡村振兴司法服务“零距离”。二是强化制度建设，促进巡回审判机制实质化运行。不断强化制度建设，出台《简阳市人民法院关于进一步加强和规范巡回审判工作的实施意见》，进一步细化巡回审判的范围、方式、规范及要求，确立巡回审判应当提前公布、邀请旁听、加强调解“三个应当”的基本原则，推行以就地调解、立案、开庭、宣判、释明、接访为主要内容的巡回审判“六个就地工作法”，构建巡回审判新机制，积极打造巡回审判“简阳品牌”。同时，将巡回审判作为重点项目纳入年度目标考核，有效实现巡回审判机制实质化运行。三是深入推进诉源治理，促进矛盾纠纷的多元化解。先后设立了交通事故纠纷、家事纠纷和产业园区三个专业化巡回法庭，通过强化与相关职能部门、基层调解组织等的沟通协作，联合制定了关于完善涉及交通事故纠纷、家事纠纷、劳动争议等方面的纠纷多元化解机制的意见，构建起分层递进、多级过滤的解纷体系，有效促进了矛盾纠纷的源头化解。四是探索建立“民意联系人”机制，准确把握乡村群众的司法需求。简阳市人民法院在全市685个村（居）分别确定1名民意联系人，由法官、法官助理负责定点联系，定期收集群众的司法需求以及意见建议，同时进一步挖掘民意联系人职能，发挥其在协助送达、纠纷调解方面的作用。

彭州市人民法院立足法庭的区位特征和职能定位，探索构建了“集团式组队、集约式管理、集中式办案”与“分流本域各类纠纷、分类参与基层治理、分担审判辅助事务”的“三集三分”人民法庭职能新模式，赋能打造家事审判、道交纠纷等专业化审判团队，兼顾涉农涉土地类案件调解办理，“复合式”供应乡村司法资源。细化制定法庭案件分类归口、事务集约办理、人员分层管理三类运行机制，聚焦彭州市“3+2”产业载体对应设立由庭长揽总、法官牵头，涵盖以园区、生态、康养等为司法服务主题的乡村振兴法官工作站，线上开通微信工作群，通过多点位走访问需、即时交流、常态回访等方式，收集涉农企业法治需求难题并协调解决。以荣获“全国先进工作者”等多项荣誉的庭长祝增巧同志为核心，由其统一审判管理监督，在立案审批、分案管理、诉讼事务办理、案件联动化解等方面均实行集约式管理，确保管理顺畅、运行高效。同时，建立以祝增巧名字命名的“巧姐工作室”，充分发挥其在团队中的灵魂核心作用和品牌引领效应，采取“集智集力”“抱团解纷”“多点联动”的方式共同化解疑难案件。

（三）开展无讼乡村法治创建活动，营造乡村法治环境

党的二十大报告指出：“推进多层次领域依法治理，提升社会治理法治化水平。”加强社会治理制度建设，建立健全多元化纠纷解决机制是国家治理体系和治理能力现代化的重要内容。人民法庭应坚持和发展新时代“枫桥经验”，努力拓展参与基层治理的途径，积极开展争创“枫桥式人民法庭”评选活动，依托“枫桥式人民法庭”活动助推构建基层治理新格局。在创建过程中发挥人民法庭法治自治德治引领作用，找准社会治理重点，抓住创新社会治理关键，创新参与社会治理的形式。广泛开展基层法治宣传教育。加强人民法庭辖区法治宣传，营造良好的法治环境。利用在线诉讼平台，结合“法庭开放日”，邀请群众了解法庭、观摩庭审，让群众感知法律、感受公正。利用节庆等特殊节点，选取典型案例和与基层群众密切相关的法律法规，到社区、到工厂、到田间地头，开展巡回审判和法律讲堂，促进基层群众“学法、信法、用法、守法”。特别针对未成年人，通过设立“豌豆荚工作站”、选派法官担任镇（街）法治指导员、中小学校法治副校长，加强对学生的法治教育与法治宣传。主动融入多元纠纷化解机制，积极开展“无讼社区”建设，

指导村（社区）建立“无讼公约”等自治规则，寻求司法审判与基层治理的法治契合点，共同化解各类矛盾纠纷。

大邑县人民法院自2016年起助力创建“无讼社区”，2017年按照大邑县委社会治理工作部署要求牵头深化“无讼社区”建设。在党委领导下，推动构建了多方参与、“三治融合”、共建共治共享的诉源治理“无讼社区”。一是积极引导社区制定“无讼公约”，强化基层自治实践。以共建共治共享的“社区公约”为蓝本，推送“无讼公约”，并通过民主决策议事程序固化下来，以简洁明了、浅显易懂的方式，将常见多发的矛盾纠纷化解理念、方法传递给每一个居民。例如，针对小区常见的物业管理纠纷，社区居民约定了“业主物管多沟通，社区事务共商量”，将绝大多数纠纷化解在萌芽状态。二是助推社区公共法律服务，强化法治社区建设。积极引导人民群众转变矛盾纠纷化解思维，全面加强面向村民、居民的法律服务与引导。充分发挥“人民调解”组织化解矛盾纠纷第一道防线的作用，强化司法确认，进一步提高人民调解的权威性、公信力。三是发挥示范、引领作用，提升社区德治水平。吸纳热心社会公益事业、遵纪守法、诚实守信的人员参与调解，引导社区居民共同遵守“无讼公约”，使法律与道德价值内化成社区居民自觉自愿遵守的规则。用身边案例“以案释法”做好普法宣传，引导社区居民向上向善、尊老爱亲、重义守信。引导社区居民自我管理、自我服务、自我教育、自我监督，实现家庭和睦、邻里和睦，推动形成良法善治、德法兼济的社区治理新格局。大邑县人民法院依托“无讼社区”建设，在党委领导下多部门协作联动，通过加强人民调解、强化司法确认，在化解某楼盘581户业主不动产权证书办理纠纷过程中，现场作出581份《民事裁定书》，引导各方当事人采用多元化纠纷解决办法，化解了千余人的群体性事件，为业主在基层社区提供“无讼”方式快捷、高效、不花钱地解决矛盾，取得了良好的法律效果和社会效果。

新都区人民法院针对辖区优势支柱产业，助推创建“无讼园区”，主动对接产业园区辖区街镇的党委、政府和管委会，构建纠纷共治“一对一”无缝联络对接机制，为园区企业提供法律风险防范的司法智慧支撑。通过设立固定阵地的巡回审判点与流动巡回审判点相结合的巡回审判模式，结合“现场诊疗法”，对疑难、复杂及新类型案件深入现场调查、询问，现场“解剖麻雀”，取得“调判一件、宣传一片”的效果，切实保障有序经营，维护诚信市场环境。而对于辖区内乡村居民较多、人际关系矛盾纠纷多的法庭，因地制宜助力创建“无讼（村）社区”。联合辖区派出所、司法所、法律服务所构建“一庭三所”合力解纷机制，尊重和支持基层国家机关、群众自治组织、行业调解组织等依法调处社会矛盾纠纷，并积极推动单一的、事后的矛盾纠纷调解机制向党政主导、综治协调、各方参与的共建共治共享格局转变。

（四）常态化开展扫黑除恶斗争，推进“平安乡村”建设

当前，以乡村黑恶势力为代表的违法犯罪是扰乱乡村社会秩序的重要原因。应认识到持续开展扫黑除恶专项斗争的重要性，积极推进“法治乡村”“平安乡村”建设，铲除“乡霸”“村霸”，切实增强人民群众的安全感，有力维护乡村社会和谐稳定。从严从快惩处各类“乡霸”“村霸”黑恶势力及其“保护伞”，对涉及黑恶犯罪、职务犯罪等案件及时审判，深挖彻查。强化对扫黑除恶专项斗争的宣传引导，发动人民群众参与到扫黑除恶专项斗争之中，主动报送相关案件线索，形成打击涉黑涉恶犯罪的高压态势，对黑恶势力犯罪形成全面震慑，遏制乡村黑恶势力土壤的滋生。在民商事案件审判中进一步加强对涉黑线索的排查工作，建立涉黑涉恶案件工作台账，做好线索登记、研判、移交、上报，切实保障人民群众安居乐业，维护乡村稳定。

二、发挥人民法庭服务“三农”前沿阵地作用，服务乡村振兴

人民法庭贴近乡村与群众，应充分发挥其高效化解矛盾纠纷的工作优势，坚持“司法更亲民、诉讼更便捷、群众更满意”的工作目标，按照“人往一线走，案在基层办，事在源头了”的工作思路，充分运用法治化方式和数字化手段，积极共建共治共享，在推进城乡融合发展中全面深化人民法庭职能，把握好便民化与专业化之间的关系，解决好诉源治理和创新基层治理方式之间的内在逻辑联系，处理好“三农”案件审理和服务大局、回应乡村振兴中心工作司法需求之间的关系，为乡村振兴战略实施提供系统性、长期性的服务和保障。

（一）妥善处理涉“三农”领域纠纷，服务乡村产业发展

涉农知识产权特别是重大农业科技成果、农业品牌、“三品一标”特色农

产品的自主知识产权，是乡村产业可持续发展的内生动力，应注重对其的保护力度并适当予以倾斜。有针对性地提高品牌经营者对农产品专利、驰名商标等知识产权的创造、运用、管理和保护能力，通过发布涉农知识产权保护典型案例、定期向辖区企业通报知识产权案件审理现状等方式，引导企业事先预防风险，事后依法维权，为提升成都农业品牌的全国影响力和竞争力提供有力的司法保障。

邛崃市人民法院充分发挥司法职能，助力乡村经济发展。一是打造专业法庭团队，促进乡村旅游发展。坚持“服务乡村旅游，推动乡村振兴”的理念，聚焦服务邛崃市“国家全域旅游示范区”“天府旅游名县”创建工作，不断强化平乐天台山旅游环保法庭建设。在原法庭管辖区域不变的情况下，实行邛崃市全域涉旅游、环境保护类民事案件归口平乐天台山旅游环保法庭管辖，“一站式”为当事人提供立案、调解、判决等优质司法服务，并积极协调旅游行业行政主管部门、行业组织等参与纠纷化解，合力打造健康有序的乡村旅游环境。二是积极延伸司法服务，营造良好的乡村营商环境。实行人民法庭到辖区重点企业走访调查的工作机制，准确把握辖区企业经营状况，并针对审判工作中发现的企业经营中常见的法律风险，提供有针对性的司法服务，引导企业事先预防风险，事后依法维权。三是深入开展法治宣传，提升乡村群众的法治意识。深入挖掘涉农村土地改革、赡养抚养纠纷等典型案例，广泛开展巡回审判，使巡回审判成为向群众普及法律知识、弘扬法治精神的公开课；同时，深入开展送法下乡活动，落实“婚姻家事讲堂”和“一村一讲堂”的宣传方式，向乡村群众普及法律知识，引导形成崇德向善、乐观包容的良好乡村氛围。

彭州市人民法院组建“现代农业助力团”“航空动力助力团”“生态旅游助力团”“美丽田园助力团”等4个基层服务团队，能动司法助推产业发展。深入研判分析农村集体经济发展及涉诉纠纷态势，以“组团结对”定向定期走访调研，妥善处置80家鲈鱼养殖户与旅游开发公司财产损害赔偿纠纷，为农民挽回经济损失近40万元。在彭州市丹景山镇一体化治理服务中心挂牌“巧姐工作室”，由祝增巧同志带领团队指导司法所、“五老乡贤”对社区出现的矛盾纠纷进行化解，如还是不能解决的纠纷，可电话预约由法官直接与双方见面化解。彭州市人民法院多措多举，不断提高人民法庭参与基层治理的针对性、时效性和实效性。

（二）妥善处理涉农村土地、劳务类纠纷，保护农民合法权益

土地是农村最主要的要素、最大的资源。随着社会经济稳步发展，人口城镇化率不断提升，农村土地整理和人口集中归并安置也越来越常见，在给人民群众带来幸福生活的同时，也面临着农村土地整理、人口安置领域涉稳矛盾高发的问题。应密切关注、完善农村土地征收、集体经营性建设用地入市、宅基地“三项制度”的改革工作，妥善审理涉农村土地承包经营权纠纷、开发利用集体经营性建设用地纠纷等案件，正确处理好法律、行政法规与政策、体制机制创新之间的关系，保证法律效果与社会效果的高度统一。在坚持农村土地集体所有、耕地红线不突破、农民权益不受损“三条底线”的基础上，注重盘活农村土地资源、激发资源活力。及时开展法律适用疑难问题的调研论证工作，依法支持和推动农村集体产权制度改革。针对农民工劳动就业保护相关案件，可为农民工维权开辟绿色通道，将保障农民工合法权益落到实处；妥善处理农村集体经济组织成员资格问题，审慎处理尊重村民自治和保护农民基本财产权利的关系，防止简单以村民自治为由剥夺村民的基本财产权利，为乡村振兴战略实施营造良好的法治环境。

邛崃市人民法院结合工作实际，不断探索发展“枫桥经验”，积极构建矛盾纠纷分层递进化解体系，创新“两平台、四步骤”的“2+4”工作法，成功化解了一批社会影响大、矛盾尖锐激化的涉稳纠纷，有效促进了涉农涉稳纠纷诉源治理。

吸收“枫桥经验”坚持矛盾不上交的核心要义，通过“找症结、定办法、寻支持、减类案”的四步办法，就地化解矛盾。一是找症结，避免问题激化矛盾上移。充分运用两大信息沟通平台，与双方当事人背对背沟通，一方面了解群众诉求及矛盾产生的根源，另一方面厘清政府的行政行为，找出纠纷症结所在，避免双方冲突加剧、矛盾激化。二是定办法，引导群众理性表达诉求。根据前期了解的案件事实和法律关系，确定解决办法，对于存在诉前调解可能的案件，尽量组织当事人进行调解；对于确实缺乏调解基础的案件，及时将其引入诉讼程序，引导群众通过合法途径表达诉求。三是寻支持，借

助全市力量解决问题。根据案件的具体需要，依托新建内外沟通协调中心，对于需要多个市级部门联合调处的案件，由承办法官直报院长，院长向市委政法委请示，及时协调相关部门，按照“有依据、可接受、能落地”的原则，集中力量化解矛盾。四是减类案，深挖案例价值提出法律建议。纠纷化解后，及时在“服务民生、共建和谐”微信平台向村民征集关于政府土地整理、人口安置工作意见，组织调研团队赴矛盾多发乡镇调研，深挖案例价值。例如，针对张某某与村委会土地使用权纠纷一案，法院向市政府提出了“加大政策释明力度、及时更新相关信息、不断规范业务流程、主动回应群众关切、及早处理苗头纠纷”等5项法律建议，获得了相关部门的充分肯定。探索人民法庭随案执行机制。以人民法庭办理案件的直接执行为切入点，建立立审执联动的一次性实质解纷长效机制，分片集中办理简易执行案件，通过向当事人随案发送《自动履行告知书》等方式，在诉讼各环节引导当事人自动履行生效裁判确定的义务。例如，金堂县人民法院构建了符合地方特点的“一局两庭”办理执行案件“一体化”管理改革模式；蒲江县人民法院、金堂县人民法院建立了人民法庭随案执行机制，切实提升了执行效率和质量。

（三）妥善处理婚姻邻里纠纷，培育乡村文明新风

在乡村熟人社会，常发多发矛盾纠纷一般呈现类型化特点，传统家事、邻里等领域的案件量往往居高不下。应充分认识家庭单元是乡村和谐的重要基石，积极推进家事审判方式和工作机制改革，不断优化家事审判工作，着力维护家庭稳定，促进乡村和谐家庭建设。充分保障未成年人、妇女和老年人的合法权益，从侧重财产权益保护、简单适用法律转变为全面关注当事人的身份利益、财产利益、人格利益和情感利益。积极做好庭前家庭财产申报、家事案件回访、心理咨询疏导等工作，不断强化家事审判修复弥合亲情的功能，创新家事审判方式，探索建立具有区域特色的法官工作室品牌。

崇州市人民法院以创新家事和未成年人审判改革为着力点，专审全院辖区范围内的家事案件、涉少刑事案件，搭建“豌豆荚·杨婷工作室”平台，打造“亲情融合”家事审判方式和“家校院”协同守护未成年人司法保护模式，推进基层社会治理现代化。一是创新家庭教育指导机制，与司法、民政、教育、妇联等部门联动开展家庭教育指导与帮助，督促当事人、监护人承担

家庭教育主体责任。庭审前向当事人明示父母应共同关爱未成年子女，探望子女为当事人应尽义务等。邀请心理学专家对未成年人家长进行教育指导，增强对孩子的家庭重视和关爱，学校老师全程参与。二是首创心理健康保护机制，向家事案件当事人发放未成年人、老年人心理特征告知书和权益保护告知书、离婚负面影响告知书等“五书”。引入专业力量，与四川省心理咨询师协会、四川省第二退役军人医院等专业机构共建心理疏导和干预机制，为涉案妇女、儿童提供心理疏导服务，化解心理问题，有效缓和因心理问题造成的家庭紧张关系。常态化利用周末邀请心理咨询师对离婚当事人及其子女进行心理疏导、干预，促进家庭和睦。三是创建特色法治课堂体系。以“豌豆荚·杨婷工作室”为载体，带动开展特色家事及未成年人审判工作。牵头制定《法官到中小学担任兼职法治副校长和法治辅导员的实施方案》，组织法官分别到中小学、大学担任兼职法治副校长，法官助理担任法治辅导员，开展未成年人身心健康家庭保护和校园保护法治讲座，线上线下针对性开展法治宣传教育活动。

蒲江县人民法院在指导和推动当地“五老”调解工作中，善于将古今解决纠纷的一些好规则、好方法与和合文化融合起来，并创造性地拓展与发扬，提炼出了若干解决民间纠纷的方法及规则。针对不同的纠纷类型，可以采取不同的“土方法”：如处理多个子女赡养老人的纠纷时，采用“一碗汤的距离”的方法，即从家里端一碗热汤，以到达老人住所时碗里的汤不冷为最佳距离，来确定哪个子女照顾老人的饮食起居最为合适，其余子女则负责给付赡养费并定期探望。对如“外嫁女不分财产不供养父母”“有女无儿只许一女招赘”以及将父母分开居住赡养等与法律法规相冲突的不良风俗，则坚决予以摒弃。此外，还探索总结了四类纠纷的解决方法：“教化型”调解方法——解决婚姻家庭关系类纠纷；“算账型”调解方法——解决财产关系类纠纷；“引约型”调解方法——解决土地、相邻关系类纠纷；“治疗型”调解方法——解决生活习惯类纠纷。

三、发挥人民法庭司法为民桥梁窗口作用，服务群众高品质生活需要

人民法庭作为人民法院最基层的单元，是矛盾纠纷化解的岗前哨、推进

基层社会治理的桥头堡、深入人民群众的连心桥，发挥着满足人民群众多元司法需求、维护基层社会稳定、推动地区经济社会发展的重要作用。当前人民群众的司法需求日益多元化，应积极调整人民法庭布局、加强人民法庭诉讼服务能力建设、深化人民法庭信息化建设，打造人民法庭服务乡村振兴前沿阵地。

（一）建设立体化诉讼平台，提升一站式诉讼服务能力

把握好人民法庭处于服务群众、解决纠纷第一线与守护公平正义最后一道防线的功能，在立审执诉讼全流程做好便民化建设。近年来，按照最高人民法院有关人民法庭的“三进”要求，成都法院开展了人民法庭一站式诉讼服务体系建设，运用人工智能、大数据和5G等信息技术，不断丰富诉讼服务内涵，深度剥离审判辅助事务，高效融合多元解纷、无纸化审判和民事诉讼程序繁简分流改革，转型升级菜单化、系统化、智能化诉讼服务中心，做实立审执便民化建设，打造真心服务群众响应体系。推广“蓉易诉”在线诉讼平台直接立案机制，实现全域跨区域立案的方便快捷。

严格落实全域立案，全面解决“立案难”问题。充分发挥人民法庭位于城乡发展前沿阵地的优势，拓展“互联网+”诉讼服务，打造智能、集约、高效诉讼服务中心，为当事人提供全自助、全天候、零接触司法服务，将智慧诉讼服务成果广泛应用于人民法庭工作，实现诉讼服务触手可及。如崇州市人民法院探索建立的“三向六化”智慧诉讼服务中心，实现诉讼服务事项24小时自助办理，确保下班“不打烊”。

畅通便捷诉讼渠道，有效解决“诉讼难”问题。开通案件审理“绿色通道”，在人民法庭、产业功能区管委会及各便民服务中心设置诉讼辅导、诉调对接、巡回审判等服务站点，就地开展灵活便民服务。优化诉讼服务办事流程，简化材料转接、档案卷宗查询等事务办事手续，为群众只跑一次提供有效指引。建立诉后回访制度，开展诉后司法救助、社会救助，延伸司法服务效果，努力提升人民群众的司法满意度。

加强内外沟通衔接，大力解决“执行难”问题。纵深推进执行“一体化”改革，充分调动网格员、“红袖套”等基层力量，建立“网格陪执”“执行悬赏”工作机制，将委托送达、诉源治理、联动执行“三位一体”接入社

区网格，有效破解查人找物难题。崇州市人民法院以一站式多元解纷和诉讼服务体系建设要求为主导，以“辅分调裁审执”工作机制改革为主线，打造集安检导诉区、24小时自助服务区、“一站式”诉讼服务中心、“一站式”多元解纷中心、办案服务保障中心和办案质效管理中心于一体的智慧诉讼服务中心，驶入司法服务“快行道”。智慧诉讼服务中心于2020年6月15日投入运行，改扩建后的面积约800平方米。其中安检导诉区将现代科技与安检工作深度融合，推动实现人民法院安防体系跨域式发展。通过新增访客门禁系统、设置专门律师通道、建立敏感人员名单库、分流办事群众、配设人脸存包柜，将“一秒刷脸”贯穿服务的全流程、全方位，切实提高了安检工作的人性化、科学化、专业化。24小时自助服务区运用“人工智能+大数据”技术，当事人可在全天任意时间点通过便民书写台、“云柜”、约见法官终端、自助服务一体机、自助缴费开票一体机等智能设备自助办理立案、递交材料、阅卷、文书领取、缴费等诉讼事务，从而突破以往诉讼服务受法院工作时间、空间“双”限制，为当事人提供“全自助”“全天候”“零接触”司法服务。“一站式”多元解纷区软硬件建设“齐头并进”，打造了矛盾纠纷“一站式接待、一揽子调处、一条龙办理”的新模式，形成了多元化、常态化矛盾化解体系。配设6个集智能化、专业化于一体的调解室，对接商会、乡贤、律师、妇联等多方力量入驻，为当事人提供“线上+线下”法律咨询、心理辅导、诉讼解纷。专设司法确认室，构建“示范判决+专业调解+司法确认”全链条的纠纷多元解决机制，从整体上提升了法院矛盾纠纷调处化解能力和服务水平。设置6个诉讼服务窗口，采取“静默式叫号”，办事群众可在安静、温馨、舒适的环境中选择任一窗口实现“全”诉讼事务办理，实现便民利民最大化。电子卷宗随案同步生成、显示屏智能应用为“无纸化”办公办案“保驾护航”，促进审判体系和审判能力现代化。如崇州市人民法院主动寻求诉讼服务优质化。坚持因地制宜，优化诉讼服务辅导机制，提升一站式诉讼服务能力。

（二）优化人民法庭布局，因地制宜推进法庭分类培优

因应人民法庭转职能、优服务的现实需要和解决部分人民法庭“空心化”等现实问题，成都市中级人民法院狠抓组织领导，率先组织发动，下发《关于推进全市人民法庭优化布局工作的实施方案》，成立全市人民法庭优化布局

工作领导小组。通过优化院局领导联系法庭机制、蹲点调研人民法庭、充实法庭工作领导小组、召开法庭工作问需座谈会、全市法庭工作会议等系列举措，收集掌握了当前全市人民法庭建设的现实状况、困难问题和工作意见建议。从司法体制改革的客观需要、成都全市乡镇（街道）的行政区划调整、法庭设置的横向对比等方面入手，全方位收集全市人民法庭辖区、人口、点位、距离、功能、人员配置等基本情况，不断优化调整辖区内81个人民法庭整体布局。按照最高人民法院关于“枫桥式人民法庭”创建的部署要求，围绕功能性法庭、专业化法庭、综合性法庭的分类培优思路，结合各辖区地域因素及审判特点，兼顾必要性及合理性，因地制宜设立相应特色人民法庭，形成设置合理、功能优化、运行高效的人民法庭布局体系。

以专业审判拓展人民法庭司法服务广度。按照“专业化+地域化”的思路，兼顾必要性与合理性，对中心城区人民法庭进行专业化改造升级，建成金融、医疗、互联网、文创等16个专业人民法庭，配备专门法律人才，引入对口行业调解资源，探索形成符合行业发展规律、类型化纠纷解决特点的案件审理模式，推动实现类案裁判尺度统一，降低人民群众诉讼成本，提升审理质效。以功能性法庭提升司法保障产业“建圈强链”精度。构建人民法庭“一对一”服务保障格局，搭建管委会、行业组织、服务机构联动协同平台。深入调研成都市各产业功能区不同发展阶段在项目用地、招工引产、融资租赁、知识产权保护等方面的司法需求，逐项制定工作方案，主动会同当地党委政府、产业功能区管委会，建立常态化联席会议机制，推动在产业功能区建立人民法庭巡回审判点和法官工作室，有力保障了成都国际铁路港、西部（成都）科学城、天府现代种业园建设与发展。以专业审判挖掘人民法庭司法建议深度。深挖类案信息资源“富矿”，建立“案件问题实时发掘+司法建议主动发送”工作机制，通过对审判末端数据的科学分析，发现前端治理环节存在的苗头性和倾向性问题，为党委、政府、行业组织、公司企业提供决策参考。青羊区人民法院太升人民法庭（金融法庭）对外省金融公司通过改变连接点方式进入成都诉讼的情形，严格审查管辖，通过示范裁判方式实现诉源治理，避免上千件案件立案进入成都诉讼。金牛区人民法院营门口人民法庭联合区市场监管局、区司法局、区工商联、区消协等部门，共同成立全国首个消费纠纷“一站式”多元化解平台。武侯区人民法院晋阳人民法庭（医疗法庭）依托“中心+站点”医疗纠纷专业调解平台，提供医疗纠纷案件“先调—鉴定—立案—司法确认”全流程诉讼辅导，实现诉前鉴定流程表格化和标准化办理。

如龙泉驿区人民法院十陵人民法庭，作为家事审判专业法庭，准确把握家事审判区别于一般民商事审判的特性，确立“细心查事实、耐心助调解、诚心促和谐、公心保公正、热心树形象”的“五心”工作理念。通过发挥女法官独有的“柔性司法”特点，增强群众的亲切感和信任感。在严守司法公正的基础上，确立优先保护妇女儿童、老年人等弱势群体合法权益的基本原则。在家事案件审理制度方面，设立不公开审理、人身保护令制度、冷静期制度、离婚证明书制度、法庭教育制度、职权调查制度、财产申报制度，并积极开展社会调查。结合家事专业化审判与多元化纠纷解决机制，将“女子”法庭与妇联“女将”结对，打造“蓉姐对你说——和美调解室”，形成“法庭委托妇联调解，当事人在委托调解建议书上签字确认，法庭将委托调解函和相关材料移交妇联，妇联主持调解达成调解协议，未达成调解协议则回到司法程序”的五步工作流程，促进诉讼与非诉讼纠纷解决方式的有效衔接。

崇州市人民法院街子旅游环保法庭位于崇州市“金三角古镇”，充分发挥旅游聚集辐射带动作用，与旅游警察等多方位立体化共同维护旅游秩序。同时辐射成都第二水源地李家岩水库、鞍子河和鸡冠山国家森林公园、湿地公园、大熊猫爱情走廊等重点区域，犹如环境资源保护深入腹地的“尖兵”，守护绿水青山的生态本底，筑牢成都西部“绿色屏障”。与环境资源审判庭合署办公，坚持以最严格的制度、最严密的法治保护生态环境，深入开展环境资源审判工作。建立全省首家环境法治研究实践基地，与省法学会、省律协、省都江堰外江管理处举办论坛，联合签署《1+3 外江灌区流域水生态环境资源联合保护框架协议书》，邀请环资专家来崇围绕以流域为范围的水源治理问题进行探讨。

（三）打造智慧型法庭，不断满足群众多元解纷需求

线下传统的纠纷解决机制和模式因资源分散造成的低效率、高成本等问题已经成为深化“诉源治理”改革需要突破的“瓶颈”，人民法庭基于其偏远的“地缘特征”，智慧法院建设一直以来存在天然弱势，难以有效回应人民

群众线上解纷等需求。成都法院主动适应信息化发展，重视信息技术在人民法庭办公办案中的运用，运用“互联网+”思维，为群众提供线上线下立体化、全天候、普惠式的解纷服务，努力“让网络多跑路，让群众少跑腿”，让每一个纠纷当事人都能获取到便捷、优质、高效的解纷服务。

如在推进网上立案和跨域立案服务方面。成都法院依托诉讼服务网、12368诉讼服务热线等在线平台，打造“一站通办、一网通办、一号通办、一次通办”诉讼服务机制，划分自助立案服务区并配置电脑、扫描仪等设施设备，提供当场立案、自助立案、网上立案、跨域立案等全方位、多渠道、便捷化立案服务，当事人可就基层法院受理案件向本辖区任何法庭起诉，该法庭对属于本庭管辖的案件在直接立案的同时将立案材料通过内网传给立案部门审查备案；对于不属于该法庭管辖的案件，由立案庭统一立案后分送管辖法庭，彻底解决人民法庭司法便民“最后0.5公里”问题。

崇州市人民法院聚焦信息平台建设，在民事诉讼程序繁简分流改革试点中，以电子卷宗智慧应用为基础，深入实施全流程无纸化网上办案，激活电子诉讼效能，推动智慧法院建设。坚持“一次扫描、全程通用”，由诉讼服务中心对线下提交的诉讼材料进行集中接收、扫描，在人民法庭专门设立扫描点，对调解和庭审中的纸质材料同步扫描，审理产生的材料全电子化、全流程网上流转，全面应用电子签章。畅通电子卷宗内外交互端口，有机链接庭前、庭中、庭后各诉讼阶段，电脑、手机和自助诉服机等任一设备，均能高效、便利获取电子卷宗。送达、签章等高信用数据接入最高人民法院司法区块链平台，确保数据防篡改、可溯源。

下篇

乡村诉源治理典型案例

第七章
创新机制

第一节　助推基层善治，创建和谐宜居社区

案例 01

社区“两会”治理　让老旧院落焕然一新*

——天府新区正兴街道苏码头社区党总支牵头自建“居民说事会”与“院落自治委员会”治理老旧院落问题

一、 背景介绍

天府新区正兴街道粮站院落位于广东街 69 号，前身是正兴粮站，因单位改制，除一幢单元楼出售给本单位职工外，其余全部属于国资，粮站下岗职工有部分因无房现居住在此，属老旧破产无人管理院落，现院落有 3 栋，共 20 户 53 人，该院落商铺区及公共区域的大面积维修工作由成都航都粮油有限责任公司负责。2019 年 3 月，正兴街道开始体制机制改革，苏码头社区作为首批试点社区，将辖区划分为 5 个片区，落实两委干部“片长责任制”，明确两委干部、居民组长及网格员等下沉片区具体举措、工作内容，全面完成片

* 推荐单位：四川天府新区成都管委会社区治理和社事局；指导人：黎晓东；编写人：罗丹。

区基本信息台账。社区两委通过走访等方式收集问题，该院落居民主要反映的问题是老旧院落房顶漏雨严重和公共区域卫生无人打扫。

二、 创新做法

（一）建立“居民说事会”，强化自治

“居民说事会”以社区党总支为核心，以“共建共治，共融共享”为原则，以“说、论、管、评”四步法为自治的基本路径。“说”，大家有话说话，有事说事，以此畅通民意诉求通道；“论”，根据居民所反映的诉求，通过民主决策，共同讨论问题的解决办法；“管”，落实措施、落实职责，把问题交给谁来解决；“评”，事情办得怎么样，由社区党总支召集各方对问题解决成效进行共同评价，形成“满意”“不满意”两种结果。针对正兴粮站改制后老旧院落房顶漏雨、严重影响居民正常生活这一难题，党总支引导院落有威望的老党员杨汉光，主动站出来召集院落 8 户居民召开“居民说事会”。杨汉光在会上倡议：“这次屋顶漏水，虽然是私人改建旧房所致，但我们都是几十年的老邻居了，为了大家共同利益，我们一起想办法来解决。我提议我们 8 户每户出资 800 元，如果余下还有几百元就由我来出，大家看要得不？”大家纷纷表示，彼此都是邻居，应该互相帮助。最终，正兴粮站老旧院落房顶漏雨一事得到妥善解决。

（二）成立院落自治委员会，协商共治

苏码头社区党总支牵头，充分发挥多元特色党小组作用，选出院委会主任、成员，并确定楼栋长，做好人员值日和巡查安排。社区对院委会提出的运行方案进行指导，为党小组和院委会工作提供坚强后盾和支撑。2019 年 3 月 19 日，苏码头社区党总支、正兴粮站党小组成员和院落居民齐聚粮站院落共同商议院落自治委员会成立事宜。院落居民纷纷表示：院落事务院落管，要引导住户和租住户积极参与进来，充当院落主人，把院落卫生、环境和治安维护好。粮站老党员们认为：粮站院落群众基础好，党员在群众中的比例高，只是缺乏倡导人、引领人。社区和院委会成员经过详细商讨，制定了院落的居民自治公约和院落自治卫生区域值日表等内容，由社区请广告公司设计安装在院落显眼位置，住在粮站院落的居民每户出资 50 元用于购买社区卫

生工具，经费由院委会主任和成员保管。通过一段时间的运行，让院落居民树立了“自己的事自己做”的思想意识，顺利解决了院落脏、乱、差问题，让邻里关系更加“融洽、和睦”。最终，粮站院落公区卫生无人打扫的难题迎刃而解。

三、 主要成效

通过“居民说事会”，苏码头社区形成了尊重民意、汇聚民智、整合民力、邀请民评的自治机制。“居民说事会”自实施以来，收集居民意见建议 40 条，征集群众方面需求 60 余件，形成“大家的事我关心，集体的事我参与”的良好氛围。苏码头社区党总支党员主动担当，充分发挥党员先锋模范作用和担当精神，现正在向其他老旧院落复制推广粮站院落自治经验。粮站院落居民自治初有成效，共同协商、共同治理，实现了社区发展治理“共建、共治、共享”和人人参与建设美丽家园的初衷。

案例 02

社区法官工作室　矛盾纠纷从“源”治理*

——天府新区正兴街道法官工作室入驻社区解决基层纠纷

一、 背景介绍

近年来，天府新区坚持发展“枫桥经验”，以矛盾纠纷源头治理为切入点，通过构建“党委领导、政府主导、社会协同、公众参与”的社会治理体系，打造基层善治新格局，实现矛盾不上交，就地解决。位于四川天府新区成都片区的正兴街道区域，毗邻成都市中心城区，是科学城、中央商务区、锦江生态带“一城一区一带”的核心区域。随着城市化与产业化的推进，原有的农村社区转型为城市社区，农村社区农民转型为城市社区新市民，生活、生产方式和空间的改变带来不少新问题，各类矛盾纠纷呈现集中爆发趋势。为切实提升纠纷化解效率、促进多元化纠纷解决机制建立、将矛盾纠纷止于街道社区，2019 年 5 月 31 日，天府新区成都片区人民法院华阳人民法庭（以下简称华阳法庭）与正兴街道办事处开展联席座谈会议，就华阳法庭审理的涉正兴街道的案件类型、特点、纠纷解决常用模式等进行了交流，提出了当前纠纷化解工作中的突出问题、制约“瓶颈”，就下一步成立驻街道法官工作室推进纠纷源头治理达成合作意向。2019 年 7 月，华阳法庭驻正兴街道的法官工作室正式揭牌，拉开了矛盾纠纷从“源”治理的序幕。

二、 创新做法

法官工作室建立人民调解和诉非衔接双向联动机制，明确工作职责，为构建多元主体参与、多种方法运用、多种资源互动的多元化纠纷调解体系提供了有力的制度保证，为鼓励和引导当事人优先选择非诉讼方式解决纠纷提供了快捷有效的平台，提高了调解工作的公信力。工作室按照矛盾纠纷从未

* 推荐单位：四川天府新区成都管委会社区治理和社事局；指导人：黎晓东；编写人：刘雨。

发萌芽状态到激化起诉的发展过程制定了“六步”工作法：（1）进行资源整合，以“法治进社区”“巡回法庭”“坝坝法庭”为纽带，共同开展法治宣传活动；（2）建立“矛盾化解”微信群，群内包括华阳法庭工作人员与正兴司法所工作人员、人民调解员、社区干部等成员，有问题及时在群内交流，将矛盾纠纷第一时间展现、第一时间解决；（3）每周五安排两名及以上法官进驻法官工作室开展工作，针对社区居民在微信群里无法解决的纠纷，现场进行法律咨询，为他们解惑答疑；（4）指导及协助街道司法所、社区开展人民调解工作，走入纠纷产生的矛盾前端，在诉前进行化解；（5）对涉及正兴街道的诉讼案件进行庭前调解工作，促进双方达成调解协议，对于矛盾比较尖锐的婚姻家庭案件，邀请社区工作人员和人民调解员参与，共同化解矛盾；（6）对于申请确认人民调解协议的案件材料进行现场接收并做好笔录，5个工作日内将确认的判决送达给确认双方。

三、 主要成效

驻正兴街道法官工作室的成立，为解决法律咨询、各类调解及调解的司法确认，提供了一个便捷的平台；建立的人民调解和诉非衔接双向联动工作机制，成本低、反应快、效果好，能从源头上第一时间发现并化解社区矛盾纠纷，更加迅速便捷地为正兴老百姓服务，全面提升城乡社区治理水平，助力高品质和谐宜居生活城市建设。自成立以来，法官工作室已累计接受法律咨询60余件，服务群众90余人次。现场调解矛盾纠纷22件，让正兴群众在家门口就能得到法律帮助。

案例 03

商居共治　宜商宜居*

——锦江区沙河街道双桂路社区成立商居共治小组化解商住矛盾纠纷

一、背景介绍

锦江区沙河街道双桂路社区中粮鸿云属于商居混合型小区，楼栋底商中有餐饮商铺，商业带来了生活便捷的同时，又产生了油烟、噪声等诸多问题，特别是由于住宅底商出摊占道经营，导致商居矛盾日渐突出。双桂路社区为规范中粮鸿云小区底商经营，使经营商家合法合规地开展经营活动，解决商住纠纷，促进住户与商家和谐相处，创建共治共建美好生活环境，成立了中粮鸿云商居共治小组，自成立以来已解决商住矛盾纠纷多起，充分体现了多元参与治理的重要性。

二、创新做法

（一）多方参与齐谋划，互谅互解搭平台

2018 年 11 月，为解决中粮鸿云小区底商与楼上住户日益突出的矛盾，由社区牵头组织中粮鸿云小区住户代表、商家代表、开发商及物业成立“商居共治小组”，通过自荐及群众推荐产生小组成员，其中社区工作人员 1 人、小区住户业主代表 5~10 人、商户代表 5~10 人、物业相关工作人员 1 人，组长由商户代表、业主推荐代表担任，每季度轮换一次，充分体现群众参与度。共治小组成立后，讨论制定了《中粮鸿云小区商居共治公约》《双桂路中粮鸿云小区商居共治小组管理办法（征求意见稿）》，从商户油烟治理、噪声管控、外摆时间等方面进行规范和约束，经营商家及小区住户（特别是商家楼上住户）积极参与进来，共治小组的成立，为辖区居民和商家之间搭建共治

* 推荐单位：中共成都市锦江区委城乡社区发展治理委员会；指导人：朱樾；编写人：李梅。

平台，形成社区、住户、商家、物业等多元参与共治共建，化解矛盾纠纷的社区治理新格局。

（二）创建管理新模式，探索商居同发展

共治小组通过“四个一”来进行履职，即“一户签订一份责任书，一周一次巡查，一月一次例会，一年一次评比”，同时社区组织社区党员志愿者、住户代表不定时开展巡查，广泛听取住户的意见，及时召开小组联络会，对存在的问题进行分析，督促商家按照所签公约依法依规经营。推行契约式管理模式。除了商户文明公约以外，物业公司与商家逐户签订管理协议，明确约定管理事项，同时商业住户也在自己的租赁合同上对相关事宜进行约定。在责任承担上，社区协调管理部门重点监管违约违规行为，对违约违规行为进行查处；运营商重点监督物业公司管理是否履职，对存在问题及时提出整改意见；物管公司监督商家履约，督促商家依协议自律，形成政府、企业、商家契约式管理长效机制。同时，社区网格员也会经常进行底商巡查，检查商家的桌椅摆放是否规范，环境卫生是否达标等。

（三）商居环境共创建，协商谋划共发展

共治小组每月组织召开一次“商居共治协调会”。在广泛听取住户的意见基础上，协调会就中粮鸿云小区底商规范经营等事项进行宣传和规范，对存在的问题进行分析，督促商家依法依规经营，保证经营的卫生安全及积极配合解决商住矛盾，为了让商家和居民共同作用达到最大平衡值，协调会商家与居民本着互谅协商、有事相互协商、共同商议解决办法的原则，让商家经营环境更整洁，住户生活环境更优美，商居实现共赢。针对底商经营部分重餐饮行业，排放油烟大、噪声大，影响居民正常生活和身体健康等问题，经过商居共治小组协调，由商家按照商居共治公约及环保要求使用油烟净化设施，限时对油烟跑漏和噪声问题进行整改，加强对排污口的清洁管理力度，确保排污口卫生整洁，对出摊占道经营规范外摆，做到定时定点经营。商家应对门外环境进行绿化美化，做到门前“五包”，加大清扫保洁力度，坚持每日不少于一次的清洗；物业公司对商业业态进行调整，配合运营商加大招商力度，优先满足社区居民需求的业态，对现有重复的、品质较低的业态实行末位淘汰制，淘汰空余出的空间，用于引进服务居民的高品质业态，提升街区品质。

三、 主要成效

（一）经营秩序经巡视管理得到改善

通过商居共治巡视管理，对商户存在的违规行为，如店外经营、乱设摊点、乱搭乱建等违法违规行为进行规范清理，有效地改善底商经营秩序，共同打造规范经营秩序体系。

（二）经营环境经协议约束得到改善

通过商居共治约束协议，对商户经营环境进行美化规范，如禁止橱窗乱张贴、门前乱堆放、车辆乱停放等行为，有效规范了该商区的经营环境。同时各门店外摆放绿植鲜花等，使整体经营环境得到美化，促进商家生意兴隆。

（三）有利于构建和谐邻里关系

通过商居共治协商会议搭建矛盾化解平台，解决商户与住户间的各种矛盾，如针对前期住户投诉的高楼抛物、噪声、油烟扰民等问题，通过协商和互谅达成一致，有效地解决了商家与住户之间的矛盾，促进商居邻里关系更加和谐。

（四）多元化经营丰富了居家生活

丰富的经营形式为辖区居民提供便捷的生活配套资源。引入便利店、服装店、水果店、甜品店、咖啡坊和教育培训机构等，丰富周边居民的居家文化生活，打造社区便民生活服务圈，提升居民的生活品质和居家幸福感。

案例 04

优化社区治理构架 打造高品质农村新型社区*

——邛崃市高埂街道义渡社区以停车难问题为切入点，全面构建和谐宜居社区

一、 背景介绍

四川省邛崃市高埂街道义渡社区是依托全域土地综合整治建设万亩高标准基本农田项目建成的集中 11 个村 6000 多户群众的农民集中居住区。群众集中居住后，完全打破了过去的行政区域，加之其为开放式小区，社会管理难度大，各类信访问题和矛盾纠纷较突出。作为 11 个村（社区）的集中安置点，新区在进行规划设计时，未在小区规划设计集中停放车辆的场所，群众入住小区后其电瓶车、三轮车、摩托车等无固定场所停放，并且车辆经常被盗，造成矛盾纠纷时常发生。

二、 创新做法

义渡社区以解决停车问题产生的各类矛盾纠纷为契机，探索出“居委会+院落长+集体公司+物业公司+社会组织+文明劝导队”小区治理构架方式，配套智慧监管措施，及时收集问题、研究问题、处理问题，切实将大部分信访矛盾纠纷化解在了基层。

（一）做实矛盾纠纷预防

坚持以德治为支撑、法治为保障、智治为补充的社区矛盾纠纷预防机制，做到“法、理、情”交融，从源头上预防和减少矛盾纠纷。培育弘扬“向上向善向美”社区精神，形成与邻为善、以邻为伴、守望相助的良好社区氛围。实施社区居民活动空间改造，根据服务对象的不同需求提供优质性、针对性的多元专业服务，解决活动阵地和服务供给的问题。倡导社区文明新风，引

---

* 推荐单位：中共成都市邛崃市委城乡社区发展治理委员会；指导人：毛忠馨；编写人：李治宏。

导群众开展“讲文明、除陋习、树新风”专项活动，开展“最美小区”“最美院落”“最美阳台”“好公婆”“好儿媳”评选活动，形成良好的邻里新风尚。开展群众性文体活动，组织开展红色教育、民俗节庆、文化惠民活动、道德论坛等主题文化活动，用群众喜闻乐见的文化表演形式引导群众积极参与社会治理。依托社区法律之家，广泛开展法治教育宣传活动，为群众提供法律咨询、法律疏导、法律援助、法律维权等服务。建立“三中心合一”智慧社区信息中心，实现“全域覆盖、全网共享、全时可用、全程可控”，搭建线上监管体系，构建社区民警、专职网格员、小区业委会、院落长为一体的联勤联动治理机制，成立以来化解矛盾60多起，解决群众问题200余个。

（二）做细矛盾纠纷排查

社区以“群众工作之家”为抓手，配备2~3名信访代理员，充分发挥矛盾纠纷排解职能，信访代理员从网格员、小区院落长、楼栋长等队伍处收集各类矛盾纠纷信息，及时介入处理。同时，当群众有矛盾纠纷发生并到社区进行调解时，信访代理员也会及时介入进行接待、登记，由社区指派调解员进行调解处理，减少了矛盾纠纷的上行，基本实现了矛盾不上交。通过线上线下收集各类矛盾纠纷信息，充分运用网络理政平台、“为村”平台、社区微信等进行线上收集信息；通过召开坝坝会、乡村夜话、走基层、义渡家常等形式进行线下收集信息。

（三）做好矛盾纠纷化解

推行“不隔夜”调解。购置2台电动巡逻车，除了用于执行治安巡查任务外，还积极发挥其对各类矛盾纠纷进行快速处置的重要作用，将矛盾纠纷化解在萌芽状态。积极探索推行“枫桥经验”，建立“三级三元”调解制度，与“五老+1”调解模式深度融合。按照“早”“责”“法”“理”“情”五字法开展矛盾纠纷调处工作，实现“五老”、信访代理员以情调解、社区以理调解、法治副书记（主任）以法调解的三级有效衔接，推动网格群众调解、社区调解、司法调解的三元联动配合，调顺“法理情”。2021年，共调处各类矛盾纠纷35件，成功31件，成功率达89%。

三、 主要成效

该社区重点从事前预防、事中排查、事后处理三个维度，利用信息化收集、监管、处理技术，采用线上与线下结合、群众广泛参与、社会力量适度介入的方式，分门别类制定措施和办法，协调多方资源解决矛盾纠纷，治安案件的发案数从 2016 年群众入住新区时的 129 件下降到目前的 32 件，下降率达 75.2%；刑事案件的发案数从 2016 年的 113 件下降到目前的 46 件，下降率达 59.3%，累计调处各类矛盾 97 件，做到了“小事不出社区、大事不出街道、矛盾不上交”，为新型农村社区治理提供了示范样本。

案例 05

“五治”融合 善治两河*

——蒲江县西来镇两河村建立“五治”融合社区治理工作模式化解矛盾纠纷

一、 背景介绍

近年来，蒲江县西来镇两河村积极探索建立起“政治+德治+法治+自治+智治”的“五治”融合发展社会治理工作模式，凝聚了民心、掌握了民情、化解了民忧、维护了民利，形成了干群关系好、邻里关系亲、矛盾纠纷少、违法犯罪低、平安无事故的善治两河。2019 年 1 月，时任四川省委政法委副书记杨勇同志到西来镇两河村调研基层社会治理、矛盾纠纷多元化解和综治中心规范化建设等情况，对西来镇两河村的“五治”融合给予了高度评价和肯定，“善治”两河在创建“全国平安建设先进县”的征程中作出了新的示范。

二、 创新做法

（一）政治引领强组织，干群同心促和谐

两河村以“五心”品质（公心、真心、爱心、良心、责任心）和“三气”精神（正气、锐气、大气）作为村支两委干部的行为准则，积极构建和谐的干群关系。年初，村党组织以“一户一票”形式征求群众意见，筛选出群众最关注、最紧迫事项作为重点任务公开履职承办；年中，村里财务收支、低保户评定等工作内容全部公开透明，每笔开支都经过村“两委”会、议事会、监委会三道“关口”审核把关；年底，向群众交“成绩单”、报“工作账”。“门好进、脸好看、话好听、事好办”的亲民化工作，赢得了民心、民意，彻底地融化了群众对村“两委”及干部的“隔心墙”，村“两委”的干

* 推荐单位：中共成都市蒲江县委城乡社区发展治理委员会；指导人：陈元军；编写人：王琳。

部群众尊重，村“两委”的决定群众拥护，村“两委”的号召群众响应，村“两委”的工作群众支持，村“两委”调处的矛盾群众服气。

（二）德治建设弘文化，以文养德讲和气

两河村在社会治理中紧紧扭住德治建设不放松，大力倡导社会主义核心价值观和中华优秀传统文化，广泛开展社会主义核心价值观宣传教育。大力开展以文养德活动，以润物无声的方式，教育群众爱国、敬业、诚信、友善。通过开展评选好媳妇、好公婆、好村民、好家庭等活动，引导群众讲道德、尊美德、守公德。修建诚信步道，运用“三尺巷”等典故，通过说服、劝导，调节村民个人、家庭和社会之间的人际关系，提升村民的素质和修养，从源头上预防社会矛盾的产生，增加社会的和谐因素。2019 年，西来镇两河村共排查矛盾纠纷 3 件，同比下降 70%。

（三）法治推进树规矩，遇事依法解争议

两河村以“七五”普法为契机，利用法治大讲堂、农民夜校、发放法治宣传资料等手段，大力开展《宪法》《民法典》《农村土地承包法》《村民委员会组织法》等法律、法规的普及宣传近 10 场次，提高了群众的法律意识。村“两委”干部以身作则，大力学法，不断提升运用法治思维和法治手段解决问题的能力。重视法律顾问直通车工作，村综治中心开通蒲江县公共法律服务视联网系统，办事依法、遇事找法、解决问题用法的理念和规矩在群众当中挺立。2021 年，两河村共发生各类涉法纠纷 0 件。

（四）自治方略重实效，群众参与守规矩

按照《村民委员会组织法》规定，西来镇两河村始终坚持自我管理，召开村民大会，讨论制定“不焚烧秸秆、不乱搭乱建”等 10 条《村规民约》，创新“双承诺”机制，过去费九牛二虎之力解决不了的环境脏、乱、差等问题迎刃而解。坚持自我监督，充分发挥议事会、监事会作用，调动群众参与监督村级事务的主动性和积极性，以群众自我监督促进和谐，推动基层自治的良性互动。

（五）智治实施显作用，智能建设强震慑

两河村以村综治中心规范化建设为抓手，将“两河逸园”小区的 12 个监控探头、两河碥散居小区的 3 个监控探头和 2 个铁路护路监控探头整合到村综治中心，村综治中心“六大”职能（社会治安、公共安全、信访维稳、城乡环境、综治执法、民生诉求）、“五大”平台（视频监控、矛盾调处、网络服务、指挥调度、视频接访）、“四大”信息处理（视频监控系统发现、干部接访下访收集、网格员采集、群众诉求主动上报）等作用充分发挥，提升了村治理手段的智能化，震慑了违法犯罪，偷鸡摸狗、偷盗电瓶车和自行车、入室盗窃等案件明显下降，群众的获得感、幸福感、安全感明显上升。

三、 主要成效

近年来，两河村通过“五治”融合推进基层社会治理成效明显，先后获评“四川省先进基层党组织”“十佳治理有效村”“十大幸福美丽新村”“百强名村”“四好村”“成都市三美示范村”。

（一）干群关系融洽

两河村坚持党建引领，积极发挥党员先锋模范作用，党委开展党员亮身份、亮承诺、亮行动“三亮”活动，每年每名党员都公开承诺为群众办1至3件好事实事，近3年来为群众办（代）理各类民生事项2000多件，办结率达100%，两河村用实际行动赢得群众的信任和拥护，形成了社会治理群众主动配合、积极参与的良好氛围。

（二）治理本底夯实

村级坚持多元参与，成立社会组织5个、自组织14个，积极发动志愿者、网格、合作社等力量参与社会治理。新村实施“123+N”治理效果明显，在全县率先建成标准化综治中心建设，以“综治中心”为核心，在全镇率先试点完成“一村一警”工作机制，进一步巩固了群防群治力量，全年实现了治安和刑事案件零发案。

（三）村风民风和谐

村级先后发出“文明祭祀”“共建美丽两河·共享美好生活”“远离毒品邪教，拒绝毒品邪教，争做和谐文明两河人”等倡议；开展了以群众为主体的“端午浓浓乡村情粽香十里飘”“欢庆祖国70华诞，喜迎九九重阳”等活动近20场，群众文化生活不断充实，群众获得感不断提升，村风民风一片和谐。

案例 06

守望相助　院落自治*

——金堂县三江社区组建院落互助联盟化解社区院落纠纷

一、背景介绍

四川省金堂县赵镇三江社区院落互助联盟是按照社区总体营造的理念，针对社区老旧院落多、问题多、居民矛盾多的特点，由三江社区培育孵化的社区自治组织。通过挖掘居民骨干，培养提升工作能力，建立一支致力于社区调解、法治宣传的自治组织，充分发挥居民参与社区治理的主体作用，让居民组织化地参与社区治理，形成基层多元调解机制。在时代大环境下，三江社区从细微末梢处出发，组建院落互助联盟，将以人民调解工作为主的互助活动进一步延伸，充分发扬邻里守望相助的优良传统，转变居民“有事找社区，出事找民警”的传统思想。通过共建、共治实现共享，以法治、德治引导自治，最终把社区建设成“矛盾不上交，平安不出事，服务不缺位”的居民之家。

二、创新做法

按照“小问题不出院落，一般性问题解决在社区”的原则，以居民需求为导向，以矛盾纠纷调处为主线，以法治宣传、心理辅导、邻里帮扶等互助活动为支线，以实现邻里互助、居民自治为目标，坚持党员示范、群众参与的方式，通过“一二三四”模式推进院落互助活动。

（一）创建一个机制

建立社区人民调解委员会调解、小组长网格员调解、院落互助点调解与院落管理委员会调解的“四级”纠纷联动调解机制，依托社区党组织、居民小组长、小区业委会和居民协商对话组织，科学分设 8 个互助点位，合理定

* 推荐单位：中共成都市金堂县委城乡社区发展治理委员会；指导人：杨江；编写人：门杨。

岗定人定责，经常性上门征集居民意见建议，畅通居民诉求渠道，确保能第一时间发现和处理居民问题，把矛盾纠纷化解在小、化解在早、化解在居民院落。

（二）建立两支队伍

院落互助联盟成员主要由社区党员、居民骨干和志愿者构成，下设两支队伍。一支为人民调解员队伍，由社区调委会选聘本地热心公益、明理懂法、品行良好、较有威望的居民构成，培训合格后发放调解员工作挂牌和纠纷调解登记簿，现今共有 9 名核心人员，其中 1 名总负责人、8 名点位负责人，主要负责互助点位小区院落里的家庭、邻里、物业等矛盾纠纷的排查调处。一支为志愿服务者互助队伍，以各社区小组长为核心，发挥党员示范作用，募集一批热心公益、明理懂法、群众信任的志愿者共 50 余人成立互助队，主要负责收集反馈居民需求，传递居委决策动态信息，起上传下达“连心桥”作用，协助开展矛盾排查、纠纷调解、法治宣传、心理辅导、邻里帮扶等互助活动。

（三）进行三项提升

一是定期组织讨论交流。每季度召集联盟主要成员开展工作交流会，总结上季度联盟活动开展情况，安排部署本季度重点活动计划。鼓励成员畅所欲言，分享在调解中的成功案例和心得体会，提出工作中存在的问题和困难，以及建议和意见，进一步丰富联盟活动内容，完善联盟各方面建设。二是不定期开展培训学习。通过邀请律师学者、法律顾问、心理专家等专业人士进行授课，提高联盟成员的思想素质和业务能力，让每一名成员都成为“法律明白人”，在每一次互助活动中都能自觉运用法治思维提供服务、解决问题，同时由专业社工进行定期督导。三是实行积分奖励制。由社区调委会根据矛盾纠纷的调处难度给予参与调解的成员一定数量的积分，积分可在社区居委会兑换实物奖励。积分奖励既能体现出社区居委会对互助联盟活动的认可，又能调动联盟成员参与矛盾纠纷调处的积极性。

（四）开展四类活动

一是矛盾纠纷调解活动。互助联盟调解员来自本地居民，长期生活在居民之中，有着人熟、地熟、情况熟等优势，因此能第一时间发现小区院落里的矛盾纠纷，第一时间开展调解工作，从而快速有效化解矛盾纠纷，维护小区院落的和谐稳定。二是普法宣传教育活动。以调解纠纷、“以案说法”为主，开展居民坝坝会，达到“调解一个案，教育一大片”的目的；以组织社区活动、开展普法宣讲为辅，多形式宣传与居民生活息息相关的法律知识，提升居民的遵纪守法意识，引导居民通过法治方式维护自身合法权益。三是心理健康辅导活动。打造社区沙盘室，特邀心理专家，针对现今未成年儿童，特别是单亲家庭和留守儿童的常见心理问题开展心理咨询活动，通过沙盘游戏了解儿童心理状况，实施心理矫正，促进未成年儿童心理健康成长。四是爱老敬老助老活动。针对社区独居老人生活、社交、情感等需求不能满足的情况，发动志愿者队伍开展“一对一”结对帮扶活动，通过“爱心卡”搭建双方或多方联系方式，提供老人所需服务，使社区独居老人都能真正感受到“老有所养，老有所依”。

三、 主要成效

（一）矛盾纠纷化解

院落互助联盟自成立以来，积极接受居民调解申请，处理各种居民“小事、难事、烦心事”，居民满意度较高。通过建立多元纠纷调解机制，既发挥了居民参与社区治理的主体作用，又为居委会腾出精力专注社区发展治理提供了有力保障。自联盟成立至今，承担了社区90%以上的居民调解工作，为社区和谐稳定提供了巨大支持。

（二）普法关怀辅导

通过居民坝坝会、家庭坐访等活动形式开展法治宣传和心理辅导，为社区居民提高“学法守法用法”意识提供坚实保障，也为广大社区青年树立远大志向、养成良好的道德品质、掌握过硬的本领打好坚实基础。

（三）人才培育保障

互助联盟在日常工作开展中不断挖掘出有思想、有能力、有干劲的居民骨干力量加入组织当中，通过开展定期与不定期的培训，让居民骨干从事力所能及的公益，既体现了其自身价值感与存在感，也为社区治理与营造活动储备了大量人力资源，提升社区资本。

（四）邻里互帮互助

积极帮助孤寡老人整理家务，开展入户交流谈心与健康体检工作。通过该项活动有效地提升了空巢、独居老人的生活质量和社会适应能力，缓解了老人心灵上的孤独感和寂寞感，同时也为老人建立了良好的支持网络，营造了良好的邻里互助氛围，促进了社区和谐。

案例 07

打好“三张牌”　推进社区访源治理*

——天府新区籍田街道党工委、办事处以“法治、感情、服务”化解信访积案

一、 背景介绍

面对部分上访老户长期困扰辖区社会稳定的老、大、难问题，天府新区籍田街道党工委、办事处对症下药、主动出击，打好“法治、感情、服务”三张牌，依法公正、有理有序化解信访老问题取得初步成效。

二、 创新做法

面对上访户的问题，籍田街道党工委、办事处不退缩、不回避，专题研究，落实打好“三张牌”推动化解。

（一）打好“法治牌”，坚持信访依法治理，优化司法化解引导

籍田街道在加大法治信访建设的同时，建立了一支以 2 名专业律师、7 名法律工作者、9 名心理疏导工作者为核心成员组成的信访问题化解专家队伍，靠前行动，定期座谈分析研判突出问题症结，实地调研信访老旧积案化解工作，确保法治贯穿信访办理全过程，并积极协调司法部门提供法律援助支持，依法依规引导信访群众按照司法程序化解信访问题。2019 年，籍田人民法庭驻籍田街道回江社区法官工作室正式成立，与籍田街道“群众工作之家”平台融合共建，共同加强矛盾风险排查预防、人民调解、矛盾纠纷调处，积极征集人民意见建议，开展法律咨询与法治宣传，有效预防和化解了矛盾纠纷，维护了群众合法权益。自成立以来，回江社区法官工作室积极调解矛盾纠纷，协助征集人民意见建议，开展法治宣传活动，突出了司法保障基层自治、积极参与社会创新治理的制度优势，为进一步

* 推荐单位：四川天府新区成都管委会社区治理和社事局；指导人：黎晓东；编写人：周明慧。

推进基层治理法治化建设提供了有效的路径探索，为籍田街道和谐稳定的社会环境贡献了正向的法治能量。

（二）打好“感情牌”，搭建情感倾诉平台，发挥情理感化作用

为及时化解信访人员对立情绪，做好情感维稳工作，籍田街道致力于搭建情感倾诉平台，采取多种手段对矛盾纠纷进行动态干预。引入社会力量多元化解矛盾纠纷，邀请律师入驻群众来访接待中心，坐班接访，接受法律咨询，开展政策解释；聘请心理疏导师对申请或需要进行心理调解的信访人进行帮扶，在诉求解决的同时引导解开信访人的心结；发展“两代表一委员”“五老乡贤”为基层观察员、人民调解员，及时洞察反馈矛盾纠纷信息，有效调解利益双方关系；对重大疑难信访事项，综合运用法律、政策、经济、行政等手段和教育、协商、调解、疏导等办法，协调联动相关部门、村（社区）在法律红线范围内，以情感帮扶和感化为重点，合力研究解决；结合籍田信访群体年龄分段明显的特征，创新以特殊人群感化普通人群的群众工作方法，借助老委会、青委会力量，反向推动信访工作开展。

（三）打好“服务牌”，加大帮扶救助力度，着力解决实际困难

籍田街道建立了街道党政主要领导、街道分管领导、村社委员、村组民情信息员四级负责制，采用街道党政主要领导“开门接访、定期下访、包案化访、及时回访”四访工作法，明确每周三为领导固定接访日，每月至少两次走村入户察访民情，及时化访、及时回访。街道分管领导负责牵头协调多部门多层级配合信访案件调处工作，对初信初访案件第一时间解决，积案难案全力推动化解。每个村组分别确定 1~2 名民情信息员收集矛盾风险隐患、调处家庭纠纷和邻里纠纷等院落纠纷。通过四级分级负责矛盾调处网络做到“上下有人抓、事事有人管、小事不出村、大事不出镇、矛盾不上交”。通过定期走访慰问的工作方式，全面了解信访人的信访诉求，耐心做好政策解释及疏通劝导工作，针对其诉求合理部分在政策范围内给予倾斜，全方位进行帮扶，从而解开信访人的心结，逐步息诉息访。

三、 主要成效

2019年以来，通过“打好三张牌”，籍田街道党工委、办事处统筹多方资源，强化通力协作，在化解老、旧信访积案问题上取得了初步成效。通过创新工作方法，形成了上下联动、多元共治的基层信访工作大格局，有力有效将争端解决在初始、矛盾化解在基层、责任压实在当地，维护了籍田和谐稳定的社会环境。

案例 08

构建多元治理模式　全面推动和谐社区*

——邛崃市羊安街道界牌村依托多元力量实行信访代理访调止解矛盾纠纷

一、 背景介绍

邛崃市羊安街道界牌村位于天府新区新材料智能制造产业园区，近年来，因受土地征收、产业发展、外来人口增多等因素的影响，征地搬迁、土地整理、土地流转、城市管理等各种社会矛盾叠加，居民的诉求更加多元化，造成信访矛盾问题凸现。面对巨大的信访压力，界牌村传承发扬新时代“枫桥经验”，通过主动收集信访诉求、工作室积极调解、实行信访代理等方式，推动信访难题实质化解。

二、 创新做法

（一） 完善体制机制，“三力量”构建社区“诉源治理”体系

一是密织组织网络。将原界牌村党总支优化设置为党委，下设产业发展、集中居住区、综合服务 3 个党支部，成立网格党小组 6 个，纵向构建起“村党委+党支部+网格党小组+核心党员户”四级组织体系；村党委与青羊区康庄社区党委、锦江区翡翠城社区党委、邛崃市花园巷社区党委结对共建，与辖区内红十字医院党支部、高宇化工党委等驻区单位党组织共驻共建，横向形成“村党委+结对党组织+共驻党组织”三联组织网络，定期共商界牌发展与治理事宜。二是构建“群众工作之家”体系。整合信访、司法、调解、综治等力量，建成“群众工作之家”，成立五个工作室（“五老+1”自治调解室、姜大爷说事室、刘大姐心理疏导室、信访代理室、综治中心），配备多名专（兼）职调解员、信访代理员、网格员等，承担接待来访群众、调处矛盾

* 推荐单位：中共成都市邛崃市委城乡社区发展治理委员会；指导人：毛忠馨；编写人：曹璐。

纠纷、代理信访诉求、报送信访信息、收集社情民意、教育引导群众、宣传法规政策等职责。三是整合多元自治力量。以网格化服务管理平台为载体，形成“社区民警+辅警”、网格员、“综治队员+巷道长”、自治组织成员、平安志愿者、街道村组干部等“1+3+N”专群联动联勤社会治理工作模式和“一网多格、一格多人”的矛盾调处格局。

（二）线上线下联动，“五途径”畅通矛盾问题收集渠道

一是“为村”平台开设书记信箱。利用“为村”平台开设书记信箱，群众通过“为村”平台直接给书记留言，搭建书记和群众随时随地沟通交流的平台。二是“微信群”进一步畅通渠道。每个村民小组分别建立一个微信群，村组干部建立一个微信群，群众有诉求直接通过微信群进行反映。三是网格员走村入户收集信息。专职网格员每天按照责任划分的网格至少走访10户群众，了解群众的需求和诉求。四是走基层听民意解民忧。书记和主任每月走访30户群众，收集群众反映的问题及诉求；“五老+1”自治调解组织成员随时随地走村入户收集群众反映的问题。五是综治中心通过四种途径采集信息。综治中心通过视频监控系统发现、干部值守收集、网格员采集、群众诉求主动上报四种途径进行信息采集。通过开辟多个问题收集渠道，打破了过去传统的群众有诉求只能到村委会向村委干部反映的格局。

（三）主动介入处置，“三方式”确保矛盾隐患处早处小

一是提前介入消除矛盾隐患。姜大爷说事室、刘大姐心理疏导室两个“乡贤调解”充分发挥对界牌村情况熟悉、善于与群众沟通、处事公正、群众认可度高的优势，对收集到的问题进行逐一分析，对苗头性隐患提前介入，通过政策解释、座谈沟通、法治教育、心理疏导和说服教育等方式，将一些纠纷隐患化解在萌芽状态。工作室成立以来，已开展心理疏导40余人次，开展说服教育30余人次。二是调解方式化解矛盾纠纷。成立由老党员、老干部、老军人、老教师、老代表和1名法治副主任（专职律师）组成的“五老+1”自治调解组织，充分发挥“六员”熟悉当地风土人情、身份受人尊重、说话有分量、处事有办法的独特优势，并结合自身擅长调解纠纷的类型，因地制宜，对症下药，使许多疑难复杂矛盾问题得以化解。自“五老+1”调解室成立以来，积极为群众提供法律咨询服务，多次参与调处化解矛盾纠纷。

三是信访代理帮助群众跑路。调解不好的信访矛盾问题，引导群众签订信访代理授权委托书，实行代理委托。群众不必再亲自往村上或街道及以上部门反映问题，只需将反映问题委托给信访代理员办理，让信访代理员代为搭建平台、代为组织调解、代为向上反映、代为跟踪进展、代为反馈结果。在代理的同时约定咨询类问题在2日内将结果反馈给群众，诉求类问题在3~7日内将问题处理结果反馈给群众；需要再次进行调解的，由代理人协调时间组织调解。通过代理委托的方式，切实做到在家门口收集矛盾纠纷，让群众不跑一次路；在村上接到的矛盾纠纷，让群众最多只跑一次路，最终实现让矛盾纠纷小事不出家门、院落，中事不出小组、村（社区），大事不出街道，使矛盾就近反映、就近调解、就地解决。

三、 主要成效

界牌村充分调动各方社会力量积极参与社区治理，不再单一依靠村委会解决，而是形成“五老+1”的“1+3+N”等多元治理工作模式，使社区矛盾纠纷得到有效化解，切实将问题控制在信访阶段而不会上升到法院诉讼，不断推动和谐宜居生活社区建设。2019年访调机制建立以来，界牌村群众矛盾纠纷和信访总量自2011年的86件下降至2019年的8件，其中司法确认案件3件，为当事人节约诉讼费1万余元。心气顺、百事新，群众思想高度统一到凝心聚力谋发展上，不断推动和谐宜居生活社区建设。

案例 09

发展调解“百米服务圈”　社区纠纷化解无盲点*

——简阳市贾家镇城北社区构建人民调解受理点化解社区纠纷

一、 背景介绍

简阳市贾家镇城北社区成立于2004年10月，地处贾家镇北面，由7路3街3巷组成。截至2018年，该辖区内共有5个党支部、党员数143人，12个居民小组，总户数4681户，常住人口11 126人，驻辖区单位21个。社区人员密集，占贾家镇人口数量的一半；人员结构复杂，表现为社区特殊人员多、下岗职工多、老龄化严重、贫困人口多等特点，由此带来的不稳定因素大，具有一定的家庭和社会危害风险，迫切需要诉源治理，防治基层矛盾纠纷。

二、 创新做法

贾家镇城北社区探索深化社区“诉源治理”，既设置独立调解室，又融合线上线下创新发展26个人民调解“百米服务圈”受理点，创立“三抓六步”调解法，对受理的辖区各个矛盾纠纷、信访问题进行耐心调解。

（一）设置独立调解室，群众大胆吐露心声

独立调解室是群众反映纠纷、提出工作建议的窗口，是“百米服务圈”的中心点，被大家称为“矛盾纠纷快速处理中心”，提高了居民解决问题、化解矛盾的效率。

（二）线上线下融合，创新发展“百米服务圈”

线上依托微信、QQ网格化服务管理，收集问题纠纷并跟踪报道受理点工作情况。线下融调解工作于社区日常治理，构建多主体联动的“百米服务圈”网络，将矛盾纠纷在“百米”范围内及时消除、化解。以社区日间照料中心为例，人民调解“百米服务圈”受理点借助该平台，涵盖“五老”党员志愿

---

* 推荐单位：中共成都市简阳市委城乡社区发展治理委员会；指导人：何琨治；编写人：陈国永、谭秀兰。

服务点、“聚爱援”群众之家党代表接待点。“五老”志愿服务受理点由退休“老党员、老干部、老教师、老军人、老医生”的“五老”党员志愿者组成。他们基层工作经验丰富、群众感情深厚、熟悉城北社区情况，是一支百姓信任的矛盾纠纷调解队伍。“聚爱援”群众之家党代表接待点，由社区党支部书记牵头，以市镇党代表为核心，吸纳有威望、调解能力强、群众基础好、群众公认的法律工作者代表，邀请简阳市贾家镇法律服务所主任、退休党支部书记担任调解接待员。目前，已经服务了上百个涉毒吸毒、刑满释放、残疾人等特殊群众，通过二次教育帮扶，确保社区稳定和谐。

（三）创立“三抓六步”调解法，有序推进诉源治理

通过“抓早、抓小、抓细”的“三抓”，早发现、早处置、早预防难点问题和矛盾，再小的矛盾也不推、不拖、不瞒，耐心听、仔细记、真情帮。通过“排查摸底、分类梳理、分析研判、风险预案、化解帮扶、跟踪回访”的六步调解工作法，有序推进社区诉源治理工作。在众多矛盾纠纷调解中，社区商贸街 18 号的化粪池堵塞问题较为典型。2019 年 7 月，该区域化粪池堵塞，污水溢出，严重破坏了 20 户居民的生活环境，影响出行，居民怨声载道。社区干部、受理点调解员通过“六步”调解工作法，首先实地摸查情况，接着组织居民召开现场会分析研判，制定专一预案。原本预计要数月的疏通修复工期，经耐心的协调后，堵塞的化粪池一个多星期得到疏通修复，污水不再流了，通行顺畅了，居民们露出开心的笑容。

三、主要成效

成都市司法局、简阳市司法局、简阳市信访局高度肯定简阳市城北社区的诉源治理工作。2018 年 10 月，城北社区调委会被评为成都市四星级调委会；“五老”党员志愿者服务受理点被评为简阳市人民调解“百米服务圈”重点示范受理点。自建立调解“百米服务圈”以来，社区内的矛盾纠纷得到及时化解。“五老”党员志愿服务受理点、“聚爱援”接待点没有发生一起因调解不当或调解不及时的上访事件，受到辖区居民的一致好评。

案例 10

建“一体两翼”群众调解队伍解社区居民身边大事小事*

——金牛区凤凰山街道依托“一体两翼”特色调解机制化解群众纠纷

一、背景介绍

金牛区凤凰山街道的面积为7.16平方公里，常住人口为5.2万人，辖社区有2个，部队有14支。辖区社情民情复杂，属于典型已拆迁待建、基础配套设施相对短缺、发展滞后的区域，各种矛盾纠纷混杂。“天下大事必作于细”，凤凰山街道高度重视社区发展基础治理工作，从解决群众“鸡毛蒜皮”小事着手，紧紧依托132人凤凰群众队伍“一体两翼”（“一体”以人民调解队伍为主体，“两翼”包括志愿者、网格工作小组成员、其他党员骨干群众队伍111人和民间调解达人7人），在“一庭三所”联调、街道和社区调解、律师调解的传统方式基础上，结合辖区特点因地制宜，实现“法律之家”同“群众之家”融合发展，创新探索矛盾纠纷化解的“一体两翼”特色调解机制。

二、创新做法

（一）打造特色品牌，促进化解实效

以打造品牌团队、形成骨干力量、提高社区矛盾调处水平为着力点，精心打造了“静妹1+N”“熊哥有话说”等叫得响、做得好、信得过的“品牌调解室”。“品牌调解室”建成后及时释放品牌效应，以点带面，积极上门普法、定期组织座谈、主动提供法律咨询，迅速成为协助街道处理化解各种矛盾纠纷的“第一帮手”、为民解忧的“第一平台”。

---

* 推荐单位：中共成都市金牛区委城乡社区发展治理委员会；指导人：权秦琦；编写人：张科。

（二）培养调解达人，强化细节体验

吸纳社区德高望重、亲和力强的“五老”乡贤、热心志愿者等组建民间“调解达人”队伍，采取由静妹、熊哥“一带一”的方式，在参与矛盾纠纷调解中进行实战培训，提高“达人”的实操功底，调解不分时间地点，或茶馆酒肆，或散步跳舞，对一些可能涉及隐私方面的纠纷，居民还可以邀约“达人”上门服务。同时，街道将“达人”的调解能力、特点和业绩进行综合排名，建立星级光荣榜，群众可以根据需要选择“专点”服务。

（三）提高居民法治素养，减少矛盾发生

针对不同年龄层次的居民群体，街道量身打造出“儿童之家”“妇女之家”“法治龙门阵”“老邹来说法”等群众普法平台，让小区居民随时随地免费享受便捷惠民、接地气的公共法律服务。落实“谁调解谁普法”的责任清单要求，推进法治宣传教育和矛盾纠纷化解的有机结合，形成办事依法、遇事找法、解决问题用法、化解矛盾靠法的良好法治氛围，有效减少了街道矛盾纠纷。

三、 主要成效

凤凰山街道积极探索和丰富新形势下矛盾纠纷化解工作的新路子，坚持发展和丰富“枫桥经验”，将自治、法治和德治有机结合，调动群众参与，发挥品牌效应，注重源头化解。工作开展以来，凤凰山街道积极化解各类矛盾纠纷，实现了“苗头消除在网格，小事化解在社区，大事不走出街道”的目标，人民群众获得感、幸福感、安全感进一步增强。

凤凰山街道“一体两翼”的特色调解制度，最大的创新和意义在于对民间力量的培养和挖掘。搭建普法平台，提升居民的法治素养；挖掘“乡贤”“达人”，让居民事居民议、居民解；培养民间调解品牌，提升民间治理的公信力。通过政府力量与民间力量结合，专业权威与乡贤权威结合，社区治理与社区发展结合，助推诉源治理工作更上一个台阶。

第二节　突出品牌引领，培植解纷新型金花

案例 11

社区“佳话有约”　共话邻里和谐*

——成都高新技术产业开发区芳草街街道蓓蕾社区自建调解队解决院落矛盾纠纷

一、背景介绍

随着成都高新技术产业开发区芳草街街道蓓蕾社区社会群体结构、组织形态结构发生变化，大量不同职业身份、不同隶属关系、不同利益需求的社会群体聚居在社区。社区面对的工作对象呈现多样性，面临的老旧小区改造、房屋征收、劳资纠纷、物业管理等问题呈现复杂性，社区逐步成为各类矛盾反映最敏感的汇聚地，成为解决社会问题的前沿阵地。如何加强社区管理服务、维护社会稳定，成为社区的重要工作。芳草街街道蓓蕾社区“佳话有约”品牌化服务，以院落党组织为领航、以党员骨干金牌调解员谢佳为队长，推动党建引领基层治理，为辖区和谐稳定发展提供坚强的组织保障，为居民协商、调解、解决与居民日常息息相关的大小矛盾纠纷。

二、创新做法

（一）建立院落党组织领航制度

发挥院落基层党组织对生活环境和人员熟悉、对周边矛盾纠纷苗头捕

* 推荐单位：四川省成都高新技术产业开发区社会事业局；指导人：张义薇；编写人：王娟。

捉敏锐的优势，通过与院落群众勤沟通、勤走访，积极化解群众间的矛盾纠纷。

（二）建立金牌调解志愿服务队

以金牌调解员——社区先锋领航党员谢佳为队长，吸收辖区内口碑好、威望高、心理辅导专业、法律专业的热心党员，于2019年6月组建一支由12人组成的党员金牌调解志愿服务队，努力做到小事不出院、大事不出社区、矛盾不上交。在志愿调解队的积极介入和耐心细致调解下，第一时间解决了辖区居民邻里口角伤人、物业服务等诸多纠纷，收到“公平公正调解社区群众纠纷”的锦旗致谢，居民由衷感谢社区先锋领航党员志愿调解队帮助化解了邻里之间的矛盾，公平公正地调解了居民之间的纠纷。

（三）建立“预防为主、调解为先、促进和谐”的工作目标

先锋领航“佳话有约”党员金牌调解志愿服务队坚持每日深入院落、深入群众，倾听群众呼声，化解群众困难，理顺群众情绪。

（四）规范形象标识

调解志愿服务队队员统一着装并佩戴工作牌和党徽上岗，让居民每次看到“佳话有约”的标识，就感到特别亲切、温暖、心里踏实，有了说事的地方，觉得党组织就在身边。

三、主要成效

（一）有效提高了基层党组织服务群众的能力、质量和水平

党员金牌调解志愿服务队成了社情民意的“顺风耳”、防范风险的“及时雨”，维护社会稳定治安防范触角延伸到了社区的各个角落，居民的安全感、满意度也得到提升，有效预防和减少了民间纠纷转化为治安案件或刑事案件的情况。

（二）推动基层党建和基层治理相结合

把服务群众落实到具体党建活动中来，党员金牌调解志愿服务队及时帮助群众化解矛盾、消除隔阂，不仅赢得了群众的信任和称赞，还树立了共产党员的良好形象，建立了深厚的党群关系，夯实了群众基础，用实际行动践行了群众路线。

（三）培养起表率作用的党员志愿者

社区把调解矛盾纠纷的过程作为贯彻党的宗旨、法治宣传的过程，坚持在调解工作中开展道德教育。不但提高了全体居民综合素质，也有力地确保了辖区的长治久安。

案例 12

“玉沙晚枫”：照亮社区诉源治理的夕阳红*

——青羊区太升路街道玉沙路社区“玉沙晚枫”老党员工作室示范引领社区诉源治理

一、 背景介绍

青羊区太升路街道玉沙路社区地处市中心，隶属成都市青羊区太升路街道办事处，面积虽仅有 0.3 平方公里，但管辖 12 条街道，辖区内有 64 个院落、4257 户居民，人口总计11 494人。此外，还有众多的宾馆、酒店、大厦、写字楼，20 余家省、市机关单位，260 多家商铺。由于其地方小、人员多、单位杂等诸多原因，导致玉沙路社区经常会有居民、单位等前来投诉以及请求解决矛盾纠纷，社区工作人员每天除了事务性工作之外，还需要处理众多的家庭纠纷、民事纠纷等问题，因此，一段时间以来，在院落治理方面存在一些问题。基于所辖院落众多、单元楼零散分布等原因，社区工作人员难以做到院落整治规范化、院落治理标准化、卫生整治责任落实到院到户。为解决社区治理这些难题，“玉沙晚枫”老党员工作室应运而生，作为一个加强离退休干部党建工作的新载体，聚集离退休干部党员发挥正能量作用，成为成都基层“五老”特色自治队伍在社区的一个典型做法。

二、 创新做法

“玉沙晚枫”老党员工作室借助辖区内省委老干局、干休所等单位优势，凝聚了一批社会各界老干部、老党员、老模范，通过发挥离退休干部党员的先锋模范作用，吸引和带动一批社会老人和青年志愿者参与区域建设和社区发展治理，工作室以五位老党员的名字命名设立五个核心工作小组开展引领社区诉源治理。

---

* 推荐单位：中共成都市青羊区委城乡社区发展治理委员会；指导人：曹策；编写人：焦雁琦。

（一）老彭调解工作室

这是以玉沙路社区志愿者、玉沙路社区金牌调解员彭楷福命名的调解工作室。老彭作为退休老军人，在社区工作多年，调解多起家庭纠纷、邻里冲突。工作室针对居民多元需求，通过上门咨询、微信互动、“和事佬”组团式调解、个案跟踪辅导等方式，形成了线上“网上调解”和线下“社区调解”同步进行的社会化调解工作格局，并以此建设成为推进社区矛盾化解、社区治理创新的一个重要阵地，为打造和谐宜居生活社区发挥积极的作用。

（二）许嬢院落治理研讨会

许嬢作为玉沙路社区七家巷 8 号院落党支部书记，同时也是一位离退休干部。她积极带领院落居民自发成立“微组织”，在七家巷 8 号院基本形成了良好的自治体系。老党员和群众都积极参与院落“微小组”，居民通过“微心愿”反映需求，院落组织掌握“微情况”并通过“微项目”服务院落，在项目方案中居民意见有分歧时，视情况召开居民议事会或居民代表大会，采取少数服从多数的原则民主决策，真正体现“群众的事群众办、院落事务居民做主”。“以前我们院子粉刷楼道墙壁，还是有少数居民不想出钱，觉得院落改造的事情和自己无关，我和院委会成员挨家挨户到这些居民家里，倾听他们的声音，了解他们的想法，再给他们讲院落自治的理念和好处，让他们自己想通，我发现很多居民不是不想出钱，而是还不了解院落自治，更没有形成这样的意识，所以必须先打开大家的心门。”许嬢给大家分享了门卫管理、车辆管理、流动人口管理的经验和方法，摆了一个又一个鲜活而生动的院落自治小故事。

（三）戴嬢环境监督组

由社区老党员戴嬢带头成立环境监督组，以老党员、老干部的身份去检查卫生，监督院落，加强院落卫生整改，做到一院一“老”，切实做好社区环境监督及保护工作，全力配合好社区环保督察工作，及时反馈和处置院落卫生交办问题清单及其他事项，为院落卫生整治保驾护航。

（四）“鲁冰花”政策宣讲队

鲁彬，历任省直机关事务管理局保卫处副处长、办公室副主任、党办主任、局直机关党委副书记、纪委书记、市驻蓉办事处党委书记、局副巡视员。多年的部队生活，使他养成了刚毅坚强的性格，铸就了自己严谨踏实的工作作风。退休后，他致力于社区文化、学习及人际和谐，默默地奉献在社区宣传教育的讲台上，为大家宣讲党的中心任务和重大决策，成立以他名字谐音命名的“鲁冰花”政策宣讲队。在他的影响带动下，一批年轻党员也纷纷走上讲台，慷慨激昂，直抒胸臆，积聚着强大的正能量。

（五）张爷爷故事分享会

张一鸣老革命，1951 年 3 月曾出国参战，担任第二野战军第 12 军第 35 师高炮营电台报话员，战争期间日夜住山洞，在某一晚上行军时，突遇敌军扫射，由于驾驶员经验不足，先停车后灭灯，张一鸣不幸被敌军机枪射中右臂，接近截肢，无法动弹，被判定为二等甲级残废，多年来用左手行动。回国后先在军人荣誉学校就职，现退休在家。以其名字命名的故事分享会旨在让现在的年轻人铭记历史，获得最真实的抗战故事，也让大家能明白目前幸福生活的来之不易，培育大家养成积极向上的健康心态。

三、 主要成效

“玉沙晚枫”老党员工作室运行以来，实实在在地把一个个问题解决在社区，一件件纠纷化解在了社区，赢得了居民口碑，也受到了各级领导好评，并于 2018 年 11 月 10 日接受中共中央办公厅老干部局领导的调研，得到中央老干部局领导的肯定。老彭调解室本着“调防结合，以防为主”的方针，对辖区内的矛盾纠纷发现及时，及早介入，积极调解。老彭调解室是本社区“无积压纠纷、无‘民转刑’案件、无群体性上访”的重要保障，做到了“小事不出社区，大事不出街道”；许孃院落治理研讨会和戴孃环境督查小组设立，社区院落自治能力增强，院委会切实发挥作用，让院落自治有迹可查、有章可循，让自治的方法得到了有效改善，自治的水平显著提高。在社区的帮助和许孃、戴孃的带领下，参与院落自治早已融入七家巷 8 号院居民的生活，成了他们最为乐意做的事情。同时，研讨会成员深入群众，认真倾听群众的意见，重视群众诉求，用真心真情解决院落问题，用真诚的态度让群众满意，用实际行动为创建全国文明城市加分；“鲁冰花”政策宣讲队的成员们，结合自身经历及生活实际，及时收集宣讲素材，尤其是上级召开重要会议或出台重要文件时，宣讲队的成员们都及时采取多种形式，开展一场又一场对象化、互动化的宣讲活动。社区党员张篷说：“这样的宣讲，讲得好！讲得明白！我们听得懂、愿意听，大家更容易记住！”

案例 13

“上善”若水　利民无争*

——四川坤弘律师事务所在青羊区建立调解工作室

一、 背景介绍

为深入贯彻落实《中共中央办公厅、国务院办公厅关于完善矛盾纠纷多元化解机制的意见》《中共中央办公厅、国务院办公厅关于深化律师制度改革的意见》《最高人民法院关于人民法院进一步深化多元化纠纷解决机制改革的意见》，充分发挥律师在预防和化解矛盾纠纷中的专业优势、职业优势和实践优势，健全完善律师调解制度，四川坤弘律师事务所在青羊区司法局指导下，依法设立了成都市青羊区上善人民调解工作室。调解工作室由事务所合伙人投资，组织形式为民办非企业单位，于2017年6月22日在四川坤弘律师事务所正式挂牌成立。作为全省首家以律师事务所投资的调解组织，上善人民调解工作室旨在运用律师专业团队力量参与诉源治理，通过为辖区内群众免费提供法律咨询、调解服务，积极化解民间矛盾纠纷，消除当事人之间隔阂，促进社会成员间诚信友爱，最大限度地争取将矛盾纷争消化在基层，为社会分忧、为群众解难。

二、 创新做法

与传统的社区人民调解委员会人员老龄化、素质层面参差不齐的状况不同，上善人民调解工作室的调解员团队由律师和具有法律专业背景的人民调解员、在校大学生、退休干部、热心市民、社会工作者等本科学历以上的高素质人员组成，目前共有调解员65人，其中专职调解员17人、律师人民调解员21人，队伍平均年龄38岁。同时工作室还率先与医院合作，引进心理学专业的医生做人民调解员，通过科学、客观、公正的方式来提高纠纷调解

* 推荐单位：中共成都市青羊区委城乡社区发展治理委员会；指导人：曹策；编写人：张艳菲。

成功率。

（一）律师主打，专业引领

选择人民调解的当事人很多是基层群众，法律知识欠缺，其调解预期可能不够合理合法，主张所依据的事实和证据也不充分。调解员如果不进行法律分析，只是一味地“和稀泥”、迎合双方，只在金额的多与少上搓和双方讨价还价，这种调解方式的效果不会理想。上善人民调解工作室的调解员大部分是律师，具有良好的法律专业素养，能精准把握纠纷事实和法律适用，以此为依托开展专业调解，善于运用专业法律知识，以案说法，甚至对纠纷进入诉讼后可能出现的结果与风险进行预判，以此劝导当事人自觉排除不当预期，并在此基础上组织双方权衡利弊，促进双方互谅互让，这样就容易达成调解，且成功率高、效果好。

（二）深入社区，普法同行

努力探索践行新时代“枫桥经验”，助推基层社会走出一条自治法治德治相结合、多元参与解难题的治理新路，上善人民调解工作室多次进社区向群众开展法治讲座，重点普及民事法律知识和争议解决程序性法律规定，并先后系统讲解了《人民调解法》的立法背景、立法经过、立法宗旨及主要内容，同时结合工作实际，对人民调解程序、人民调解方法与技巧、人民调解协议书的规范化制作等主要内容进行重点讲解，让群众知道人民调解，了解人民调解。

（三）公调对接，力促稳定

以政府购买服务方式，通过比选，入驻派出所开展“公调对接”，积极参与调解，不仅为群众排忧解难，也切实为派出所节约了警力，有效化解了大量不宜由基层派出所处理的民间纠纷，将矛盾纷争消化在基层。

（四）重案研讨，做好参谋

对于重大群体性纠纷事件，运用专业力量做好基层政府参谋，提出相关纠纷处置建议，参与政府的研讨会议、与当事人的协调会议，积极参与和配合政府机关做好群体性矛盾的疏导、化解工作。

（五）防治结合，标本兼治

上善人民调解工作室在开展纠纷调处和法律服务的活动中，积极引导当事人把矛盾纠纷纳入诉源治理的轨道处理，防治结合消化矛盾纠纷。调解员通过担任政府法律顾问、担任企业法律顾问、担任村（居）法律顾问的优势，在调处纠纷的同时注重推进依法决策、基层普法宣传、群众法律咨询等依法治理层面的工作，在预防纠纷、化解矛盾中发挥重要作用。

三、 主要成效

作为青羊区普法惠民的重要举措，上善人民调解工作室采取全程公共法律服务的方式，在广度上将“依法治国”的相关政策惠及更多群众，在深度上积极参与解决人民群众“怯打官司”“难打官司”“盲打官司”的社会难题，在节省社会公共资源和人民群众成本的同时，将普法于民、惠法于民落到了实处。

2017 年至 2019 年，上善人民调解工作室为居民及企业提供了免费法治培训讲座 17 场共计 1500 多人，进 21 个社区、13 个建筑工地开展人民调解进基层宣传活动，参与群众达 8000 多人，发放人民调解宣传资料 17 000 余份，普法授课 9 场，电话咨询 3100 多个，现场咨询 900 多人次，调解纠纷 330 多件，成功解决 290 件，成功率达 87. 87%，在街道社区邀请下提供物业纠纷咨询并现场调处物业纠纷 50 余次，其中成功引导 2 个小区业主群众依法解决纠纷，避免了群体事件的发生，深受街道社区和人民群众好评。2018 年 12 月，青羊区上善人民调解工作室在成都市司法局的邀请下，已正式入驻成都市公共法律服务中心。2019 年 7 月 1 日，《成都日报》以“把风险防范在源头 把矛盾化解在基层”为题对青羊区上善人民调解工作室进行了专题报道。

案例 14

“暖心故事坊”　为社区家庭分忧*

——武侯区金花桥街道花龙门社区自主搭建社工服务平台调解家事纠纷

一、背景介绍

武侯区金花桥街道花龙门社区外来人口众多，由上班族、经商户、本地居民三部分构成，其中经商者较多，占全部家庭户数的三分之一。花龙门社区不仅人口众多，家庭结构也相对复杂，邻里彼此联系较少，居民家庭中夫妻间的矛盾、婆媳之间的矛盾、子女教育的问题等较为普遍存在。当家庭问题产生时，因为外部缺少有效的援助和化解的渠道，所以家庭矛盾导致打架报警情况时有发生。

花龙门社区为化解这些家庭矛盾，特意搭建了“暖心故事坊”家庭服务平台，不仅通过开展婚姻家庭讲座及沙龙普及幸福家庭理念，也通过家庭教育动力小组、结构性主题培训、线上系列微课堂及持续的家庭个案辅导，对家庭关系中出现的夫妻矛盾、子女教育、婆媳矛盾所引发的各种各样婚姻家庭问题进行干预与指导，从源头上预防和化解社区矛盾纠纷。

二、创新做法

住在尚房国际的肖大姐一家，夫妻关系一直不好，双方性格都比较刚烈，遇到问题就是大吵大闹，严重影响正常生活，给儿女也带来了不少烦恼。在2018年10月的一天，刚吵完架的肖大姐来到花龙门社区寻求帮助，“暖心故事坊”驻点社工接待了她，听其倾诉后分析出肖大姐夫妇吵架的根源在于，其老伴儿贺大哥年轻时曾经有出轨的迹象，肖大姐至今耿耿于怀。为此肖大姐经常拿这事说事，还不分场所和地点来奚落贺大哥，而贺大哥感到脸面丢

* 推荐单位：中共成都市武侯区委城乡社区发展治理委员会；指导人：罗维斯；编写人：黎小燕。

光，儿女也很为难，任其二老折腾。在知道事情的前因后果后，驻点社工邀请肖大姐常来社区坐坐，提供心理方面的服务，倾听她的述说，也邀请贺大哥来社区聊聊天，各自倾诉自己的委屈，并安排专业心理咨询师对他们进行进一步的心理疏导，帮助他们学习处理夫妻关系的技巧来消除误解。在进行了三次疏导劝解和心理咨询后，双方都认识到了各自存在的问题，慢慢地都在改变，目前两位老人生活基本平静。

在处理这类家事纠纷中，“暖心故事坊”家庭服务平台逐渐成熟，有了一套自己的调解工作方法。

（一）运用访谈法、问卷法、观察法进行调查了解

通过问卷法，对社区居民进行走访调查，发放问卷，收集和整理问题；走访家委会、物管等机构，了解社区居民婚姻家庭的状况、存在的问题与可能产生的影响，建立微信群，招募有需求的家庭、志愿者，及时在群里进行答疑；对服务对象进行定期回访和评估分析，发现造成婚姻家庭出现危机的原因。

（二）培育一支暖心志愿者队伍并进行系列培训

培育一支掌握情感关怀技术、拥有一定婚姻家庭问题处理技巧、能处理居民家庭关系和邻里关系的长期服务于本社区的自组织志愿服务队伍。团队共有 10 人，全是来自本社区管辖的居民，平均年龄不到 50 岁，结合工作特点，共开展了 10 场情感关怀技术培训，让他们较快地成为社区情感关怀服务队的成员。

（三）每月开设一次幸福家庭微课堂

开设动力小组，每次一个主题，如夫妻相处之道、婆媳矛盾的处理、隔代教育问题研究、婚姻家庭暴力和冷暴力的处理、邻里关系问题的处理、感恩教育与爱国情怀等，对急需解决的问题和矛盾点先进行培训、互动、指导解决。通过微课堂学习，获得处理家庭问题的技巧与方法。根据社区居民实际需求，利用线上微课和线下讲座对社区居民开展各种专题培训 20 余场，不断提高居民对婚姻家庭的责任感，以及获得解决家庭矛盾的方法和生活小技巧，从而为提高社区居民家庭幸福度起到了很好的效果。

（四）家庭探访及个案跟踪辅导

挖掘有需要的家庭个案进行上门探访，筛选家庭跟踪服务，针对个体家

庭的棘手性事件和危机，请婚姻家庭专家介入，进行家庭干预咨询，针对家庭个性化问题进行详细了解、解答，调解、指导家庭危机的处理，使更多的家庭获益。

三、 主要成效

经过1年的时间，武侯区金花桥街道花龙门社区“暖心故事坊”以预防和化解社区矛盾的工作思路培育出了一支由9人组成的“暖心志愿者”自组织团队。这个团队活跃在社区各个小区、院落，每月进行20余次的上门探访，开展疏导和劝解工作，完成了6个案例，个案工作30人次，直接受益居民1148人次，间接受益居民2200人次，提高了居民对婚姻的认识，帮助部分家庭转变不良的家庭观念及认识偏差，树立起正确的婚姻观和家庭观，显著提高了社区生活的幸福感。

案例 15

“王孃热线”为社区居民架起沟通之桥*

——温江区公平街道长安路社区打造“王孃热线”24 小时服务群众化解诉求

一、 背景介绍

温江区公平街道长安路社区借鉴“枫桥经验”，借力互联网信息技术手段，打造 24 小时 365 天服务群众的“王孃热线”，利用告知牌、微信、微博宣传推广，有效提升群众知晓率、使用率，实现了问题精准收集、精准研判、精准处理，有力解决了辖区群众诉求，打通了服务群众的“最后一公里”。

二、 创新做法

（一）“王孃热线”的组织机制

一个核心：以社区党委书记为核心，负责统领安排“王孃热线”的整体运作。

一个班子：社区分管两委对问题进行初步研判，向反映问题的群众核实情况，分管两委组织实地调查核实后再进行初步回复。

三个管理员：由“王孃热线”管理员负责信件的接收及派单。在一个工作日内由社区两委包片分工派单，建立派单台账。

九支队伍：由小区业主代表、小区协调矛盾党员志愿者队伍、小区环境与物业委员会成员、小区党支部成员、小区物业负责人、小区业主委员会、社区工作人员、社区分管委员、社区包片负责人共同组成一支解决问题的强大队伍。

（二）“王孃热线”的运行制度

1. 限时办理制度。（1）派单时限。由“王孃热线”管理员负责信件的接

---

* 推荐单位：中共成都市温江区委城乡社区发展治理委员会；指导人：罗朗；编写人：张强。

收及派单。在一个工作日内按照社区两委包片分工派单，建立派单台账。（2）办理时限。社区两委收到派单后，一个工作日内到现场了解具体情况，再将问题按照轻重缓急、难易程度分级分类。简单问题，在一个工作日内解决回复；中等问题，在3个工作日内解决回复；复杂问题，以专报形式呼叫街道。（3）延期办理时限。社区两委可根据办理情况申报延期，每次延期不超过3个工作日，单个事项延期不超过2次。

2. 集体会商制度。社区两委接到派单后，针对复杂问题可申请社区两委会会商，共同商讨解决方案，形成专报呼叫街道。

3. 联系问题人制度。社区两委接到派单后第一时间联系当事人核实情况；办理回复时，必须与当事人充分沟通。特别对于短期内不能解决的问题，要实事求是耐心细致地向其宣传解释，努力取得群众的理解和支持。

4. 定期分析制度。社区每季度将对“王孃热线”的热点、难点、重点问题进行分析，了解剖析群众需求，提出合理建议，指导社区抓住后期工作重心。

（三）“王孃热线”的主要特点

1. 便利性。依托互联网的高速发展，“王孃热线”开通多种反映问题的渠道，包括座机、手机App、微信，并在辖区内每一个小区的进出口显眼处张贴热线公示牌。

2. 精准性。“王孃热线”将问题进行精准分类，将小区物业矛盾、环境污染、安全生产等19项问题的反馈系统绑定在社区两委及工作人员的手机上，实现了对群众诉求的精准收集、精准研判、精准处理。

3. 及时性。“王孃热线”限时办理制度，高效率为民办事，缩短办理时长、提高群众评价满意度，解决群众反映的问题。

4. 长效性。“王孃热线”不是一时的，也不是一劳永逸、一成不变的，它将随着时间、条件的变化而不断丰富、发展和完善，形成一个常态化运行机制。

三、主要成效

长安路社区的面积为0.81平方公里，有10个商住楼盘、2个集中安置小区、23 个老旧院落、1 个涉农区域，总户数为11 064户，人口约为24 000人。针对城市化进程加快，外来人口不断增加，物业纠纷、安全生产等日益突出问题，长安路社区走访调研辖区、楼盘，梳理汇总 90% 以上商户、住户的需求、困难类别，在“王嬢热线”平台建立涵盖河道污染、违章搭建、儿童权益保护等 19 项问题反馈程序系统，居民通过小程序反映问题，彻底解决群众的反映诉求“找不到北”“病急乱投医”等问题，同时确保了社区问题收集精确，并且能及时有效处置社区问题。社区创新设立“王嬢热线”，给老百姓和政府之间架起了一座桥梁，构建了一个通道，完善了一种机制，在城乡社区发展治理中，走出了新路，形成了社区发现、街道呼叫、区级部门响应的联动机制，值得群众肯定。

案例 16

关爱成长 法律护航*

——崇州市人民法院创建"杨婷工作室"法治宣教平台有效预防青少年违法犯罪

一、背景介绍

侵害未成年人合法权益和未成年人违法犯罪一直是社会关注的热点。2015~2017 年，崇州市人民法院审理的涉未成年人刑事案件数呈现小幅上涨的趋势，其中 2015 年有 6 件 7 人、2016 年有 13 件 15 人、2017 年有 18 件 31 人。犯罪类型多样化，暴力型犯罪数量增多，且多发生在农村地区，失学、辍学未成年人参与违法犯罪情况较严重。究其原因：一是未成年人自身的问题。未成年罪犯受教育程度低，法治意识淡薄，辨别是非和自我控制的能力差。二是家庭教育的缺失。崇州市有较多未成年人父母外出打工，出现不少留守未成年人，隔代教育现象普遍存在。三是学校管理的疏漏。很多中小学未充分认识到法治教育的重要性和必要性，导致多数中小学生不知道哪些行为可能触犯《刑法》或者《治安管理处罚法》。四是社会负面元素的侵蚀，毒品、色情、暴力和拜金等对未成年人思想和行为产生不良影响。五是监护人及社会各界对未成年人的心理特征缺乏充分认识，未成年人的心理咨询疏导机制不健全。

加强未成年人违法犯罪预防工作和保护未成年人合法权益工作，是新时期扎实推进依法治市的一项基础性工作。基于在审判实践中发现和总结的以上问题，崇州市人民法院认为有必要在全市进行有针对性的法治宣传教育，以预防和减少未成年人违法犯罪，保护未成年人的合法权益。

二、创新做法

以家事审判团队专门审理未成年人犯罪的杨婷法官的名字命名成立的

* 推荐单位：四川省崇州市人民法院；指导人：谢奎；编写人：杨婷。

“杨婷工作室”，挑选了18名优秀的审判辅助人员担任工作室常务工作者，并招募了一批有能力、有干劲、有爱心的人员作为工作室的志愿者，包括教师、律师、心理咨询师、民警、社区工作者等，以“关爱成长，法律护航”为主题，在全市铺开未成年人法治宣传教育工作。活动形式主要包括模拟法庭、巡回审理、旁听庭审、关爱留守儿童专项行动、未成年人自我防护技能提升课堂、小学生行为规范课堂、中学生法治精神培养课堂和亲职教育课堂。

一是选派中小学法治副校长。工作室派出27名法官分别到27所中小学担任法治副校长，根据学校的具体情况和需求制订法治教育计划，协助学校形成未成年人法治教育长效机制。各中小学、高等院校已将法治教育正式纳入学校教育教授课程。二是生动开展青少年法治宣传教育。工作室自主编撰了一本名为《做一个知法守法的青少年》的法律漫画册，并投入学校用于法治宣传教育，同时与市妇联、团市委等部门合作，开展青少年法治夏令营活动。三是组建社会关护员队伍。工作室组建了一支有400名成员的社会关护员队伍，开展未成年人关心、爱护、救助工作，其中98名社会关护员可担任涉罪未成年人的“合适成年人”，具有人民陪审员资格的社会关护员还参加审理涉及未成年人的刑事和民事案件，最大限度地保护未成年人的合法权益。四是探索未成年心理风险化解机制。工作室研制推广了《未成年人心理特征告知书》《未成年人权益保护告知书》《离婚负面影响告知书》，通过“小崇”法律机器人进行网上推送，加强对未成年人的权益保护和心理健康呵护。崇州市人民法院同四川省心理咨询师协会、四川省复员退伍军人医院和崇州监狱签订战略合作协议，由这三家单位为崇州市人民法院提供具有心理咨询资质的人员，以便为涉罪未成年人及民事案件中需要心理咨询和疏导的未成年人提供心理咨询疏导服务。

三、 主要成效

在崇州市委、市政府的统一领导和部署下，形成了市社治委、政法委、法院、检察院、公安、司法局、妇联、民政等多部门组成的预防未成年人犯罪的专业化队伍，其他部门和乡镇政府、社区（村委会）也积极参与，社会各界积极行动，形成了预防未成年人犯罪的综合力量。崇州市人民法院于

2019 年审理涉未成年人刑事案件 14 件，2020 年至 2022 年审理涉未成年人刑事案件仅有 4 件，数量显著减少。通过心理辅导、回访帮扶等方式保护了民事案件、刑事案件中未成年人的合法权益。因工作成效突出，人民网、中国网、中国法院网、网易等 10 余家主流媒体作了 60 余次报道，时任国家关工委常务副主任杨志海对工作室的创新做法予以高度评价。“杨婷工作室”的牵头部门崇州市人民法院少年家事审判庭荣获四川省先进集体，调疏结合心理疏导崇州模式的经验调研文章获 2020 年四川省法院第 21 届学术讨论会优秀奖。“杨婷工作室”于 2019 年被评为四川省维护妇女儿童合法权益先进集体；杨婷法官先后被评为成都市国际营商环境建设巾帼建功标兵、四川省法院百名优秀女法官，2021 年被民政部评为全国农村留守儿童关爱保护和困境儿童保障工作先进个人。

案例 17

心系鱼凫情　心安暖万家*

——温江区打造“诉源治理　鱼凫心安社区”
助推基层社会共建共治共享治理

一、背景介绍

成都温江，古称“柳城”，是4000多年前古蜀鱼凫王国的发祥地，自古以“四河穿流、江水温润”而得名，素有“金温江”的美誉。温江区是成都中心城区的重要组成部分，地处成都平原腹心，东临青羊区，南与双流区连接，西与崇州市接壤，北与郫都区、都江堰市相连，全区面积有276.14平方公里，辖6个街道、3个镇。“半城烟火半城林，一曲江安述古今。”当前，温江区正以“两河一心”营建塑造城市特质，谱写“幸福温江·美好之城”新篇章。为满足人民群众对美好生活期待的根本需求，让人民群众切实感受到公平正义就在身边，成都市温江区委政法委会同温江区人民法院探索创新构建党委领导下多方协同，属地责任明确，运行规范、联动高效的诉源治理工作机制，以“建圈强链”理念变革建立基层社会治理新模式——“诉源治理　鱼凫心安社区”，通过“1+3+N”法治社会治理运行机制，以金马街道友福社区可视化阵地，推动社区自治链、多元解纷链、司法裁判链等3条职能链的深度融合，以点带面拓展诉源治理实效，搭建“家门口”社区法律服务圈，培育共建共治共享的社区法治土壤，让基层群众在生产生活中“心有所安”。

二、创新做法

（一）建强“法治”到“自治”的法律服务阵地

一是法治保障，搭建“家门口”的社区法律服务圈。加强法院与公安、

* 推荐单位：四川省成都市温江区人民法院；指导人：张英；编写人：王荔、杨银。

检察、司法局等部门的协作，吸纳公证、律师等社会法律服务机构力量，线下通过打造镇、社区两级公共法律服务工作站、社区巡回法庭、警务室、检察官工作室等，线上通过公共法律服务热线平台、人民法院调解平台等筑牢社区法律服务圈。二是自治强基，画好市域社会共治“同心圆”。激活社区自治，推出《无讼公约》《社区自治公约》。开展“好家风好家训”“五好家庭”系列评选活动，调动居民参与基层治理工作的积极性，与政府治理、法治保障形成良性互动。三是示范引领，打造“诉源治理 心安社区”可视化阵地。2022 年 7 月，在温江区金马街道友福社区挂牌运行“诉源治理 心安社区”首个可视化阵地，以点扩面陆续挂牌天府街道天府家园社区、柳城街道大学城社区、涌泉街道花土社区等 8 个社区。该阵地由区委政法委总牵头，区委社治委、区法院、区检察院、区公安分局、区司法局共建共治；融合“‘豌豆荚’未成年人保护法官工作室 · 温江站”与“亮晶晶温江启航 · 未成年人检察工作室”的功能，社区法官、社区检察官、社区律师驻点不定期指导、调解，定期收集发布“心安故事荟”，形成案例指导。

（二）完善现代化基层治理司法保障供应链机制

一是突出重点，强化“一站式”诉讼服务保障链。完善温江区人民法院诉讼保障“18 项提醒服务”，健全诉讼服务的全链条运行，实现诉讼服务更精准。设立民事财产保全中心，搭建“1+2”前后台相链接的“一站式”财产保全工作机制，实现保全办理更便捷。建立小额诉讼调度中心，形成“一心六点”的小额诉讼立审执一体化办案架构，采取“集中调度、分段集约、分工协作”模式，确保办案流程更高效。提升执行合同质效，确保营商环境更稳定、更公平。二是多元配合，健全分层递进的线下多元解纷链。指导村（社区）发挥“两委”的主体作用和基层人民调解委员会的作用，健全“五老乡贤”调解机制，完善村（居）民议事会、村（居）务监督委员会制度。积极发挥功能型社会组织作用，吸纳更多社会组织参与诉源治理活动。重点培育物业、婚姻家庭、劳动人事等行业协会商会类社会组织，培育高精尖行业调解队伍，提升行业内自主化解纠纷实效。三是智慧赋能，数字化再造线上社会末梢治理链。紧盯社区、村组这一市域治理能力现代化末梢的信息化建设，健全“呼叫响应”纠纷化解平台，整合“大联动 · 微治理”、综治视联网等，推进“互联网+多元化解”。开展未成年人保护工作站线上平台建设，结合电子诉讼等平台功能的完善，确保“一站式”司法便民功能切实发挥。

三、 主要成效

由党委牵头统筹，通过加强法院、与公安、检察院、司法局等部门协作，吸纳公证、律师等社会法律服务机构力量，打造镇（街）、社区两级公共法律服务工作站、社区巡回法庭、警务室、检察官工作室等，搭建好“家门口”的社区法律服务圈。2022 年 7 月以来，社区法官、检察官、律师指导人民调解员调解纠纷 30 余件（次），形成解纷样板 7 个，开展社区集中普法活动 16 次，覆盖社区居民 6000 人。在做好法治服务的同时，激活社区自治，在金马街道友福社区推出《无讼公约》《社区自治公约》，调动居民参与基层治理工作的积极性，与政府治理、法治保障形成良性互动，让法治规则外化于行、内化于心。金马街道友福社区成立“爱友福志愿服务队”、温江燎原社区搭建小区“红柳 · 市民聊吧”平台，通过社区各种自治组织及骨干力量，积极参与矛盾纠纷的源头治理。在解决温江燎原社区大型小区“格凌兰”停车费涨价、业委会未成立等治理难题过程中，燎原社区充分发挥社区“群众工作之家”的阵地优势，组建“社区代理员+网格代理员+微网格代理员+志愿者代理员”的四级代理员体系，化解了多次串联越级信访事件，确保小事不出社区、大事不出街道，实现小区治理全参与。温江大学城社区创建“谢旸工作室”，面向外籍人士开展中国法律宣传；推广“郑大姐信访调处室”现场处理居民诉求 29 件，调解满意率达 99. 5%。

案例 18

法治“绿萝计划”　助青少年健康成长*

——双流区人民检察院创新探索“9+4 绿萝计划”法治教育检察产品

一、背景介绍

近年来，双流区人民检察院通过对办理的各类刑事犯罪案件特别是700余件青少年犯罪案件的问题和成因进行深入剖析，找出了家庭、学校在法治教育方面的缺失、司法机关缺乏有效的法治教育服务产品等关键问题，是导致青少年之间不能合力处理矛盾纠纷，从而引发犯罪的重要诱因之一。为进一步推进青少年犯罪“诉源治理”工作，双流区人民检察院立足未成年人刑事检察工作，深化同区教育局、团区委等部门的配合，从强化未成年人法治教育出发，创新探索“9+4 绿萝计划”法治教育检察产品和涉罪未成年人强制亲职教育，推动法治教育从未成年人向家庭、学校延伸，将法治教育落实到每一个家庭，从而实现“诉源治理”工作落实到最基层。

二、创新做法

（一）坚持谋划在实，筑牢“诉源治理”工作基础

立足问题，以未成年人及其家长能够听懂、看懂、触摸到的真实数据、案例、场景等形式，实事求是地制定适合不同年龄层次的未成年人心理实际的法治教育产品“9+4 绿萝计划”，并每年根据当前未成年人群体中的热点问题对产品内容进行适当调整，确保教育产品的有效性。同时，针对办理的未成年人刑事案件，建立对涉罪未成年人及监护不当的家长的强制亲职教育制度，提升其守法意识。

---

* 推荐单位：中共成都市双流区委城乡社区发展治理委员会；指导人：刘阳；编写人：吴拓、陈子涵。

（二）健全支持体系，确保“诉源治理”质量优

一是谋求公益组织支持，健全服务模式。针对面向全区近百所学校十余万名学生开展法治教育的检察人员力量不足的问题，与成都市双流区泰和社会工作服务中心合作，在区人民检察院的指导下，共同研制出解决校园安全法治问题的“9+4”检察产品的具体内容，并由该服务中心提供主要的教育服务。二是争取机关学校支持，拓宽教育覆盖范围。以落实“一号检察建议”、法治副校长等工作为依托，主动向区委宣传部、区教育局以及双流中学、棠湖中学、四川省民政干部学校、四川省旅游学校等机关、学校宣传推广教育服务产品，争取上述机关、学校对工作的支持。三是争取法律共同体支持，丰富“诉源治理”内容。主动联系法院、公安、司法局、高校法学院、律师协会、政法院校校友会等法律从业团体，多元化把各项资源投入运用于“9+4”校园安全法治教育检察产品和强制亲职教育之中。

（三）开展课程实践，提升“诉源治理”工作效果

一是大力开展“小小检察官·法治夏令营”活动。与法院、公安、司法行政机关及教育部门协作，组织未成年人及其家长500余人次参与法治夏令营活动，通过表演法治情景剧、观摩刑事案件审判、参观和体验检察机关办案等方式，把各种课程均融入法治夏令营当中。二是常态化开展送法进校园活动。按照“9+4绿萝计划”的内容规划，广泛到各学校开展庭审进校园、法治知识竞赛、典型案例解答、模拟法庭演练等多种形式的法治教育课堂20余次，通过活动取得的实际效果不断提升该检察产品的影响力。三是邀请专家参与强制亲职教育，提高亲职教育的实际效果。如邀请四川师范大学心理学研究生院的心理咨询师对两名犯罪的未成年人及监护不当的家长开展亲职教育和心理疏导，通过教育和疏导，促使未成年被告人及家长均向对方承认了错误，及时化解矛盾纠纷。

三、主要成效

自推行“9+4绿萝计划”校园法治教育工作以来，该工作获得了省市区各级人大代表及社会各界的肯定，相关工作经验在全国检察机关“创新未检、守护明天”主题研讨会作交流，并被正义网等各类媒体报道。“9+4绿萝计

划”的“向校园欺凌说No！”微电影教育片获评“平安成都”微电影微影视微动漫优秀作品。联合区教育局开发的双流区教育资源云平台，以网络辐射的方式，将制作的未成年人法治宣传资源上传分享到全区所有中小学校，利用智慧未检云平台，开发了“校园法治小课堂”系列微视频，通过双流区教育资源云、双流区教育局微信公众号，实现了双流区学校全覆盖。“亲情回归之家”等3处未成年人观护、社会实践、法治教育基地和2处法治教育基地被纳入四川省84家基地名单。2019年12月，双流区人民检察院未成年人刑事检察部门被省妇联评为全省维护儿童合法权益先进集体。

第三节　深化机制创新，筑牢前端治理防线

案例 19

打造“家和促进”三级载体 联建社区“诉源治理”前端共治体系*

——彭州市首创“社治+法院”城乡社区“家和促进”前端共治体系

一、背景介绍

为进一步提升基层治理体系和治理能力现代化水平，深化城乡社区“诉源治理”，从源头上预防和化解社区矛盾纠纷，彭州市委社治委牵头，彭州市人民法院主动参与，联合民政、司法、公安、妇联等20余个部门，在全国首创“社治+法院”的城乡社区“家和促进”前端共治体系，激发基层治理内生动力，构建前端多元解纷新机制、系统创新基层共治服务，有效实现居民自治、法治保障、社会调节的良性互动和深度有机融合。自2018年5月开始，彭州市在市、镇、社区分别建立“家和促进”基地、中心、单元“三级”运行载体，为社区群众提供全天候、全时段、全方位的教育、普法、文化、咨询、疏导、调和、诉讼和帮扶等八大共治服务，化解各类常发性基层社区纠纷，将优质法治服务精准投送到社区和群众的“家门口”。

* 推荐单位：四川省彭州市人民法院；指导人：李雪榕；编写人：刘红、李赟。

二、创新做法

自2018年5月以来，彭州市深化城乡社区诉源治理，全国首创“社治+法治”的城乡社区“家和促进”前端共治体系，激发基层治理内生动力、构建前端多元解纷新机制、系统创新基层共治服务，有效实现居民自治、法治保障、社会调节的良性互动和有机融合，助推建设高品质和谐宜居生活社区。

（一）有机众筹“三治”力量，奏响基层治理“大合唱”

社治委统筹，法院主导，集成民政、司法、卫计等20余个部门的共治力量，并重点调动67名家事调查员、65名家事调解员、10名心理疏导员、16名社区乡贤等社会自治力量共同参与，法院选派优秀指导法官与试点社区结对指导，切实将社治、法治、自治有机融合，开展常态化共治活动和纠纷化解工作。

（二）全程瞄准“三前”目标，画出基层解纷“同心圆”

搭建市、镇、社区“家和促进”基地、中心、单元三级载体。重点运行社区“家和促进”单元，对咨询性、纠纷性、帮扶性事项进行分类管理，重点关注纠纷性事项线索和前端处理情况。建立纠纷属地下沉吸附平台，全天候掌握纠纷发展动态，社区干部联同乡贤等自治力量先行化解，确实无法化解的，提请法官介入联调，实现纠纷的前端防控、管理和化解。

（三）全力打造“三化”载体，练好基层服务“真功夫”

建强“1+1+3+X”的专业化服务团队，在每个试点社区择优选派1名指导法官，聘任1名社区工作者和3名基层乡贤作为定点辅导员，并在联动解纷中邀请专业对口的不定数共治成员参与。专设“家和促进”窗口，指导法官定向指导，定点辅导员定期坐班，同步公开联系方式，线上线下不间断提供家事教育、普法、文化、咨询、疏导、调和、诉讼、帮扶等八大服务，实现服务模式集成化和内容项目化。

三、主要成效

目前试点区域已扩大到彭州市20%的社区，矛盾纠纷实现100%前端防控和有效化解，多元共治实效显著。此项改革多次受到四川省高级人民法院院长王树江批示肯定，成都市委《每日要情》予以推介，《人民法院报》《四川日报》《四川法治报》等媒体宣传报道，群众广泛好评。

（一）实现服务团队专业化

建成由“1名法官+1名社区工作者+3名定点辅导员+X名共治员”组成的社区工作团队，在社区择优选派1名优秀指导法官，择优聘任1名经验丰富的社区工作者和3名调解能力强、群众口碑好的基层乡贤作为定点辅导员，在联动解纷中邀请专业对口的共治成员单位参与。通过专业团队和专业服务为社区居民提供高效便捷、低成本的矛盾纠纷化解通道，提升了化解矛盾纠纷的能力和实效。

（二）实现服务内容多元化

将“家和促进”融入社会治理和平安社区建设之中，整合成员单位优质性资源，联合开展家事教育、普法、文化、咨询、疏导、调和、诉讼、帮扶等八大服务，实施全流程多级共治服务，不断提升居民法律意识，培育和顺家风，修复纠纷创伤，护航依法维权，解决群众实际困难。

（三）实现服务模式集成化

以“固定+灵活”“线上+线下”的方式，为社区居民提供全天候、全时段、全方位的不间断服务。线上依托“天府市民云”App打造彭州市民云“家和促进”单元板块和微信线上服务模式，实现“网来网去”解决居民问题。线下公开共治团队联系方式，由指导法官、定点辅导员联合社区金牌调解员在社区定期坐班，实现“居民不跑冤枉路、矛盾纠纷有人管”。

案例 20

党建引领　还权赋能　共同建设“无讼社区”*

——大邑县多元联动共推基层社会治理现代化

一、 背景介绍

大邑县立足基层治理新形势、新特征，破解基层社会发展中的矛盾加剧难题，依托社区平台，完善“党委领导、政府负责、社会协同、公众参与、法治保障”的社会治理体制，确保“大事不出镇街、小事不出社区”，实现矛盾纠纷源头化解，有效维护社区和谐稳定，被央视《新闻直播间》誉为新时代“枫桥经验”。

二、 创新做法

（一）“一核多元”构建城乡社区治理体系

一是强化党组织核心领导。增强党组织覆盖，在符合条件的居民小区、院落等单元建立党组织，在符合条件的物业机构、社会组织、集体经济等组织中建立党组织。提升党组织服务能力，推进社区网格“微治理”，完善党员联系住户、“社区夜话”、“红马甲”制度。建立区域化党建联席会制度，引导社区党组织与驻区单位签订服务项目书，推动驻区单位与社区共建共享。

二是提升社区自治能力水平。完善社区事务联席会制度，搭建议事协商平台，畅通不同群体民意诉求渠道。优化完善治理机制，在小区、院落建立业主委员会、院委会，鼓励退休干部、老党员和“新五老”进入议事会。培育社区社会组织、自组织和志愿者队伍等自治力量，发挥村规民约的自律规范作用，引导居民参与形成“无讼”公约十条，实现居民自我教育和自我管理。

三是鼓励社会多元协同参与。创新培育人民调解联合会、企业家协会调

---

* 推荐单位：中共成都市大邑县委城乡社区发展治理委员会；指导人：马丽莎；编写人：黄国玉。

委会、法治保障促进会等专业社会组织，推动人民调解法治化、协同化、专业化。鼓励社会组织承接调解工作，牵头调处本行业、本区域的矛盾纠纷。鼓励人民自主调解，设立调解工作室，芙蓉社区“王大爷调解室”、和众社区“老吴调解室”等品牌调解室作用凸显，调处成功率达95%。

（二）“五项举措”筑牢社区纠纷调解“第一道防线”

一是激活调解组织。由居民代表大会选举产生社区人民调解委员会，由社区威望高、懂法律的“新五老”任主任和成员，组建专职调解委员会，承担村（社区）居民纠纷调解职责，有效激活纠纷调解最基层组织。

二是建强调解队伍。人民调解员重点从社区内热心公益、德高望重、有一定专业素养的居民骨干中选举产生或聘任社区律师、基层法律工作者组成，完善调解员值班、会商、报告等制度，提升了整体能力素养。

三是建好调解阵地。设立社区“无讼空间”，整合矛盾纠纷调解室、心理辅导室、“法律之家”、“群众工作之家”。整合人民调解、行政调解、司法调解等专业力量，植入成都市中级人民法院“和合智解”e调解在线解纷平台，畅通“诉调对接”四级平台，打造社区“1+N”综合调解平台，居民在社区即可接受便捷的线上、线下解纷服务。

四是强化司法确认保障。对双方当事人达成的调解协议，以人民调解委员会名义出具调解协议书，审查后依法予以司法确认，赋予调解结果与法律文书同等效力和法律执行力。建立季督察制度，采取“以奖代补”形式，推行人民调解个案奖励，实现了调解率、调解成功率、群众满意率“三上升”。

五是畅通“诉非对接”渠道。在县法院、基层人民法庭、乡镇（街道）工作站、社区“无讼空间”设立“诉非对接”四级联网平台，对在社区“1+N”综合调解平台化解不了的矛盾纠纷，引导通过社区工作站“诉非对接”平台网上立案，提高法院诉讼服务的实效性。

（三）“三大支撑”助力实现基层纠纷调解“三化”

一是部门职能下沉助推纠纷调解专业化。推动部门力量下沉到社区，形成“社区呼叫、部门响应”联动调处机制，协调解决征地拆迁、安置房分配、劳资纠纷等行业性矛盾纠纷。县法院向乡镇选派1名优秀法官，派出所、司法所、法律援助中心等下沉到村（社区），定向化解社区矛盾。总结研判案件共性问题，县司法局开展“法律七进”活动，开展巡回审批、以案说法活动，织密普法网络，引领居民知法、守法。

二是信息资源共享平台助推纠纷调解精准化。依托县综治中心“信息中枢系统”，完善乡镇、社区综治中心建设，整合“9+X”网格化服务管理、网格员矛盾纠纷“随手调”信息，对各类纠纷适时分析研判，及时启动应急响应，快速实现诉非分流。创新运用“雪亮工程+”，搭建“智慧社区”服务平台，通过人脸识别等智能手段，加强对社区矫正人员、精神障碍人员等特殊人群的监管，提高风险防控的精确性。

三是“一校”助推纠纷调解队伍职业化。在全省率先建立大邑矛盾纠纷多元化解培训学校，由第三方专业管理，将法官、调解员、律师、心理咨询师纳入培训师资库，开设常见纠纷法律课程，通过旁听庭审、社区现场教学和网络培训等方式，提高专兼职调解员、网格员化解矛盾的水平。

三、 主要成效

“无讼社区”建设不仅修复壮大了人民调解队伍，而且建立了多元调解机制，在公权力和公民之间培育孵化了一批专业成熟、居民认可、办事公道的人民调解队伍，在中国的社会结构下，补足了社区自治缺失的重要一环。“无讼社区”从问题导向转向目标导向是成功的，促进了政府与居民合作共治，实现了公共利益最大化；从自发到自觉理论体系构建的过程是成功的，取得了阶段性成效；从消极政府理念到积极政府理念更新的过程是成功的，推动了治理能力的提升。

案例 21

专业调解志愿者联盟护航区域发展*

——青白江区弥牟镇建立调解志愿者联盟化解重点区域矛盾纠纷

一、背景介绍

近年来，随着青白江区经济社会快速发展和对外交流日益增多，区域内矛盾纠纷日益凸显。为避免这些纠纷大量涌入法院，青白江区坚持问题导向，丰富和发展“枫桥经验”，主动培育和协同优质调解资源，组织司法、综治等部门在辖区弥牟镇建立调解志愿者联盟。调解志愿者联盟充分发挥“调解跟着矛盾走”多元化解的调解作用，实行矛盾纠纷“会诊”机制，针对辖区内环境污染、征地拆迁、劳动争议、房产领域、医疗纠纷等重点领域和新业态、新领域出现的新问题，持续推进重点领域专业调解，使更多的纠纷在诉外解决，进一步防范“诉”的产生确保各类易发多发矛盾纠纷得到有效遏制，实现将矛盾纠纷化解在基层，解决在萌芽状态，推动了“诉源治理”工作的社会化、专业化、实效化。

二、创新做法

（一）搭建调解平台，组建调解志愿者队伍

建成 15 平方米的联盟工作室，配备调解桌椅、触摸式一体机、图书、急救药箱、雨伞等便民用品，供群众便捷有效地查阅法律知识、翻看典型案例等，设计联盟特有 Logo，增强辨识度和记忆度。建立由社会组织机构、人民调解机构、行政调解机构、司法调解机构和法学会构成的联盟专家库，采取推荐和招募相结合的方式，选拔法院法官、本地德高望重和经验丰富者、区法学会专家、各领域专业人才共 103 名，组建调解志愿者联盟。截至 2021 年，志愿者联盟专家库常驻专家已达 65 名。

---

* 推荐单位：四川省成都市青白江区人民法院；指导人：张德荣；编写人：李耿、杜烨。

（二）树立目标宗旨，打造品牌形象

调解志愿者联盟坚持以近距离化解矛盾、零距离服务群众为目标，以巧解群众“千千结”为宗旨，通过纠纷调解、以案释法、政务公开等多种方式，打造群众与基层工作人员交流空间，丰富群众之间、群众与政府之间沟通交流的渠道和形式，促进理性互动，探寻解决社会矛盾的新途径，确保已排查矛盾“消化吸收”，已调解纠纷“不再反弹”。

（三）优化解纷流程，实行纠纷分类化解

立足破解群众接受程度低的问题，进一步优化解纷流程，全部矛盾纠纷进行繁简、类型等综合评定分类，实行建档建册管理机制。基层组织调解员主要化解邻里纠纷，行业调解员主要化解行业纠纷，法院调解员主要化解较为复杂的矛盾纠纷，让专业的人做擅长的事，矛盾纠纷分类“挂号”，专业化流转处理。

（四）纠纷精准分流，着力专家会诊

秉承“简化流程，提高效率”的原则，整合专家库资源，以群众自愿选择调解员为基础，引导纠纷分流进行调解，一次调解不成可另选专家或由多领域专家联合调解，法官可同步介入提供调解指导，优化调解资源配置的同时，提高了调解的成功率、准确性和执行力，从而实现由“单一对口调解”向“多元联合调解”的转型。

（五）三色分级调解，解纷精准高效

按照“特别重大、重大和一般”三个等级，对登记受理的矛盾纠纷分别对应实行红、橙、黄三色分级调解督办。红色督办级别的，由党政领导包案稳控化解；橙色督办级别的，由区法学会专家集中会诊；黄色督办级别的，由联盟调解专家进行调解，充分调动区域内的解纷力量，实行全面联动、协同合作的诉源治理模式。

三、主要成效

（一）运行效果不断彰显

调解志愿者联盟自2018年运行以来，截至2021年，已登记受理案件211件，其中重大案件（红色预警）9件、普通案件（橙色预警）113件、简易案件（黄色预警）89 件，简易、普通案件综合化解率达 100%，重大案件化解率达 88.9%。

（二）信访结案得以消化，实现诉源“治愈”

调解联盟立足掌握实情、解决问题，将该镇近年来镇、村两级 1200 余件信访案，根据纠纷原因、纠纷情况、涉及人员、化解时长等进行分类梳理剖析，摸清矛盾纠纷产生的源头，逐渐探索总结出一套针对该区域突出矛盾纠纷科学分级化解的方法，真正实现纠纷源头治理。

（三）基层组织能动性得到调动，群众满意度提高

切实转变了过去被动调解模式，主动下沉重心、前移关口，充分发挥基层组织调解员能动性，深入院落听取群众心声，发现诉源排查风险，主动上门服务开展调解工作，将矛盾纠纷主动控制于当地，化解于诉讼前端。

案例 22

共推商会调解　为民营经济发展助力*

——崇州市工商联联合崇州市人民法院成立崇州市商会人民调解委员会共解民营经济纠纷

一、　背景介绍

近年来，崇州市民营经济发展迅速，增强了全市的经济实力，推动了科技进步，在优化产业结构、培育聚集人才、增加就业岗位等方面也产生了积极作用。但是，民营企业在享受高速发展喜悦的同时，仍面临着市场风雨、法律障碍和体制束缚等考验，特别是大量纷争的出现，反映出民营企业自身问题和侵害民营企业权益的现象时有发生。崇州市人民法院每年受理的各类诉讼案件总件数中，民营企业涉诉案件一直占较高的比例。据统计，2016 年、2017 年、2018 年分别审结民事案件 3250 件、3653 件、4086 件，其中涉民营企业案件数分别为 1251 件、1580 件、1991 件，占全部民事案件的 38%、43%、49%，案件数量逐年递增、比重逐年加大，部分民营企业“官司缠身”的现象较为突出。

针对涉民营企业案件逐年上升的现象，崇州市人民法院积极开展涉民营企业案件诉源治理工作，多次与崇州市工商联对接和座谈，努力把企业纠纷化解在诉外。在崇州市人民法院指导下，崇州市工商联成立了崇州市商会人民调解委员会。2019 年 2 月 20 日，崇州市商会人民调解委员会调解室正式入驻崇州市人民法院诉讼服务中心并开展工作。同年 3 月 14 日，崇州市人民法院与崇州市工商联联合印发《关于发挥商会人民调解委员会优势推进民营经济领域纠纷多元化解机制建设的实施办法》，旨在充分发挥商会调解优势，加强诉调对接工作，推进民营经济领域纠纷多元化解机制建设。

---

* 推荐单位：四川省崇州市人民法院；指导人：刘海涛；编写人：易春艳。

二、 创新做法

针对传统诉讼调解中调解时机不佳、冲突及对抗性强、调解被动性强、成本高、时效严格与程序烦琐的特点，崇州市商会人民调解创新工作制度，建立排查预防、协调会办、跟踪回访等相关制度，加强商会人民调解组织和队伍建设，致力于为非公有制经济持续健康发展提供有力保障。

（一）吸纳社会力量，积极主动化解纠纷

以商会调解组织调解为主，吸纳社会各界协同参与调解。崇州市商会人民调解委员会挂牌成立驻崇州市人民法院调解工作室，聘请两名专职调解员处理日常调解工作，同时，不断吸纳崇州市工业区管委会、工商联、总工会、市场监管局、人社局等部门工作人员以及人大代表、专家学者、律师等作为调解的后备力量。人民调解员可根据调解纠纷的需要，在征得当事人的同意后，邀请当事人的亲属、邻里、同事及上述人员参与调解。

（二）重视风险防范，建立纠纷排查预防机制

崇州市商会人民调解委员会遵循重在预防、积极化解纠纷、消除风险隐患的工作原则，建立排查预防的工作制度。不同于司法被动性的特征，崇州市商会人民调解委员会制定了排查预防制度，定期组织开展矛盾纠纷排查活动，重大节日、活动及社会敏感期临时组织开展矛盾排查活动，对排查中发现的纠纷苗头及隐患，主动采取积极的防范措施，努力消除不安定因素。把握好调解的最佳时机，以最小的成本和最缓和的方式实现各方争议的化解。

（三）借助司法资源，创新调解工作方式

崇州市商会人民调解委员会在崇州市人民法院的指导下挂牌成立全省首个商会驻人民法院调解工作室，不仅能第一时间为案件繁简分流提供组织、人员保障，更是在办公场所上借助法院既有的公信力与权威性，赢得纠纷各方当事人信任。调解方式上，借助“和合智解”e调解平台，实现线上申请、调解、确认，减少当事人诉累，实现线上线下的有机融合。同时，建立商会企业微信群，对出现的纠纷可及时在微信群内与调解员进行沟通和化解。

三、 主要成效

2019年2月20日至12月月底，崇州市商会人民调解委员会共受理327

件案件，调解成功165件，其中达成人民调解协议并出具调解书156件，6件进入司法确认，当场履行3件，调解成功率为50.46%。调解成功的案件中：合同纠纷占48.2%，民间借贷纠纷占33.4%，劳资纠纷占8.7%，其他纠纷占9.7%。

（一）商会调解权威性及公信力不断增强

崇州市商会人民调解委员会成立后迅速完善细化相关工作制度及调解方式，“首战告捷”当事人当场给付，经宣传报道后，商会人民调解的高效、快捷、低成本等优势在小范围内得到迅速传播，为后续案件的受理和调解奠定基础。

（二）弥补了民营企业间纠纷量变到质变期间无权威第三方可介入调解的空白

商业行为必然伴随着利益纠纷，民事诉讼虽为民营企业维权指明了一条有效道路，但因其强烈的冲突性与对抗性，往往是企业间最后的选择，商会人民调解委员会为在纠纷各方矛盾尚未激化质变之前缓和地解决纠纷提供了可能，为各方当事人的持续合作、健康发展奠定了基础。形成的调解协议具备法律效力，经司法确认后具备强制执行力，以柔和的调解方式为各方达成的解决方案提供了强有力的法律保障。

（三）与崇州市人民法院互相配合，实现诉前案件分流

设立商会调解组织驻法院调解工作室，有利于完善法院与调解组织之间实现信息互通和数据共享，加强工作沟通交流，为案件繁简分流机制的完善，提供组织及人员力量。

案例 23

靠前站位　能动解纷*

——新津区人民法院打造涉产业功能区纠纷诉前化解机制

一、 背景介绍

2017 年成都市在产业发展大会上作出“统筹布局建设 66 个产业功能区”的重要决策部署，2019 年，印发了《2019 年成都市产业功能区建设工作要点》，产业功能区已经成为城市转型的先导区、产业升级的主战场、社会转轨的试验田。伴随着产业功能区的不断发展和建设，如何在前端妥善化解涉产业功能区的纠纷，更好地服务和保障产业功能区发展，成为人民法院深入推进诉源治理工作的又一重要课题。目前，天府智能制造产业园、中国天府农业博览园、成都梨花溪文化旅游区“两园一区”产业功能区位于新津区域内，分属新津区人民法院三个人民法庭管辖。新津区人民法院立足产业功能区建设中的新定位，全面构建涉产业功能区纠纷前端化解机制，在减少纠纷进入诉讼的同时，切实强化服务保障产业功能区的实效性，积极营造良好的国际化营商环境。

二、创新做法

为全力服务保障产业功能区建设，新津区人民法院以建立“三大抓手”、聚焦“三大环节”、依托“三大平台”为着手点，通过做实机制建设、做优审判环节、做细司法服务，全面推进涉产业功能区纠纷前端化解。

（一）建立“三大抓手”，以机制促化解

一是建机制。出台《服务保障国际化营商环境建设实施意见》，与区政府联合下发《加快处置“僵尸企业”助推经济转型升级的实施意见》，全面助力产业功能区的经济转型升级。二是重延伸。组建以“专业法官+网格力量”

---

* 推荐单位：四川省成都市新津区人民法院；指导人：李静；编写人：刘建鑫。

为主体的前端服务保障队伍，以“点对点”“一对一”的形式走进产业功能区，及时掌握和反馈产业培育、项目引进、企业发展过程中的司法需求。三是强研判。组建房地产、买卖、劳动争议、股权等专项调研课题小组和法律风险预判小组，主动对涉产业功能区的多发和疑难案件进行专题分析和研判，为企业发展、项目引进、产业升级等提供司法数据支撑。

（二）聚焦“三大环节”，以审判提效能

一是聚前端。主动参与产业功能区重大疑难问题、群体纠纷、历史遗留问题的协调处置，针对性提出预防和化解建议。二是聚中端。利用产业功能区巡回点和旅游法庭，定期安排法官选取典型案例到产业功能区巡回点开展巡回审判，并随案开展法治讲堂，发放《民营企业法律风险提示书》，全面提升功能区企业的法治化水平。三是聚后端。建立涉产业功能区案件判后释疑和回访常态化工作机制，引导案件当事人正确认识和看待司法判决，督促当事人主动及时向企业履行法律义务。

（三）依托“三大平台”，以服务强法治

一是坚持“调先行”。定期安排法官诊疗室的法官到产业功能区巡回审判点开展“坐诊”服务，联合人民调解员、志愿律师等人员为产业功能区的企业开展问诊服务，实现纠纷就地及时化解。二是坚持“走出去”。创新打造“企业小课堂”“进企业、明需求、促发展”的法治讲堂平台，选取典型案例对企业管理和发展过程中存在的法律问题进行深入讲解并现场提供法律咨询，推动企业自主化解相关纠纷，避免纠纷进入法院。三是坚持“造氛围”。充分发挥司法裁判的规范引导作用，通过采取在新媒体平台开设国际化营商环境专题宣传栏目、邀请企业高管和员工走进法庭旁听典型案件审判、制作发放《法律在你身边（企业版）》宣传手册以及到产业功能区开展专题宣传活动等形式，增强企业的经营风险能力和防御风险能力，引导企业规范管理、诚信经营。

三、主要成效

（一）服务保障措施不断细化

2018 年以来，前端服务保障队伍开展走访调查 800 余次，收集相关司法需求 100 余条。围绕产业功能区高质量发展目标，形成的《建立破产审判府院联动机制》调研报告获得县委主要领导的肯定批示。

（二）服务保障实效有效提升

2018 年以来，开展进产业功能区案后回访活动 200 次，常态化解答释疑 1000 余次。邀请上级资深法官开展讲座 20 余次，组织“进企业、明需求、促发展”活动 120 余次，邀请企业高管、企业员工走进法庭旁听案件 500 余人次，企业法治化水平不断提升。

（三）服务保障举措得到肯定

2019 年，服务产业功能区建设、公园城市建设等相关做法得到区委、区政府主要领导的肯定批示，被区委办、区政府办的《每日汇报》专刊全文刊发，并转发给全县各级各部门学习借鉴。此外，服务产业功能区建设做法被《四川法治报》等主流媒体刊发。

案例 24

首创"1+1+4R"修复机制 打造新时代生态保护司法供给新模式*

——崇州市人民法院深化环境资源保护领域诉源治理

一、背景介绍

2017年以来，崇州市人民法院自主探索环境资源审判机制改革，并将其与诉源治理工作有机结合，系统强化环境资源案件的源头预防、源头治理和源头化解，推动形成保护大格局，合力提升共治真本领，创新探索修复新路径，初步形成新时代生态保护司法供给新模式，有力保障人民群众生态权益。

二、创新做法

（一）创新"1+2"工作机制，以生态理念为先导，抓好源头预防

首创"1+2"环境资源工作机制，"1"即代表法院法官，"2"即代表2个具体延伸环境资源审判的触角，从点线面三个维度融入环境资源治理体系的"大盘"。从面上，以"1+2个领导小组"为牵引力，绘制"三图一表"，环境治理与环境审判同谋划共推进。主动争取成为崇州市环保工作领导小组和创建国家全域旅游示范区领导小组成员，2017年以来参会议事达77次，全程参与、深度介入环境保护的各个环节，全盘掌握第一手信息，绘制"三图一表"，即环境资源保护重点区域图、刑事犯罪易发区域图、民事纠纷多发区域图和推进工作时间进度表，做到提前预判，分区治理。从线上，以"1+2个工作室"为辐射力，根植"三个理念"，生态保护与司法保护同宣传共发展。树立"维护权益、注重预防、公众参与"的现代环境资源司法理念，"晓双工作室""杨婷工作室"深入校园、社区、乡镇，利用"6·5世界环境日"、节假日、地方会期等时间节点，通过以案说法、庭审直播、发布典型案

---

* 推荐单位：四川省崇州市人民法院；指导人：冯毅；编写人：易春燕。

例、模拟法庭等形式，积极开展环境保护主题宣传30余次，增强环境资源审判的公开性和公信力，将环境保护法治元素融入其中，潜移默化地传播法治精神，作绿水青山的守卫者。从点上，以“1+2个工作站”为推动力，开展“三巡”，环境整治与司法威慑同展开共治理。成立四川省首家“河长办+法官工作站”，制定《崇州市人民法院关于河长办法官工作站工作开展的实施意见》，15名员额法官对应全市15条主要河段，提供“一对一全覆盖”司法服务，巡河情况书面报告市委、市政府，得到市委、市政府领导的肯定，意见和建议被相关职能部门采纳；设立“国家大熊猫公园成都片区法官工作站”，制定《崇州市人民法院关于国家大熊猫公园成都片区法官工作站工作开展的实施意见》，3次26人开展“三巡”工作，即“巡回审判、巡园查看、巡回宣传”，同步开展执法办案、司法宣传、法律服务等工作。

（二）创新“1+N”多元共治机制，以群策共治为根本，抓好源头治理

以法院作为基点，与公安、检察院等司法部门共同推进，与环保、国土、农林等行政部门畅通信息、顺畅衔接、联合联动，形成“1+N”的多边合作共治机制。一是建立信息共享机制。基于环境资源损害案件的公益性、复合性、专业性特点，积极推进多元化纠纷解决，与环保、国土、农林等部门畅通信息沟通，完善诉讼与行政调解、人民调解等非诉讼纠纷解决机制的协调配合，将大量生态环境纠纷化解在矛盾萌芽阶段，诉前成功化解涉环境资源纠纷7件。二是健全司法衔接机制。与检察院、公安局等部门联合出台《关于建立环境保护行政执法与行政诉讼（执行）、刑事司法衔接工作方案》《关于建立生态环境资源领域案件办理协作机制的意见》，组织环保局、综合执法局等22家单位召开两法衔接会5次，推进环境资源司法与执法有效衔接，形成环境司法保护合力。三是探索联合执法机制。与农发局、环保局等涉环境资源保护部门无缝对接，构建环境资源行政执法机关与司法机关的日常联络、专案会商、技术协助等联合惩处机制，指导专项联合执法活动19次，对发现的镇政府巡查不力、行政部门拖延执法等问题，及时向相关执法部门发出司法建议2份，构筑联动、预防、打击“三位一体”生态司法保护机制。

（三）创新“1+1+4R”修复模式，以生态功能为重点，抓好源头化解

一是争取专业支持。发挥生态专家专业领域优势，聘任西南财经大学教

授和大气污染、水污染控制、动物学、生态学等环境保护领域的7名专家学者成立专家咨询委员会，为生态环境资源保护工作提供决策参考和专业技术支持，从纠纷源头开始介入，提出专业意见和建议，提升环境资源案件防治的科学性、合理性。

二是探索“4R”修复模式。坚持“修复为主、补偿为辅”的办案原则，协调相关部门共同制定修复方案，邀请水利、农林等专业部门指导，落实以生态环境修复为中心的损害救济制度，探索“原态修复、代偿修复、劳役修复、异地修复”的生态修复“4R”修复模式，共计补种树木1680棵，回填土地11余万立方米；定期与相关部门开展生态修复“回头看”活动，确保惩罚犯罪与生态修复双重效果。

三是打造生态修复教育基地。深入推进“翡翠之城　康养崇州”行动，与崇州市农发局达成会议纪要，由崇州市人民法院在鸡冠山森林公园建立生态修复教育基地，涉案被告人通过涉林刑事案生效判决确定的补种复植义务，在农发局下属国有林场开展生态修复活动。加强院校合作，鼓励中小学生参与环境资源生态修复建设，努力把教育基地建成“司法实践学校”“法律教育讲堂”“学法普法窗口”。

三、主要成效

改革以来诉源治理成效突出，涉环境类案件的收案数和信访数实现“双降”。2018年涉环资类案件的收案数中民事案件有20件、刑事案件有1件、行政非诉案件有7件、执行案件有9件、行政案件有172件，合计209件。2019年涉环资类案件的收案数中民事案件有5件、刑事案件有4件、行政非诉案件有6件、执行案件有10件、行政案件有151件，合计176件，收案数较上一年度下降33件。相关经验做法在《人民法院报》、央视网、川观新闻等媒体进行了报道宣传，合计报道次数达40余次，受到社会民众的普遍关注。

案例 25

府院联动　共建共治　防范化解重大风险*

——青白江区人民法院打造“3+3+3”府院共治模式构建重大风险防控新机制

一、 背景介绍

近年来，成都市青白江区的经济社会高质量发展步入深度转型期、高效提升期和加速突破期，在“陆海联运枢纽、国际化青白江”发展定位指引下，推动经开区、综保区、自贸区、大港区等“四区”发展政策有序落地，成都国际铁路港等三大产业功能区引领产业深层变革，同时，经济组织和发展方式的变化带来社会风险矛盾形态和案件纠纷态势的相应改变，也呼唤着更加精准、全面、有针对性的社会治理格局。恰逢成都市诉源治理工作由法院主推上升到市委主抓的重要时期，青白江区因应发展形势变化，依托“府院联动”机制，融合政府治理、司法治理、基层自治力量，在主体、流程、机制等环节重塑矛盾纠纷前端防范和多元治理，夯实人民调解、行政调解、司法调解三道防线，创新构建共商、共建、共享、共赢的“3+3+3”社会风险防控体系，创造性实践诉源治理新表达，护航经济社会发展大局。

二、 创新做法

2019年以来，青白江区人民法院牢牢把握全面建设港口枢纽城市的战略定位，深度聚焦经济社会高速发展风险防控需求，努力探索以“三体”诉源治理为基础，以“三专”多元治理为突破，以“三优”依法治理为品牌的府院共治模式，着力构建重大风险防控新机制，创新诉源治理实践新表达。

（一）共建“三体”治理平台，壮大诉源治理核心阵地

准确把握诉源治理的系统性、整体性、协同性要求，在主动服务大局的

---

* 推荐单位：四川省成都市青白江区人民法院；指导人：张德荣；编写人：刘美华、李谦。

实践中找准增力点和突破口，不断巩固扩大治理阵地。一是融合构建全域覆盖治理“综合体”。密切对接党委、政府中心工作，研判辖区矛盾纠纷生成和分布规律，推动区“两办”出台《完善“府院共治”联动机制打造一流营商环境的实施方案》，细化覆盖从行政部门到村组社区的矛盾纠纷源头治理目标、责任分工和配合机制，推动形成36个行政管理部门、11个乡镇（街道）、124个村（社区）合力共抓治理大格局。二是统筹构建综合施策治理“多面体”。立足辖区经济社会发展特点和趋势，聚焦区域政法综治工作重点，提出专项工作建议，推动区政府构建港口贸易、物流运输、产业园区、公司企业、项目建设、住建安居、农村农业7个专门工作小组，理顺职责结构，优化力量配置。三是借力构建排纷止讼治理“延伸体”。紧密依托基层网格综治系统，借力基层群众自治组织，从网格员中优选调解志愿者，从降低诉讼数量最急需、基层转型发展矛盾最集中的部位和环节着手，把遏制纠纷向诉讼演变作为重点教学内容，逐步提高调解力量诉源治理“技防”水平。

（二）共织“三专”治理网络，提升多元治理供给能级

全程紧盯矛盾纠纷实质化解要求，深挖法治信息富矿，共织纠纷风险提示、矛盾调处互助、智慧治理融合“三专”治理网络，实质化运行多元治理，系统提升供给能级。一是完善纠纷风险提示专项机制。着眼高效精准阻断矛盾激化和风险扩大，形成要素化、格式化“纠纷动向”“隐患排查”“潜在风险”三张表，设置“急办”“重视”“关注”的“红、蓝、橙”3级定向提示机制，并要求案后发送司法建议，推动纠纷止于未发、解于萌芽。二是构建矛盾调处互助专门通道。聚焦提升纠纷化解协同效率，推动构建常态沟通协调互助机制，明确对于群体诉讼涉30人以上、牵涉地区历史遗留因素、政策法律冲突且影响面广的三类情形，主管部门和属地辖区应当派员跟进诉讼、协助平复冲突、促成和解，减少部门间信息不对称导致的诉讼投机。三是拓展智慧治理融合专业协作。围绕以点带面固化提升治理成效，开展“一季度、一主题、一会诊”专研联席座谈，以诉讼态势和审判执行数据所揭示的经济、民生、社会热点为依据确定阶段研讨重点，统筹降低诉讼增量，健全非诉解决机制，完善治理薄弱环节。

（三）共塑“三优”治理品牌，凝聚依法治理内生合力

能动聚焦区域发展重大风险、重大战略、重大需求，集中发力预警伴航、法治导航、保障护航建设，凝聚依法治理内生合力。一是优提重大风险预警伴航能力。成立工作专班，立案时全面排查大标的额诉讼、大宗土地房屋保全、敏感涉案人事信息，加强涉众涉稳纠纷前端风险研判；坚持每两个月向地方党委、政府报送涉企业、建设、民生类纠纷动态和对策建议，加强风险防范化解司法策略供给。二是优化重大战略法治导航布局。打造“法律服务+巡回审判+案例引导”自贸区立体服务链条，优选3名商事法官定期到自贸区公共法律服务中心“坐诊”“体检”，每月至少巡回审判1次，选编买卖、股权和破产类典型案例，重点宣介金融杠杆、债务管理等企业快速扩张风险，形成“前导后示”的治理常态。三是优提重大需求保障护航水准。明确8个审执团队集成舆情收集、对口指导、法治引导、排纷解难4项复合职能，对成都先进材料产业园、国际铁路临港服务业功能区、欧洲产业城3个产业功能区和大要案处置进行分片区、分行业专项保障。

三、 主要成效

青白江区人民法院依托“3+3+3”府院共治机制，就停工楼盘、商品房办证、露头信访线索向区政府专题报告10次，及时沟通信访、市监、住建等主管部门，向相关主管部门通报信息8份，向市场监管、房产交易、政务服务发出司法建议15份，与住建局联合印发商品房买卖纠纷重大风险防范化解文件，联动56家部门、公司等集中开展物业服务、房地产领域联席会议2次，达成长期指导纪要3份，立案前圆满调解化解经济结构调整期间衍生的200余件批量烂尾楼纠纷，6个民事团队常态履行对口园区企业综合法律指导职责，营造公正、透明、可预期法治环境；“破产”“劳动”审判团队妥处“正坤房产”“三洲集团”等破产案所涉职工社保、重整强制等系列棘手难题，有效稳控1000余名职工和购房者，防范区域和产业系统性风险发生，2019年商品房预售、物业服务纠纷数量同比下降15.6%。就一起破产案件中的企业经营管理危机问题连续发出2期提示，有效预防涉500人的劳动争议诉讼爆发。2019年，青白江区人民法院民商事新收案件增幅为6.32%，万人

起诉率为0.66%，同比分别下降14.27%和0.27%，“双降”态势明显；前端有效预防1700余件较大涉稳、涉众纠纷进入诉讼程序，自贸区纠纷发生率下降9.8%，“诉源治理”实质化运行效果显著。有关工作获得地方党委、政府的高度肯定，人民群众也充分予以认可。

案例 26

强化“四个突出”推动行政争议“一站式”实质化解*

——武侯区打造四川省首家行政争议调解中心架起和谐官民关系“连心桥”

一、背景介绍

成都市武侯区作为成都老五区之一，区位优势明显，是国务院定位的“高科技文化区”，享有“中国夜经济繁荣百佳县市”“中国最佳国际营商环境城区”等荣誉，基于行政管理与服务而引发的行政争议具有社会关注程度高、化解难度大等特点，涉及房屋土地征收补偿、老旧小区改造、违法建筑治理、综合行政执法、市场监管等领域，而矛盾纠纷的妥善化解成为法治政府、法治社会建设的关键。为进一步破解非诉讼化解行政争议的效果尚不够理想的机制瓶颈，由成都市武侯区委政法委牵头，区政府与区法院共同参与，于 2020 年 5 月 8 日成立四川省首家行政争议调解中心，构建行政争议“源头预防、调解前置、诉讼兜底”的全流程分层化解体系，努力实现“案结事了、政通人和”。

二、创新做法

（一）突出调解中心“实质化”运行，释放解纷动能

强化组织保障，坚持党委领导推动，成立行政争议调解工作领导小组，由区委政法委书记和常务副区长担任组长，法院院长担任副组长，相关行政机关负责人担任成员，构建“党委领导、府院共建、部门配合、各调解组织参与”的行政争议实质化解新格局。完善制度规范，制定《行政争议调解工作操作规程》《行政争议调解中心诉前调解工作实施细则》，明确行政争议调解的总体要求、工作措施与工作保障等内容，列明适合调解的行政赔偿纠纷、

* 推荐单位：四川省成都市武侯区人民法院；指导人：刘玉琬；编写人：郭佳、张义云。

行政补偿纠纷等9类案件类型，做到“可调则调，应调必调”，深入推进“行政争议+调解”常态化运行。充实人才配备，确定2名常驻调解员，负责行政争议诉前调解的日常联系、调解和衔接工作。另外，吸纳行政机关资深退休干部、具有行政诉讼专业背景的人民陪审员、高校行政诉讼专家、行政诉讼专业律师、区检察院民行专业检察官等具有丰富调解经验人员组成特邀调解员团队，实现纠纷调解有“场所”、有“人员”。

（二）突出争议调解“全闭环”运转，做实诉前调解

主动引导调解，立案前由调解员研判非诉解决行政争议的可能性，引导当事人通过调解中心解决纠纷，当事人同意调解的，编立“行诉前调”案号，同步向行政机关发送《行政争议调解通知书》，严格限制30日的调解期限，双方当事人同意延长的，可以适当延长，最长不能超过2个月，调解期限内未实质化解纠纷的，当日转入诉讼程序，杜绝“久调不决”。做优实质调解，组建“专业法官+专业调解员”调解模式，由常驻调解员、特邀调解员共同开展调解工作，法官对确定争议当事人、被诉行政行为合法性初步判断等方面予以全面指导，调解全程形成笔录，确保调解过程规范“留痕”。畅通“调确”对接，探索“行政复议+人民调解+司法确认”对接模式，当事人申请司法确认的，编立“行诉前调确”案号，出具司法确认行政裁定书，解决“当事人反悔、不按约履行义务”的调解难题，确保当事人执行有依据，实现行政调解“防反悔、可执行、高效率”。

（三）突出争议化解“全流程”畅通，优化调诉衔接

规范调诉分流，行政争议进入法院后，当事人不同意调解的，依法登记立案，分流至行政审判庭进行审理，避免程序空转。建立“调转诉”互通机制，所有诉前调解案件全部纳入办案系统流转，全程“可查、可溯、可控”，对调解不成的案件，系统自动转立案、编立“行初”案号，防止“当立不立”。依法确认无争议事项效力，对未达成调解协议的，明确要求在诉前调解程序中完成无争议事项固定、送达地址确认和送达方式选择等内容，并制作《调解笔录》随案流转，在诉中无须再重复提交和审查，有效节约诉讼成本。2020年以来，经诉前调解后进入诉讼的712件行政诉讼案件的平均审理期限缩短31.2天。

（四）突出教育引导“常态化”开展，筑牢预防关口

强化庭审教育功能，通过旁听个案实施重点教学，专门建立行政机关工作人员旁听案件庭审机制，分批、分片组织相关行政机关、街道办事处、社区的工作人员旁听行政案件庭审，2020 年以来已邀请 850 余人次旁听行政案件庭审，助推提升依法行政意识。注重典型案例的示范引领价值，充分发挥“诉前示范调解”效应，对群体性争议选取典型案例进行调解，高效化解其他同类型案件，并定期向行政机关通报典型案例，其中 2020 年以来通报典型案例 21 件。开展专题培训，先后到中国人民银行成都分行、区市场监管局、区行政审批局等培训 16 次。发挥司法建议引导依法行政功能，主动将发送司法建议贯穿调解、审判全过程，围绕推动负责人出庭应诉、实质化解行政争议、规范行政行为三个方面发送司法建议，精准研判、总结提炼个案和类案中的共性矛盾，向有关部门、单位提出针对性意见建议，避免争议产生。2020 年以来，共向相关行政机关发送司法建议 86 份。

三、 主要成效

成都市武侯区坚持把非诉讼纠纷解决机制挺在前面，坚持和发展新时代“枫桥经验”，充分发挥能动司法理念，推动多元法治力量向引导端和疏导端用力，不断健全行政争议源头预防、实质化解的机制做法，充分依靠党委领导，统筹全区法治力量，发挥武侯区行政争议调解中心平台作用，做实做细行政争议诉源治理、诉前化解工作。其中，近四年来行政争议调解中心调解的案件为 712 件，调解成功率为 30%。2020 年以来，行政诉讼受案数量呈逐年下降趋势，2023 年同比下降 9%。

第四节　聚焦内部治理，着力提升司法效能

案例 27

防范“衍生案件”　诉讼一锤定音*

——蒲江县人民法院创建“衍生案件”源头治理机制

一、背景介绍

蒲江县人民法院聚焦“实质化解、一次解纷，防止衍生、减少诉累，法官减负、群众受益”的目标，创新开展“衍生案件”治理，推动“诉源治理”提档升级。主要基于三点考虑：一是审判良性运行的客观需要。法院二审、再审、执行等衍生案件数量快速增加，一定比例案件经过一审审理并非“案结事了”，法院面临“一次性解纷”瓶颈。二是深化诉源治理的必然要求。近年来，成都两级法院外部诉源治理工作取得良好成效，但对内部“诉源治理”重视不够，衍生案件增长较快，法院办案压力未得到根本缓解。三是改善司法供需的群众期待。“衍生案件”客观上增加了当事人的诉累，使当事人长期陷于二审、执行等诉讼之中。

二、创新做法

（一）建立司法作品质量“检验站”，“三道防线”提升裁判公信度

一是做实浮动管理第一道防线。建立“两个重点”浮动管理监督机制，

* 推荐单位：四川省蒲江县人民法院；指导人：欧伟艳；编写人：周冰洁。

将上诉较多的类案、案件上诉较多的承办法官分别纳入“重点案件、重点人员”管理名单，按照“庭长、分管院长——专业法官会议——审判委员会”模式，对案件审理、裁判文书写作实行浮动管理和指导。二是做优质效管理第二道防线。建立办案质效管理中心，实行员额法官自检、庭室质检员全检、文印室质检员校检和办案质效管理中心抽检的“3+1”裁判文书质检模式，倒逼提升裁判文书质量。三是做强标准管理第三道防线。优化完善裁判规则示范指导机制，针对改判和发回重审频率较高的买卖合同、民间借贷等类案，向法官推送100余份参考性案例。探索劳动争议、道交、工伤认定等类案要素式审判模式，研究制定案件模板化文书，避免“类案不同判”发生。

（二）畅通法律引导全程“供应链”，“三个关口”提升群众认可度

一是把牢刚性释法说理第一个关口。建立刚性判后释疑制度，制定《蒲江县人民法院关于判后释疑工作实施意见》，明确要求法官针对当事人的“疑惑”进行释法明理，并制作案件释疑登记表。案件判后释疑100%刚性要求得到全面落实，诉讼各方司法关切得到有效回应。二是把牢类案精准推送第二个关口。建立当事人参考案例精准推送制度，发放裁判文书时精准提取并附以“类案裁判文书或裁判要旨”，引导当事人在上诉“犹豫期”打消不合理上诉的预期和考虑。三是把牢上诉风险“第三方”评估第三个关口。成立全国首个“诉讼风险第三方中立评估咨询中心”，邀请县域建筑工程、道交等领域专家和优秀调解员共8名组成本地专家库，专家对当事人不服判决准备上诉及不主动履行法院裁判文书所确定义务的风险开展“一对一”风险评估，力争实质性化解矛盾纠纷。中心建立以来，引导成功率达51.6%。

（三）启动诉讼督促惩戒“程序键”，“三项职能”提升诉讼诚信度

一是建立法律共同体，引导守信诉讼。充分调动法学专家、学者、律师积极参与司法公信建设，召开法律职业共同体工作联席会议2次，发放《诚信诉讼指导纲要》，推动法律职业共同体之间的互信。二是加强程序控制，惩戒失信诉讼。加强财产案件诉讼引导，督促46件案件当事人申请财产保全5300余万元。建立执行先行督促制度，没有实现当庭履行的则送达《拒不履行义务风险告知书》，当庭履行率提升127%。三是划定规则界限，预防过度诉讼。科学设置小额诉讼适用率、简易程序案件上诉率等诉讼效益审判质效考核指标，预警

拒绝或变相阻拦调解及适用小额诉讼程序、无正当理由上诉等过度诉讼行为。共有210件适用小额诉讼案件，简易程序适用率达90.84%。

三、 主要成效

开展“衍生案件”治理以来，蒲江县人民法院的上诉、执行、再审、信访等一审衍生案件共计879件，衍生案件同比下降39.6%，其中上诉97件，同比下降18.49%，新收首次执行案件573件，同比下降42.47%，裁判公信度、群众认可度、诉讼诚信度有力提升，“一个纠纷一个案件”效果日益显现，不断满足当事人对公正、公开、可感知的司法需求，努力实现纠纷实质化解，最大限度减少上诉、再审、信访等衍生案件，切实减轻了当事人的诉累。创新工作获得四川省高级人民法院院长王树江批示肯定，衍生案件治理经验在全国“诉源治理”与多元化纠纷解决机制研讨会上交流，获得时任最高人民法院审判委员会副部级专职委员、二级大法官胡云腾充分肯定，成都市中级人民法院专题总结本院经验并制定实施意见在成都市法院推广。

案例 28

“网格陪执+e 悬赏” 执行高效智能化*

——蒲江县人民法院打造全国首个“网格陪执+e 悬赏”网络系统探索智慧执行与基层治理融合发展新路径

一、 背景介绍

2018 年 2 月以来，蒲江县人民法院聚焦智慧执行与基层治理融合发展这一新时代命题，全力打造全国首个“网格陪执+e 悬赏”网络系统，重构基层治理力量深度参与执行工作模式，推动形成共建共享共联共执大格局，有力破解执行难题，有序回应群众关切，有效提升司法信用指数，有机厚培基层治理法治化土壤。“网格陪执+e 悬赏”网络系统包括陪执协助事项发送和自动匹配、附近案件定点自主查询、悬赏公告同步推送发布、陪执后台实时管理等应用功能，实现执行体系由“单兵出击”向“协同作战”转变、智慧执行由“信息孤岛”向“智慧共享”转变、便民执行化由“执结了事”向“回应需求”转变。

二、 创新做法

（一）执行立体化：由“单兵出击”向“协同作战”转变

一是建立网格陪执“智库”。将全县划分为 12 个执行片区、134 个执行网格，设立 12 个乡镇执行工作联络点，选任了解社情、民情，在当地有影响力、基层经验丰富的 162 名村（社区）主任、“五老”调解员、基层网格员作为网格陪执员，网络系统同步上传陪执人员信息，并根据被执行人的地址自动匹配所在地域的网格员参与陪执，形成覆盖县域的网格陪执智库。

二是完善立体陪执“蜂巢”。县委成立网格陪执工作联席领导小组，领导小组办公室设在法院，牵头进行统一协调、督导，建立县综治办、县法院—

* 推荐单位：四川省蒲江县人民法院；指导人：欧伟艳；编写人：周冰洁。

乡镇（街道）—村（社区）的三级纵向陪执网络，在乡镇（街道）成立联络机构，负责全县基层陪执网络的建立、运行及管理，实现陪执工作三级立体联动配合。目前已召开协调会 15 次，开展联动活动 800 余人次。

三是打造基层陪执“铁军”。法院与基层社区常态化联络，系统定期补充更新网格陪执员名单，吸纳优质社会解纷力量参与文书送达、“找人查财”和促进和解。定期组织对网格陪执员开展线上线下培训，提升网格陪执员的法律专业素养和网格陪执工作专业能力，夯实网格陪执高效运行基础。

（二）执行智能化：由“信息孤岛”向“智慧共享”转变

一是研发“全程追查”智能载体。研发“网格陪执+e 悬赏”网络系统，同步运行移动执行电脑端、网格陪执 App 和阳光执行小程序，推进网络系统与法院审判管理平台、执行指挥中心平台、地方失信被执行人曝光平台数据对接，依托网络系统建立及时共享、实时互动的执行协助机制，确保执行全程查人找物，强化陪执实质化运行保障。目前法院全体执行法官及 162 名网格陪执员均使用 App 开展相关工作，移动 App 累计上线 2392 次。

二是运行“全域追查”智能模式。执行法官通过智慧单兵手机在县域范围向网格陪执员发起司法送达、行踪查找、财产调查等协助事项，网络系统自动将被执行人的相关信息推送给网格陪执员，网格陪执员通过 App 及时发送被执行人财产、行踪等信息。2018～2021 年，网格陪执员共参与执行案件 665 件，占执行案件的 47.25%；提供 200 余条有价值线索，借助线索执行到位 470 万元，占执行到位金额的 26.25%；化解执行信访案件 11 件，协助达成执行和解案件 43 件，涉案标的达 800 万元。

三是搭建“全员追查”智能平台。网络系统设置“悬赏公告”“失信查询”“附近失信被执行人查询”等模块，及时发布悬赏信息，社会群众可直接在线提供线索，网格陪执员可及时提交“跟踪”信息。法院与中国人保公司签署《保险服务合作协议》，引入执行悬赏保险，发动社会各界力量查人找物。截至 2021 年，当事人投保执行悬赏保险 45 件，涉案标的 92.8 万元，收到群众举报线索 201 条，有效线索 33 条。

（三）执行便民化：由“执结事了”向“回应需求”转变

一是创新推出“一站式”执行便民服务。线下设立专门执行接待窗口，线上依托网格陪执 App，推出“一站式”服务清单，切实让申请人见证执行之“便”。实行执行立案登记与网络查控同步开展，第一时间告知财产查控情况，切实让申请人感受执行之“快”。落实流程节点留痕制度，通过短信及时告知每个案件的办理流程和推进节点，切实让申请人体验执行之“暖”。截至 2021 年，已为 359 名当事人提供一站式服务，开展立案登记同步网络查控 350 次，推送告知短信 1050 条。

二是创新探索“一盘棋”执行联动保障。坚持“立审执”联动，加强涉及财产案件的诉讼引导，提醒当事人进行诉前财产保全。建立执行先行督促制度，案件审判、调解成功后承办法官主动督促当事人当庭履行法律义务。随案发放《拒不履行义务风险告知书》，在履行期限届满前再次督促当事人主动履行法律义务。2018~2021 年，共向当事人发放告知书 600 余份，有 257 件案件实现当庭履行或者自动履行，自动履行率达 42.8%。

三是创新实施“一体化”执行运行监管。网络系统记录全程留痕可视，所有协助事项的反馈、执行线索的核实和执行进展、悬赏进度等信息实时更新。网格陪执员反馈信息的数量和有效性等数据服务于执行管理，法院对于进度缓慢的执行案件随时进行指导和督办，督促提升执行工作效能。截至 2021 年，通过网络系统已公开失信被执行人、悬赏执行信息 718 条，远程指导陪执案件 213 件，视频督办 66 件，获取有效执行资料 200 余份。

三、 主要成效

截至 2020 年，网格陪执人员通过“网格陪执+e 悬赏”网络系统参与陪执案件 1800 余件，根据线索执行到位 1300 余万元，当事人 e 悬赏投保 52 件，群众提供线索 138 条，执行温度精准传递，便民服务成效突出，群众参与度和获得感显著提高，基层社会法治化进程持续加速。改革经验在中国法院信息化研讨会上交流，入选《2019 法治蓝皮书 · 中国法院信息化发展报告》，获《人民法院报》《成都日报》等主流媒体宣传报道。

案例 29

增诉效　减讼累　防衍生*

——彭州市人民法院创新构建涉众纠纷“1+1”减量轻讼裁判机制

一、 背景介绍

随着经济社会形势的深刻变化，群体性诉讼案件呈现较快增长趋势，涉众纠纷成为法院案件的集中增长点和案源治理关键点。2016~2018 年，成都市基层法院分别受理商品房预售合同、土地承包经营权租赁合同、物业服务合同三类涉众纠纷 12 438 件、18 973 件、21 258 件；彭州市人民于法院 2016~2018 年受理民商事案件 14 314 件，其中涉众纠纷 3454 件，占比达 24. 13%，涉众纠纷较多且逐年增长。而目前涉众纠纷大多采取一案一审或单独立案、合并审理的方式，于法官而言，需要重复送达、多次开庭，审理时需要逐一询问、个案判决，可能造成司法资源浪费；于当事人而言，需要重复出庭、举证、答辩等，面临较多诉讼程序性负担。为应对不断增长的涉众纠纷，有效防减涉众共性纠纷衍生出二审、再审、执行、信访等案件，彭州市人民法院深入领悟案源治理实质内涵，秉承提升办案效率和减轻当事人诉累的司法价值追求，有力回应人民群众维护合法权益的迫切司法需求，探索建立涉众纠纷“1+1”减量轻讼裁判机制（详见图 2），妥善处理涉众共性纠纷，有效实现“实质化解、一次解纷，防止衍生、减少诉累”。

* 推荐单位：四川省彭州市人民法院；指导人：周英烈；编写人：刘红、谢楠馨。

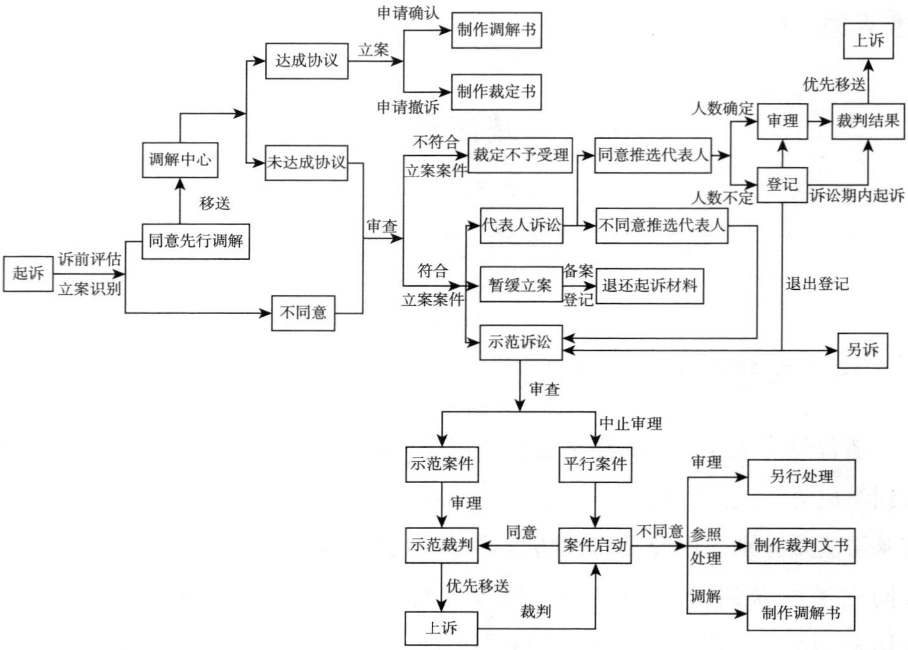

图 2　减量诉讼裁判流程

二、 创新做法

2019 年以来，彭州市人民法院采取分类、分流、分步的“三分”原则，综合运用代表人诉讼机制+示范诉讼机制，采取简约、高效、灵活的方式进行审理。

（一）靶向发力实现案源治理精准化

针对目前法院涉众纠纷案件的增长高点进行靶向设计，以涉众纠纷易发领域为主要治理对象，契合基层法院民商事案件的主要构成，抓住了案源治理的多数关键。实践中将制度的运用前移到先行调解程序，通过诉前评估、立案识别，主动引导涉众案件当事人适用代表人诉讼，并区分适用示范诉讼，实现精准适用、高效化解。

（二）实处用力增强治理方法科学化

对适用代表人诉讼的涉众纠纷，以合并个案的方式立案，组织当事人协商推选诉讼代表人，召开庭前会议，进行诉请合并，运用表格式、要素式等方式制作便于执行的裁判文书，实现以一当十。对适用示范诉讼的涉众纠纷，选取具有代表性的典型案件，充分释明，围绕共通事实、法律争议进行审理，制作裁判文书，并邀请平行案件当事人旁听庭审、告知结果，实现以点带面。

（三）“公”字着力严循治理程序合规化

严格遵循透明司法的基本要求，明确机制的适用以当事人自愿为前提，代表人诉讼实行权利登记效力和退出登记制度，充分保障权利主体的加入和退出权利。设置代表人公开推选、代表人诉讼公告、代表人庭前会议、示范案件选定告知、示范判决生效公告等一系列公开透明的制度和环节，确保从立案到执行全过程公开、公正、公平运行。

（四）多向聚力助推治理模式系统化

通过建立诉讼费杠杆调节、判前专业法官会议讨论前置、案件审判基础工作量与公告登记等附加工作量相结合的特殊业绩考核、上诉快移、强制执行“绿色通道”等配套机制，构建起一套完整的运行体系。同时，注重代表人诉讼和示范诉讼的统筹运用，明确出现代表人难以选任、权利主体之间利益争议较大等阻点时，及时补充适用示范诉讼机制，实现两种机制的优势互补、协同增效。

三、主要成效

（一）诉源治理的司法链条愈加顺畅

彭州市人民法院“1+1”减量轻讼裁判机制实质化解涉众纠纷，实现涉众诉讼效率效果增强、讼累诉累减轻、衍生案件得以及时防减，助推诉源治理工作实质化，相关做法受到党委、政府和上级法院的充分肯定。2019 年以来，彭州市人民法院新收民商事案件 5979 件，涉众纠纷 718 件，同比分别减少 8.34%和 56.24%，涉众纠纷调撤率达 74.12%，因涉众纠纷衍生的各类案件数为零。

（二）定分止争的司法能力愈加提升

通过对涉及群体性诉讼案件进行分类、分流、分步的多段式处理，充分发挥代表人诉讼机制和示范诉讼机制优势，极大提升了审判质量效率。2019 年以来，彭州市人民法院运用该机制处理涉众纠纷 12 起，民事调撤率达 58.19%，服判息诉率达 71.21%。

（三）服务大局的司法职能愈加彰显

妥善化解群体性矛盾纠纷，持续优化国际化营商环境，避免发生集体信访事件。运用代表人诉讼妥善调处某劳务公司劳动争议系列案，形成1份裁判文书，56名当事人全部息诉罢访；运用示范诉讼选取4件典型案件对某公司环境污染系列案进行审理判决，其余8件平行案件自行撤诉，300余户存在共通事实和争议的当事人选择诉前协调。

案例 30

扩大小额诉讼适用　高效便捷一次性解纷*

——郫都区人民法院建立四项机制探索扩大小额诉讼程序适用范围

一、背景介绍

小额诉讼程序具有简化的程序设计、低廉的诉讼成本、高效的裁判流程等优势，能够促使“基层问题在基层解决”，有利于快速化解矛盾纠纷，减少上诉案件，降低司法成本，提高司法效率。2019 年，扩大小额诉讼程序适用范围纳入《人民法院第五个五年改革纲要（2019—2023）》关于民事诉讼制度改革的一项重要任务。2020 年，最高人民法院正式启动民事诉讼程序繁简分流改革试点，重点围绕优化司法确认程序、扩大独任制适用范围、健全电子诉讼规则等五个方面展开。郫都区人民法院作为试点法院，探索建立起自动识别、专业审理、在线审理和监督检查的“四项机制”以扩大小额诉讼适用，使适用小额诉讼程序案件持续上升，实现无信访投诉和申请再审，衍生案件治理成效明显。

二、创新做法

（一）建立自动识别机制，扩大适用范围

对于符合《民事诉讼法》第 165 条的案件，立案系统自动识别适用小额诉讼程序。在自动识别的基础上，立案庭综合考量案情、送达、集团案件等因素，对适用小额诉讼程序的案件进行二次筛选。对于标的额超过四川省上年度就业人员平均工资 30%但低于 10 万元的简单案件、被告能联系送达和物业管理等集团案件，立案法官引导当事人适用小额诉讼程序，在当事人都同意适用小额诉讼程序的情况下适用小额诉讼程序进行审理，从入口做好案件

---

* 推荐单位：四川省成都市郫都区人民法院；指导人：彭仁锦；编写人：许世强、张娅洁、徐晓莉、连娜。

分流识别工作，从前端扩大适用面。

（二）建立专业审理机制，提高审判效率

由速裁庭专门负责小额诉讼案件的诉调调解和审理工作，为每个审判团队配置“一审一助二书三调”，实现小额诉讼案件的专业化审理和诉讼与非诉讼程序的无缝衔接。在专业化审理的同时，规范和简化小额诉讼审理程序。在庭前准备阶段，制作案件要素表，引导当事人对案件的相关事实要素进行整理，归纳双方争议焦点；在庭审阶段，不受法庭调查、法庭辩论、最后陈述等程序限制，进行“要素式庭审”，引导当事人围绕事实要素和争议焦点进行陈述、举证、质证和辩论；在庭审后，法官当庭宣判，根据案件要素制作简化的“要素式裁判文书”并当庭送达，切实提高审判效率。

（三）建立在线审理机制，降低诉讼成本

针对小额诉讼案件标的额小的特点，充分利用互联网技术的链接性、共享性、开放性等特性，开发移动端智慧庭审 App，建成电脑端在线诉讼平台，同步上线微信小程序，当事人可以通过互联网在线诉讼平台办理起诉、立案、缴费、举证、质证、开庭、申请执行等全部诉讼事务，实现从立案到审理、从举证到质证、从开庭到调解、从判决到执行全流程在线办理。在线诉讼平台实现“六个 1 分钟”，即 1 分钟身份认证、1 分钟送达、1 分钟关联案件、1 分钟进入庭审、1 分钟进入旁听、1 分钟结案归档，有效降低诉讼成本。

（四）建立监督检查机制，加大执行力度

严格执行小额诉讼程序转化审批制度，转化为简易程序应该经过庭长审批并告知当事人，转化为普通程序应当由分管副院长审批并告知当事人，严控小额诉讼程序案件随意转换为简易程序和普通程序。同时，对小额诉讼程序适用情况强化监督管理，每年开展一次专项评查，对未按规定适用小额诉讼程序或者未按规定经过审批转换程序的，纳入负面审管通报并法官个人绩效考核，与法官评先评优、工作调整、晋职晋级、教育培训等挂钩，切实提高法官适用小额诉讼程序的积极性。

三、主要成效

（一）适用小额诉讼程序的案件数量逐年攀升

2019 年至 2021 年，立案时适用小额诉讼程序的案件为 7176 件，占适用简易程序民事案件数 23 968 件的 29.94%。其中，2019 年立案时适用小额诉讼程序的案件为 1123 件，占适用简易程序民事案件数 5487 件的 20.47%；2020 年立案时适用小额诉讼程序的案件为 2555 件，占适用简易程序民事案件数 7206 件的 35.46%；2021 年立案时适用小额诉讼程序的案件为 3498 件，占适用简易程序民事案件数 11 272 件的 31.03%。

（二）适用小额诉讼程序的案件平均审理周期缩短

2019 年，适用小额诉讼程序的案件平均审理时间为 37.90 天，民事案件平均审理时间为 54.02 天；2020 年，适用小额诉讼程序的案件平均审理时间为 20.36 天，民事案件平均审理时间为 43.95 天；2021 年，适用小额诉讼程序的案件平均审理时间为 31.55 天，民事案件平均审理时间为 51.38 天。适用小额诉讼程序的案件审理效率明显高于其他民事案件审理效率。

（三）适用小额诉讼程序的案件调撤率高

2019 年至 2021 年，适用小额诉讼程序的案件调解和撤诉的有 5118 件，调撤率达 72.96%，判决 1837 件，判决率为 26.19%。其中，2019 年以调解和撤诉结案的有 902 件，调撤率为 80.61%；2020 年以调解和撤诉结案的有 1864 件，调撤率为 77.15%；2021 年以调解和撤诉结案的有 2352 件，调撤率为 67.59%。

（四）为当事人降低诉讼成本

在线诉讼平台使适用小额诉讼程序的案件当事人实现“零在途时间”“零差旅费用”，2019 年至 2021 年在线审理小额诉讼案件 2700 余件，为不在成都市范围内的当事人平均节约在途时间约 18 小时，节约差旅费用近千元。

案例 31

以“三种思维”推动实质化解行政争议*

——成都市中级人民法院行政审判庭依法妥善化解行政疑难积案典型经验

一、背景介绍

近年来，成都市中级人民法院立足行政审判庭审判职能作用发挥，聚焦重大疑难行政诉讼案件，以“三种思维”为引领，着力推动实质化解行政争议，实现了政治效果和法律效果、社会效果的有机统一。其中，依法妥善化解邓某某、李某某、彭某某等系列案件的经验做法，获得最高人民法院、四川省高级人民法院、成都市党委负责同志的肯定性批示。

二、创新做法

（一）坚持政治思维，以加强党的领导为统领，推动重大案件联动化解

坚持党的领导，准确把握人民法院作为党领导下的国家审判机关具有鲜明的政治属性；将维护法律权威、维护人民利益、维护社会稳定有机结合起来，确保政治效果、法律效果和社会效果有机统一；围绕市委中心工作，准确把握审判职能发挥，促进高效能社会治理体系建设。在办理系列案件中，保持坚定决心、超强定力、超常耐心，以抓铁留痕的决心、围点攻坚的定力、案件清零的耐心，全力开展重大疑难案件攻坚化解专项行动；积极主动向市委、市委政法委以及上级法院党组请示汇报，准确分析存在的风险隐患和面临的困难问题，提出科学的审判理念和化解思路，积极争取上级党委的支持，充分借助市信访联席会议协调各级党委政府、职能部门、社会力量共同参与矛盾化解；最高人民法院、四川省高级人民法院切实加强对案件审理的指导

* 推荐单位：四川省成都市中级人民法院；指导人：邹小宇；编写人：张锐。

监督，成都市委政法委积极协调成都市信访局、成都市公安局、成都市网信办全力做好信访维稳及舆论引导工作，武侯区、温江区、邛崃市党委政府及属地街道（乡镇）、社区（村）认真落实困难帮扶和疏导化解工作，形成了党政领导、部门联动、法治保障、社会参与的联动机制，为推动重大疑难案件的攻坚化解奠定了坚实基础。

（二）坚持法治思维，以实现立法目的为基准，推动行政争议依法实质化解

坚持法治理念，将《行政诉讼法》关于解决行政争议、保护公民权益、监督依法行政的立法目的贯穿于行政案件审判工作全过程；坚持以实质化解行政争议为目标，推动行政案件“案的审结”“事的化解”“人的和谐”。在办理案件过程中，通过合法性审查全面分析行政行为的合法性、合理性以及存在的问题，通过走访、调查及心理评估等方式准确分析当事人的诉讼目的和真实诉求，为科学制定有利于实质化解行政争议的审判及化解思路奠定基础；通过告知法律及稳定风险阐明相关单位推动实质化解行政争议的必要性，通过以案释法、以法明理等方式促使当事人放弃不合理诉求，为推动案件在法律框架内依法审判化解奠定基础；通过健全政府与法院联席会议、行政诉讼司法审查白皮书、行政负责人出庭应诉“三项机制”，不断完善行政案件“诉源治理”，切实从源头上预防和减少行政诉讼。

（三）坚持民本思维，以密切联系群众为纽带，推动疑难案件息诉罢访

坚持创新思维，把党的群众工作优势贯穿于行政案件审判工作全过程，把实质化解行政争议与维护群众权益、改善党群关系、促进社会和谐结合起来，避免就案审案、审而未判、判而未结、结而未解。在办理系列案件中，通过对当事人的心理评估，准确掌握其以诉造势、以访施压、舆论炒作的共同特征，及时会同市信访局、市公安局、市委网信办等部门，同步推动法治宣传、政策解读、舆情引导等方面的工作，最大限度避免负面影响；通过对当事人的走访调查，全面摸清其家庭生活现状和实际生活困难，及时会同属地党委政府、基层村（社区）组织共同做好走访慰问、对口帮扶等方面的工作，真情实意帮困解难；通过对行政行为的合法性审查，及时发现存在的问题和当事人的合理诉求，及时督促相关行政机关在不违背法律政策底线前提

下通过变通方式给予合理补偿救济。最终，促使系列案件当事人撤销诉讼、服从判决、息诉罢访，真正实现了实质化解行政争议，达到了“案结、事了、人和”的最佳效果。

三、主要成效

成都市中级人民法院行政审判庭坚持能动司法，通过运用“三种思维”实质化解行政争议，综合施策，依托多方力量，彻底化解了邓某某、李某某、彭某某等400余件系列行政诉讼疑难积案，案件当事人均承诺将彻底息诉罢访，全面解决、实质化解了近年来困扰各级行政机关和人民法院的复议、诉讼、信访等问题，实现了诉讼、申诉、复议、信访系列案件“一揽子”解决。化解过程切实体现了“坚持以人为本，坚持党政主导、综治协调、多元共治”的多元化纠纷解决机制基本原则，是人民法院充分发挥司法在多元化纠纷解决机制建设中的引领、推动和保障作用，深入推进“诉源治理”的生动实践，也取得了“案结事了”的成果，实现了法律效果和社会效果的有机统一。

案例 32

司法“信用+”护航诚信法治营商环境*

——四川天府新区人民法院（四川自由贸易试验区人民法院）构建司法信用三项机制推动金融案件执行

一、背景介绍

为落实“六保”“六稳”，精准助力企业纾困，四川天府新区人民法院（四川自由贸易试验区人民法院）充分贯彻善意文明执行理念，依法能动履职尽责，灵活运用“信用+”机制，率先将信用激励、信用承诺和信用修复三项机制统筹结合，发挥信用机制多重效用，既助力胜诉当事人权益兑现，也减少对义务人、被执行人负面影响，赋予义务人、被执行人“造血再生”能力，彰显司法力度、温度，充分调动市场主体自身积极性、主动性，护航新区经济稳定高质量发展。

二、创新做法

（一）精准实施信用激励，以正向激励促进守信履行

践行“执源治理”理念，在执行立案前或采取强制措施前，以出具自动履行证明、减免执行费等正向激励措施，鼓励当事人自觉履行义务。受前期疫情等多方面影响，一些抗风险能力较弱的中小微企业的生产成本上升、运营资金短缺，发展不确定性显著增加。诸多企业作为被执行人有意愿履行相关义务，但企业资金流转确实存在困难，执行局利用信用激励措施，在执行前端做“减法”，实施信用激励机制，暂缓进入强制执行程序，让企业避免账号冻结、法人“限高”等强制措施给其自身经营带来更多不利影响，给义务主体留出“时间”“空间”，引导、激励其主动履行，有利于激发市场主体活力，帮助困难企业渡过难关，避免“一根稻草压死小微企业”现象的发生。

---

* 推荐单位：四川天府新区人民法院（四川自由贸易试验区人民法院）；指导人：徐春龙；编写人：肖家欣。

（二）积极推动信用承诺，以善意执行彰显司法温度

针对未采取信用惩戒措施但已采取强制执行措施的被执行人，若其暂无条件履行但有意愿主动履行，可提出申请并承诺履行期限，以暂缓信用惩戒措施推动案件执行。法院暂缓信用惩戒措施，推动愿意履行但暂无条件履行的被执行人积极履行义务，让有意愿守信者有途径、有程序“降成本、减压力”。适用信用承诺机制，实际就是在充分考虑和平衡各方当事人利益的基础上，妥善把握执行时机，讲究执行策略，依法灵活采取强制执行措施。同时，将信用承诺的履行情况纳入信用记录，以执行措施为“紧箍咒”引导被执行人诚实守信，确保承诺事项如期兑付。

（三）深入推进信用修复，以信用引擎助力企业重生

对已依法被采取信用惩戒措施的被执行人，采取屏蔽失信信息、缩短失信时限、解除或者单次解除限制消费等措施，帮助符合条件的被执行人修复信用；同时，也可根据当事人申请，向行政机关、金融机构、行业协会等出具信用修复证明。信用修复机制是在信用惩戒基础上适用，与信用惩戒相互配合、协同发力，既防止被执行人恶意逃避执行，保持信用惩戒的威慑力，又给予其积极转变、采取措施履行义务或主动纠正失信行为的机会，帮助“知错能改”的市场主体摆脱失信惩戒约束，助力企业“回血造血”。

三、主要成效

四川天府新区人民法院（四川自由贸易试验区人民法院）不断夯实“信用之基”，积极释放信用价值。通过运用司法信用“三项机制”，充分考量执行过程中存在的客观因素，在不损害胜诉当事人权益的前提下，对符合条件的被执行人暂缓采取信用惩戒措施，让义务人、被执行人“喘喘气”“缓缓劲”，感受司法温度，真正实现“守信获益，失信受罚”。“竭泽而渔”不如“放水养鱼”，“单方获利”不如“多方共赢”。四川天府新区人民法院运用司法“信用+”护航诚信法治营商环境，实现了法律效果和社会效果的有机统一。

案例 33

以“六个常态化”防范化解涉诉信访风险*

——成都市中级人民法院积极做好新形势下涉诉信访工作

一、 背景介绍

随着改革的不断深化，不同利益群体之间的碰撞和冲突引发各类社会矛盾，涉诉信访工作面临不少新情况新问题。特别是随着越来越多的社会矛盾以案件形式进入诉讼渠道，诉讼与信访交织，有些矛盾积累已久，利益群体庞大、利害关系复杂、多重矛盾交织、风险隐患较高。近年来，成都市中级人民法院坚持“六个常态化”防范化解涉诉信访风险，积极做好新形势下的涉诉信访工作，是以人民为中心的发展思想、践行党的群众路线的具体实践。

二、 创新做法

（一） 坚持责任落实常态化

全市法院切实加强对涉诉信访维稳工作的领导，按照“一把手负总责、分管院领导负领导责任”和“谁主管、谁负责”的要求，明确负责涉诉信访维稳工作部门的牵头责任，明确引发涉诉信访案件部门的主体责任，层层压实责任，做到守土有责、守土负责、守土尽责。

（二） 坚持信息渠道常态化

积极畅通涉诉信访来信、来电、来访渠道，在立案、审理、执行等各个环节积极引导案件当事人（或诉讼代理人）通过线上、网上进行信访活动，将线上信访、网上信访打造成信访的主渠道。同时，规范信访办理流程，对涉诉涉访信息统一录入网络理事平台管理，实现涉诉信访信息全市法院共享。

（三） 坚持风险排查常态化

坚持涉稳风险案件每周排查报送机制，重点排查存在长期不息访、缠闹

* 推荐单位：四川省成都市中级人民法院；指导人：徐东琪；编写人：李天亮。

访、串联访、滞留访、过激访、可能引发负面舆情的信访案件。坚持既要从日常审判执行工作中发现涉诉涉访风险隐患，也要从判后释疑、信访接待、再审审查、12368 诉讼服务热线中发现风险隐患，确保风险排查无遗漏、无死角。

（四）坚持信访办理常态化

严格执行《成都市中级人民法院网络理事平台运行管理办法》，按照规定程序和时限及时办理群众反映的诉求，主动联系信访群众，认真倾听群众诉求，及时就地解决群众反映强烈的问题。对二级以上风险案件，全部纳入院领导包案，并在规定时限内开展案件复查、教育疏导、化解稳控、困难帮助等工作，对符合信访终结条件的，及时按程序报结。

（五）坚持信息报送常态化

对发生突发重大涉稳涉访、负面舆情的，按照“事件发生后 20 分钟内口头报告、1 个小时内书面报告”的规定及时报告，坚决杜绝迟报、漏报、瞒报、误报。在重大敏感时段，严格执行每日零报告制度，做到“有事报事、无事报平安”。

（六）坚持督促检查常态化

坚持定期与不定期相结合的方式，对全市法院涉诉信访维稳工作进行检查，重点检查责任落实、工作运行、化解稳控等情况，对发现有问题的单位（部门）及时通报、督办。

三、 主要成效

成都法院牢记为民服务宗旨使命，坚持聚焦人民群众信访诉求，不断畅通和优化当事人信访诉求表达渠道，同步狠抓涉诉信访排查化解、“治重化积”、重复访治理等重点工作，充分运用涉诉信访联动化解及司法释明工作机制，强化信访部门前端引导和审执业务部门释法疏导协同配合，常态抓好来信来访核查督办回复，积极回应人民群众关切，多方合力保障信访事项化解实效，切实做到想民之所想，应民之所需。

第八章
典型案例

第一节　在诉的初始源头，止解纠纷于社区

案例 34

街道主导　部门联调　高效化解劳动争议纠纷*

——锦江区东湖街道组建专班化解河滨社区劳动争议

一、 基本案情

东湖街道河滨社区辖区某培训机构的英语教师Y某因故于2019年6月12日提出辞职申请，公司未予批准。6月13日凌晨，Y某在家中自缢身亡，没有留下遗书。6月16日下午，Y某家属及亲戚朋友20余人前往Y某生前就职培训机构讨说法，经街道工作人员和派出所民警劝导后人员散去。

6月17日上午，街道协调锦江区公安分局维稳大队、街道司法所、社区工作人员、网格员搭建平台进行调解。亲属认定Y某自缢系培训机构工作压力太大所致，并提出一次性补偿人民币50万元的要求。但培训机构出示了一份德阳市人民医院精神卫生专用报告，显示Y某"心理状态中度异常"，并有Y某同事证明其工作期间一直较为愉快，因此认为Y某自缢系自身精神原因

---

* 推荐单位：中共成都市锦江区委城乡社区发展治理委员会；指导人：朱樾；编写人：张军。

所致，本培训机构没有责任，只同意支付人道补偿金 11 万元（含 1 万元丧葬费）。双方诉求差距较大，调解暂无明显效果。

由于 Y 某自缢发生突然，亲友群情绪激动，尤其是其奶奶和父母更是深受打击。亲友人数众多，聚集讨要说法极有可能引发群体性事件，造成恶劣社会影响。

二、 化解过程

街道对此事件高度重视，接到社区网格员报告和辖区派出所通报后，立即组成分管领导牵头，司法所工作人员、派出所民警、街道调委会调解员、街道信访专员、社区工作人员、网格员组成的工作专班，确定以快速调处死亡补偿为突破口，以点带面稳定各方情绪，达到平息事态的调解思路，迅速开展矛盾化解工作。

6 月 17 日上午调解开始，Y 某的家属坚持认定 Y 某自缢系培训机构工作压力太大所致，并强调死者是家中顶梁柱，是家庭的主要经济来源，且其母患有风湿性关节炎，无法从事体力劳动，家中还有年迈的奶奶等其他困难，要求一次性补偿人民币 50 万元。培训机构则认为自身没有责任，并以 Y 某家属带着遗像到培训机构造成很大负面影响而导致培训机构被迫停课为由，不愿就补偿问题表态。Y 某父亲愤然离开调解现场，调解一度陷入僵局。

面对死者家属情绪波动导致随时可能出现突发情况的局面，为避免事态恶化，专班工作人员一方面安抚死者家属，教育引导他们用法律规范自身行为，以理性的态度处理赔偿问题；此外，从人道主义方面对培训机构进行疏导；同时，积极搭建平台，采取“背靠背”调解法，坚持“以法为据、情理结合”的原则，分别对双方进行调解。

随后，街道分管领导和专班工作人员分别多次与当事双方面谈调解，就协商解决、消除负面影响、补偿金额调整等问题协商调解，最终于 7 月 22 日达成一致意见。8 月 6 日上午，当事双方代表在街道调委会调解室就 Y 某自缢一事达成一致意见，由培训机构向 Y 某家属支付补助金、关怀金、丧葬费、慰问金等共计 11 万元，死者家属收到该款项后不再通过其他形式向培训机构索要赔偿和提出其他要求，双方签订调解协议，不再有异议。

经过长达2个月的调解，专班工作人员通过不懈努力，平稳有序、高效妥善地对此事件进行了调处，成功避免了事件升级和情况恶化，使这起矛盾纠纷得以圆满解决。

三、 典型意义

龙舟路街道始终坚持认真学习借鉴“枫桥经验”精神，贯彻落实中央、省市区委有关多元解纷的决策部署。坚持源头治理、依法治理理念，将群众多元解纷需求融入司法服务保障，扎实推进“诉源治理”成都模式实践，助推基层善治为重心，从源头预防矛盾，就地化解纠纷。

一是多元治纠纷。街道聚焦重大项目、主导产业和纠纷多发领域，坚持党委领导，携手职能部门，共谋解纷策略，共建解纷力量，共搭解纷平台，推动构建了“党政主导、多方参与、共建共享”的工作格局。

二是源头止纠纷。街道积极引导自治、指导法治、教导德治，助推社区发展治理。引导社区自治，主动延伸司法服务职能，积极培育社区自治力量，推进以社会自治手段化解民间纠纷。在老旧院落“熟人社区”，培育发展说事评理员和“五老”调解新乡贤，引导民间纠纷自解。在物业小区“陌生社区”，探索“社工调解”，充分利用55名网格员，随时发现矛盾，随手调处纠纷，着力将纠纷预防解决在社区院落、楼栋、家庭。指导社区法治，推动司法服务进社区，协调构建基层法院与街道社区互助指导机制，深入助推基层治理法治化。教导社区德治，深挖本地传统“无讼”文化，弘扬“孝为本、理为先、法为绳、和为贵”的治理理念，努力净化基层社会土壤，减少矛盾纠纷的滋生。

三是诉前解纠纷。积极做实人民调解，加强对人民调解员的业务培训和指导，提升人民调解员的业务能力，充分发挥他们的“第一道防线”作用。做大行政调解，街道积极协调行政机关、行业组织，用好道交、劳动、家事等纠纷“一站式”联调平台，做大行政调解“第二道防线”。做优司法调解，大力推动律师参与调解试点，探索设立“律师调解工作室”，引入公证、仲裁等第三方参与，同时完善对接制度、规范衔接程序、加强司法确认保障，优化司法调解“第三道防线”。

从本案中可以看到，诉源调解在解决纠纷中发挥着必不可少且至关重要的作用。一方面，通过派出所调查取证，将证据材料及时固定，便于纠纷调处时有理有据；另一方面，专班通过法、理、情的有机结合，梳理纠纷、消除纷争、宣传法律，为当事人排忧解难，最终使纠纷得到有效化解。这种立足有利于化解矛盾纠纷，减轻当事人诉累，将矛盾消解于未然，将风险化解于无形的诉源治理新实践，极大地提升了纠纷调解整体成功率，在排除民间纠纷、维护社会秩序的稳定上发挥着越来越重要的作用，是提升治理格局和维护社会稳定的重要防线。

案例 35

社区引导　多方化解　共建和谐宜居小区家园*

——金牛区沙河源街道王贾桥社区主动化解小区业主纠纷

一、 基本案情

位于金牛区沙河源街道王贾桥社区的 S 小区，部分业主反映小区业委会的成立不符合《成都市物业管理规定》，且肆意侵犯公共利益。加之由于物业费上调，小区业主认为物管公司对环境卫生、车辆停放、垃圾清理等小区管理工作不尽如人意，因而大部分业主拒绝缴纳物业费。长此以往，业主与物业公司、业委会之间的矛盾越来越深，物业公司难以垫付高额的水、电费用及员工工资，小区环境越来越差，小区管理工作陷入恶性循环。

二、 化解过程

接到该矛盾纠纷线索，沙河源街道高度重视，赓即组织司法所、小区办、社区开展调查处理。针对小区发生的矛盾冲突，司法所人民调解员、社区律师、楼栋长、网格员等主体找准症结，用法用情解开心结。街道、社区首先充分了解了矛盾起因、过程以及居民的诉求和意见。据了解，矛盾的症结在于小区业主不满物业服务质量和业委会履职情况；同时，在业主委员筹备组工作会议上，几名比较激进的业主认为此次选举存在暗箱操作，并且不断煽动谣言、冲击会场，扰乱会议秩序，导致筹备工作难以进行。

根据这些问题，街道、社区立即开展更换业委会的筹备工作。按照《物业管理条例》《成都市物业管理条例》《四川省业主大会和业主委员会指导规则》等相关规定，选举增补 14 名业主为 S 业主委员会换届筹备组成员。对较为激进的业主做好法制宣传和思想教育工作，了解他们的特殊情况进行特殊处理，对业主的非法行为及时进行制止甚至依法进行训诫和处罚，通过共情

* 推荐单位：中共成都市金牛区委城乡社区发展治理委员会；指导人：权秦琦；编写人：张科。

和法治对问题的化解起到了有效的推动作用。

在新的业主委员会换届筹备组组建后，随即就向小区业主公示新筹备组成员名单，并号召业主监督检查筹备组工作。公示期过后，在街道、社区两级党组织工作人员协调下，多次召开筹备组工作会议，重新选举筹备组组长及副组长。将“三个文本”发至筹备组工作微信群进行公开讨论并拟定了筹备组工作议事规则。最终，会议以投票表决的方式通过了对“三个文本”的修改，并在小区内进行公示，获得广大业主的广泛支持。

2019 年 7 月，新的业主委员会成立并及时投入工作状态，通过与物业公司积极沟通，商讨小区管理建设新办法。如今，S 小区的面貌焕然一新，垃圾清理了、坑洼的路面修复了、健身器材增加了，居民满意度得到了极大提升。

三、 典型意义

业主、业主委员会、物业公司的矛盾纠纷属于典型的影响较大、涉及面广、涉及群众人数较多且在本区发展治理中普遍存在的问题。沙河源街道王贾桥社区 S 小区，依靠党建引领，充分调动各方力量，扎实推进矛盾纠纷预防、矛盾纠纷线索排查、案件办理“回头看”等机制，以“疏”“解”“化”为抓手，做好小区内矛盾纠纷和意见建议的信息收集、整理，及时反馈信息，推动社区矛盾化解。在过程中依法、用情，在充分宣传法律法规和政策的同时，立足小区业主关心的问题，设身处地解决问题，急民之所急，解民之所忧，用真情感化小区业主，提升小区业主对政府的支持率。同时，坚持协商民主，让居民事、居民议、居民定，做到过程公开透明，提升政府在居民心中的公信力。沙河源街道坚持党建引领、多元参与、用法用情、公开透明的小区纠纷化解原则，真正做到了“小事不出社区、大事不出街道”。

案例 36

活用“三会”　多方共联共解征地社保分配纠纷*

——天府新区永兴街道活用“三会”化解大树村征地社保分配问题

一、基本案情

天府新区作为担负国家战略的重大平台、治蜀兴川的“百年大计”和成都大城崛起的重要支撑，“一定要规划好建设好”是习近平总书记的殷切嘱托。[①] 天府新区在“白纸画图”的过程中，有些具有代表性的典型问题伴着高速发展随之而来，征地拆迁、社保分配、住房分配中的矛盾纠纷问题较为棘手。永兴街道办事处在借鉴“枫桥经验”，从群众最关心、反映最强烈的问题着手，展开全面排查和治理，建设和谐宜居生活社区，构建活力幸福的永兴。

2015 年规划道路货运大道（现命名为科学城中路），途经大树村 5 组，其邻近的生产便道纳入第三次补征，共计涉及 7 户群众土地，计划参照第一次货运大道征地社保分配办法（土地多少的顺序）进行分配，此社保名额由 Y 户获得，结合该组实际，Y 户已在原有征地中全员参保，其所匹配的社保名额顺移至下一户，后续社保分配调查中，涉及农户反映的相关土地下户后有群众私换土地、手续不全、权属不清、无法证明被征土地归属等历史遗留问题，7 户群众强烈坚持己见，认为自己应该拥有社保参保资格，局面僵持不下。

二、化解过程

针对社保名额分配问题，永兴街道指导大树村立即召开诉源治理“三会”

* 推荐单位：四川天府新区成都管委会社区治理和社事局；指导人：黎晓东；编写人：高燕。

① 参见《习近平春节前夕赴四川看望慰问各族干部群众》，载《人民日报》2018 年 2 月 14 日，第 1 版。

（领导小组工作会、群众宣讲会、现场办公会）+成立联合工作组（街道加村两级联合），学习借鉴“枫桥经验”精神，坚持“小事不出村，大事不出镇，矛盾不上交，就地化解”原则，实施“领导带队、群众参与、问题导向、集中整治”的工作推进机制，深入开展工作。一是召开领导小组工作会，了解问题作出工作方向指示；二是会后安排村干部进行实地走访，逐一了解摸查情况；三是召开群众宣讲会，街道工作干部下村讲政策明道理；四是召开村级现场办公会，联合工作组对事件前因后果进行梳理和讨论，邀请村议事会、村务监督、小组长、老干部、涉及群众等参加，通过以上所做工作，大树村所涉 7 户群众均改变认识，认为此土地权属已成为多年的既定事实，管理使用权属于现种植户，此次征地匹配的一类社保名额涉及村民表决，归社集体所有，符合一类社保名额的村民参与分配。后经会议研究和群众表决决定，将货运大道征地的社保名额采取抓阄方式进行分配，涉及征地人员均无异议，并对抽签结果表示认可。

三、 典型意义

引入多方力量参与、监督矛盾纠纷化解。联合街道、村两委成立联合工作组并灵活打出“三会”组合拳，邀请村议事会、村务监督、小组长、老干部、涉及群众等参加矛盾纠纷化解调解过程，及时解决大树村 5 组货运大道第三次补征地社保分配问题，坚持从源头治理、依法治理、综合治理，在迅速厘清矛盾问题后，主动作为稳定局势，在程序法治化的前提下，充分尊重群众自己的意愿，调动他们的自治能力，体现其主人翁地位，保障其充分行使自主权。

了解诉求定措施，为民解忧办实事。把“诉”定义为群众的诉求、向往；把“源”定义为诉源；把“治”定义为法治、德治、自治；把“理”定义为理政、理事。合起来就是饮水思源，坚决拥护党的领导，从源头抓好对群众诉求的解决，对已发生的群众纠纷处早、处小、处好，以法治、德治、自治为抓手，“三治”协调并用，突显自治作用，同时尽量减少不合理诉求的发生，创新工作举措，增强综合执行力，确保落实到位，不断满足群众对美好生活的向往需求，进一步密切干群关系，提升群众的满意度和幸福感。

案例 37

“石榴籽”调解维系多民族互嵌式社区和谐稳定*

——武侯区浆洗街道“石榴籽”调解室联动化解涉藏民间借贷纠纷

一、基本案情

L某与X某为夫妻关系，与K某是亲戚，三人均为藏族，一同从老家松潘来到成都藏饰一条街做批发地毯生意。2012年起，L某与X某因资金周转需要先后三次向K某借款共计218万元。出于亲情关系考虑，K某一直未要求还款。2023年开始K某的生意一落千丈，急需回笼资金，但L某和X某一直拖延、拒绝还款。多次催讨未果后，K某纠集十余名在蓉藏族亲朋好友前往L某和X某经营的店铺聚坐讨债，双方多次产生肢体冲突报警并引发街区群众围观。该案处理不妥极易由普通民间借贷纠纷案升级为治安事件甚至刑事案件，影响社区民族团结与和谐稳定。

二、化解过程

四川省成都市武侯区浆洗街道“石榴籽”调解工作室接收矛盾纠纷信息后，高度重视，立即启动“三所一庭”联调机制，派出所、司法所、律师事务所、人民法庭派出工作人员，协同社区网格员、少数民族调解员组建联调专班，以“修复亲情关系，维护民族和谐”为化解目标，确定“看、听、析、定”四步调解法，群策群力化解纠纷。

一是看，实地走访，掌握案件细节。派出所承办警官与社区网格员共同走访藏饰一条街周边商户，详细了解当事人关系、当事人生活经营情况、冲突起因、冲突演变过程、冲突激烈程度等。

二是听，民族语言，搭建沟通桥梁。司法所派出来自阿坝的藏族调解员

---

* 推荐单位：四川省成都市武侯区人民法院；承办人：张伟；编写人：车小娇、周鑫。

邀请双方喝着热气腾腾的藏茶，讲着地道的民族语言，赢取调解信任，“背靠背”分别听取双方真实想法，一边劝说L某和X某珍惜倾囊相助的珍贵情谊，勿因经济纠纷既破坏征信又伤了感情，一边引导K某站在“对方投资失败、负债累累”的困境中换位思考，从亲情角度作出让步，双方平息情绪后同意“面对面”沟通。

三是析，释法明理，引导理性解纷。法院法治指导员向K某举示恶意讨债行为的法律责任和典型案例，引导其理性维权。公益律师向L某和X某讲明诚信为本道理和民间借贷法律规定，讲清法律风险，双方最终同意通过协商方式和气化解纠纷。

四是定，分条缕析，议定调解方案。双方在“石榴籽”调解工作室的主持下，核对每笔借款凭证及利息，确认欠款金额，议定可行的还款计划。L某和X某同意出售一套房屋积极还款，K某看到对方的积极态度后也同意免除利息，双方签订调解协议后握手言和。

三、典型意义

四川省成都市武侯区是成都市典型的少数民族输入型散居区，基层单元有着十分明显的多民族互嵌式社区特征。社区居民宗教信仰、民族风俗文化的差异以及语言交流的障碍，极易引发矛盾纠纷，多民族互嵌式社区中的矛盾纠纷防治也是社区治理中难啃的“硬骨头”。2023年3月，武侯法院、武侯司法局共同在浆洗街道设立成都市首家“石榴籽”调解工作室，以“三所一庭”联调机制，同时联合检察院、公安、民综等多部门专为少数民族群体提供纠纷调处、普法宣传、诉讼咨询、巡回审判等法律服务，借民族文化、用民族语言、靠民族办法、融民族情感，力求让涉少数民族矛盾纠纷止于未发、化于萌芽、解于诉外，实现纠纷多元化解、基层社会治理和民族团结在中心城区的有机统一。本案为浆洗街道“石榴籽”调解工作室自治化解矛盾纠纷的典型案例，化解过程由多方协同配合，实现社区自治、法治、德治有机糅合。在调解过程中，充分发挥派出所、网格员熟知社情民意的优势，详细了解案情，找准争议焦点；充分发挥少数民族调解员的共情和语言优势，建立和谐沟通基础；充分发挥司法所、公益律师、法院法治指导员的专业优势，释法说理，实事求是，促成双方达成调解方案，避免纠纷成讼甚至引发群众性事件。该案成功调解后为街区群众周知，一方面维护了少数民族的合法权益和社会诚信，另一方面修复了亲情关系与和谐街区氛围，便民普法深入人心，尽显少数民族街区基层治理共建共享之魅力。

案例 38

诉源治理“四步走”“对症下药”化顽疾*

——邛崃市道佐乡砖桥村争取多方支持化解占房纠纷

一、 基本案情

L某一家是道佐乡砖桥村户籍，户内成员有5人，因道佐乡砖桥村实施土地整理项目，L某一家报名参加，并向道佐乡砖桥村村委会缴纳了相应的报名费。后村委会将建设项目交由建筑公司承建。房屋建成后，村委会组织报名户进行抽签选房并补缴购房款。L某一家无故未参与选房但缴纳了部分房款。村委会讨论后决定视为L某一家放弃参与土地整理并将L某一家缴纳的房款予以全额退还。但L某一家在未经村委会同意的情况下，擅自举家搬入新建小区的低层房屋内居住，并拒绝缴纳剩余购房款。砖桥村村委会多次约谈L某一家，要求腾退房屋，但L某一家一直拒不配合。

二、 化解过程

本案具有四大特点：一是主体比较特殊。原被告分别为村委会与村民，两者之间本身就存在自治管理的特殊关系，纠纷发生的内容也与自治管理的内容存在重合。二是本案并非简单的民事案件。引发问题的根源在于土地平整后的安置问题，本身带有比较重的行政色彩，加之双方在发生诉讼之前已经存在比较激烈的冲突，矛盾双方的激烈对峙状态还可能再度出现。三是当事人的抵触情绪严重。案件事实虽然比较清楚，法律关系也比较明确，但难做当事人的思想工作，当事人有暴力抗法倾向，处理不善容易引发社会矛盾和不稳定因素。四是执行难度较大。即使判决村委会胜诉，要求被告腾退房屋，执行难度也较大，难以对矛盾进行实质性化解。

邛崃市人民法院平乐人民法庭考虑此案的特点，本着从源头化解矛盾纠

* 推荐单位：四川省邛崃市人民法院；承办人：杨华军；编写人：杨华军、方延鑫、周金龙。

纷的办案思路，积极对接党委政府，整合多方资源形成强大合力，通过“四步走”工作法，最终成功化解了这一矛盾尖锐的老大难问题。

第一步，找症结。法庭向原告了解基本情况及基本诉求，征得原告同意后决定先行调解。法官及时与被告方L某一家取得联系，对矛盾产生的原因、升级的过程等进行了初步了解，摸清楚被告方的心态。同时，法官积极向道佐乡司法所、道佐乡政府等了解矛盾的背景、相关政策。通过与各方的沟通联系，法官首先固定了案件的关键事实：是否退还L某已交纳的建房款，L某是否能够享受相关扶持政策。此外，法庭还向派出所了解L某的周围社会关系，对其周围关系人开展工作，杜绝出现矛盾升级影响社会稳定情况。

第二步，辨是非。在固定关键案件事实和找准矛盾根源后，法庭就规制本案矛盾的法律规定进行释明，使L某一家明白自己的处境和即将面临的法律责任，意识到行为不当及问题的严重性，自我权衡利弊，并引导在法律框架内寻求解决方案。

第三步，明对策。法庭通过与道佐乡政府各部门进行研判、分析问题症结，讨论基本解决思路，并初步形成解决方案。在市委政法委、市政府的支持下，积极与国土局、农发局、不动产登记中心衔接，形成合力，最终制定了解决本案纠纷的方案。

第四步，化纷争。根据确定的解决方案，法庭将砖桥村村委会、L某一家召集到一起并主持了商讨协调会，会上邀请了道佐乡政府一并参与协调，促成各方达成一致：L某一家缴纳建房款、调地费等，案涉房屋由L某一家居住；砖桥村、道佐乡政府协助L某一家办理产权手续。目前，L某一家已全额交纳了费用，砖桥村、道佐乡政府已为L某一家办理相应的手续，砖桥村已撤回了起诉的材料，长达4年的“占房”纠纷得到彻底化解。

三、 典型意义

2020年4月，邛崃市人民法院建立“两平台、四步走”的诉源治理工作方法。“两平台”：覆盖辖区镇乡、村社群众的“服务民生、共建和谐”服务平台、法官结对镇乡指导平台，促进法官与辖区群众零距离沟通，与镇乡政府实时对接、信息共享。“四步走”：“找症结、定办法、寻支持、减类案”，明确矛盾纠纷化解路径。

本案是邛崃市人民法院运用“四步走”工作法，推进乡村社区诉源治理的一起典型案件，其化解过程体现了“坚持以人为本，坚持党政主导、综治协调、多元共治”的诉源治理理念。邛崃市人民法院坚持能动司法，主动争取党委支持，积极对接行政机关，借助基层力量，全程深度参与，及时精准释法，为当事人在法律的框架内提出合法诉求、采用合法手段、获得合法结果提供了指引，对妥善化解此类带有行政色彩的民事纠纷具有示范意义，对促进本地乡村振兴也起到了重要作用。

案例 39

村社乡贤齐说理　昔日冤家变睦邻*

——金堂县土桥镇朝阳社区“说事评理”就地化解相邻纠纷

一、基本案情

Z 某和 L 某是金堂县土桥镇朝阳社区 5 组的村民，二人房屋一前一后坐落，因 Z 某的房屋高于 L 某的房屋，Z 某房屋的排水管正对 L 某土坯房后侧，导致双方时常因排水问题发生口角。2018 年夏天，因长时间高温、降雨不足，导致水资源缺乏，Z、L 两户共同使用的自挖井供水不足，二人再次因井水使用问题产生矛盾。2018 年 8 月 6 日，L 某因在自挖井中取水不成，与 Z 某发生口角，双方邻里关系相处期间积累的所有积怨爆发，致矛盾升级，使得 Z、L 两户人口均参与其中相互推搡、抓扯。其间，L 某的孙子将 Z 某的妻子打伤。此后，Z、L 两户恩怨不断，家长里短中的矛盾一触即发，经常发生口角、抓扯。双方矛盾在当地人尽皆知，长期产生不良影响，村民、村委会多次介入调解均未果。

二、化解过程

金堂县土桥镇干部在调研中得知 Z、L 两家情况后积极介入，经征求双方意见后决定召开一场“说事评理”现场会，邀请知情人、社区两委成员、各村社区的治保主任、老党员及退休干部等组成评议员，针对 Z、L 两家的矛盾说说事、评评理。2018 年 11 月 21 日下午，这场说事评理现场会在土桥镇潮阳社区“孝”文化广场召开。现场会中，L 某、Z 某虽相对而坐，但均不愿正视对方，陈述纠纷根源时，也充斥着愤怒的情绪。经知情人及 Z、L 二人陈述，评议员了解到两家的矛盾主要集中在相邻关系中的排水、共用水井取水、L 某妻子医疗费用的给付等问题后，主要从情理入手，回顾 Z、L 两户家族渊

* 推荐单位：四川省金堂县人民法院；承办人：唐仕琼；编写人：刘晓梅。

源和互助、互帮过往事件。其后，再由现场会邀请的法律顾问对相邻权中有利于生产、方便生活、团结互助及公平合理等原则进行诠释。最后，由当地一名德高望重的老党员分析纠纷症结，分享邻里关系和睦相处之道，最终双方冰释前嫌，当场签订协议握手言和，化解了多年积怨，纷纷对现场会到会人员表示感谢。

三、典型意义

金堂县的土桥镇是四川省孝善文化重镇。2016 年，金堂县在土桥镇试点推行以社会自治手段化解民间纠纷为旨归的“说事评理”乡村替代性纠纷解决机制，由县法院、县司法局以及县综治办联合组成指导机构，在当地培育选拔由知情人士、老党员、老干部等组成的矛盾纠纷“说事评理”员，组建各村（社区）“说事评理”工作小组，旨在以党委领导、政府主导为原则，结合现代法治理念、方法和“孝为本、理为先、和为贵”的乡村本土治理理念与治理方式，推动广泛发挥人民群众在纠纷解决中的作用，源头预防、柔性化解基层社会矛盾纠纷。本案是一起典型的邻里纠纷，俗话说“远亲不如近邻”，邻里关系若处理不好，容易影响群众的生产、生活，双方日常生活中积累的矛盾没有得到及时化解，也极易引发“民转刑”事件，进而影响社会安全。此类纠纷纳入说评，有利于及时、就地、实质化解，充分体现民间矛盾自我化解的“乡村特色”，促进乡村治理体系的完善。

案例 40

四方“会诊”　止重大纠纷于乡村社区*

——新津区新平镇太平社区、狮子村合力化解 3000余亩土地流转纠纷

一、　基本案情

2012年，新津区新平镇太平社区、狮子村等多个村民小组的3000亩土地经过土地整理后由L公司（相当于合作社）流转给T公司等50多名业主，并约定每年由业主按照每亩800斤到850斤黄谷的市场价支付土地租金。由于案涉土地涉及多个村组，且受L公司负责人更换以及近年来经济下行等因素影响，部分业主拖欠土地租金的现象较为严重，个别业主甚至欠费将近100万元。临近春节，案涉土地的部分农民因未收到土地流转款而情绪较为激动。L公司工作人员多次催促交款无果后诉至法院，要求欠费业主尽快支付欠款。

二、　化解过程

新津区人民法院法官在新平镇太平社区“法官诊疗室”定期“坐诊”中发现，新平镇农村土地在流转过程中，一些村组的农民最近两年都没有收到土地租金，存在引发大规模诉讼和群体性事件的可能。部分业主特别是欠费大户常年不露面，存在较大的送达难题，还有部分业主欠费虽然不多，但看到欠费大户长期不交租金，也相继效仿。为及时预防化解矛盾，“坐诊”法官主动与村组负责人、社区网格员、乡贤力量对接联系，共同通过电话联系欠费业主，通过多方途径掌握并固定欠费业主的经营地址，到部分业主的经营现场走访掌握欠费业主的欠费原因，深入分析矛盾纠纷的症结。同时，面向基层干部群众做好法律解释说明工作，及时缓解部分农民的激动和对立情绪。

前期工作开展后，大部分业主主动结清了租金。针对涉及500余亩土地

* 推荐单位：四川省成都市新津区人民法院；承办人：贾肖、蒋慧英；编写人：贾肖、蒋慧英。

的欠费大户拒缴租金的诉讼纠纷，新津区人民法院主动与立案当事人进行沟通，引导其理性诉讼，避免矛盾纠纷进一步激化。案件受理后，承办法官利用与区综治中心、基层社区、人民调解委员会联动机制，邀请社区干部、社区网格员、乡贤力量参与案件送达，在部分业主经营现场送达相关法律文书的同时就地开展调解工作，引导双方换位思考，督促欠费业主及时、快速履行支付租金的合同义务，仅用时 9 天促成进入法院的 5 件案件全部达成调解协议，案涉金额将近 300 万元，其中部分业主在协议达成后 1 个月内共支付租金 70 余万元，进而带动其他未交费业主主动缴费 50 余万元，相关村民在春节前领取了部分租金，确保了基层平安过节，乡村和谐稳定。

案件调解后，新津区人民法院本着案结事了的目的，联合社区、村组工作人员开展案后回访活动，促成欠费业主按照调解协议的时间节点履行剩余支付义务，避免了案件进入执行程序。

三、 典型意义

本案是 2018 年年底新津区人民法院法官在太平社区“法官诊疗室”定期“坐诊”中处理的一起土地流转纠纷，涉及土地将近 3000 亩，牵连三个自然行政村的数千户农民。社区“坐诊”法官和后续进入诉讼程序的承办法官充分预估并做好风险评估工作，主动和政府、社区、村组联系，共同做农户和欠费业主的思想工作，有效缓解对立情绪，解决双方矛盾，并督促欠费业主快速履行付费义务。同时，重点关注如何从根上化解基层的土地流转纠纷。一方面，就本次案件反映的基层土地流转问题，主动加强与新平镇政府的沟通，在规范合同签订、监督合同履行以及日常工作指导等方面提出司法建议。另一方面，认真倾听业主心声，针对业主反映的土地、市场、融资等问题逐一联系帮助解决困难，促进业主经营发展，为乡镇经济发展保驾护航，促进乡村发展振兴。

案例 41

乡土纠纷乡土解，兄弟和睦一家亲*

——四川天府新区人民法院太平人民法庭联动基层治理单位实质化解宅基地相邻权纠纷

一、基本案情

L1 与 L2 为亲兄弟，均系四川天府新区太平街道 Z 村村民，二人所分配的宅基地为相邻地块。2018 年，L1 与 L2 签订了《换房协议》，该协议约定 L2 进行房屋改造占用原告的房屋宅基地时，要为 L1 留出一条可供车辆通行的生活通道，并按照面积平方差支付差价赔偿款。但在 L2 的房屋建造完工后，双方因房屋面积差和生活通道问题产生争议，故 L1 诉至法院，案件由四川天府新区人民法院太平人民法庭管辖。

二、化解过程

L2 收到诉讼文书后辩称，其修建房屋未占用原告的宅基地，即使占用也未达到原告主张的面积大小，现双方房屋早已改造完毕，已不具备交付给对方土地的可能性，而具有修建便道条件的相邻土地已租给在村上创业的案外人 A 某，两家人也因土地纠纷闹得村里人尽皆知，故对 L1 的条件均不能答应。两兄弟因积怨已深、互不相让，调解工作陷入僵局。承办法官考虑到双方均为太平街道 Z 村的村民，又涉及亲情和邻里关系，太平街道矛调中心及村委会等基层综合治理主体有深入群众、了解群众的优势，故邀请太平街道矛调中心的工作人员及村委会干部一起深入现场、实地调解，通过“三步走”的工作方法，实地解纷。第一步，查现场明事实。在村委见证下，组织原、被告对争议土地进行了现场丈量确认，明确土地的实际使用情况。第二步，讲法理说情理。在土地丈量基础上，对土地性质以及相邻法律关系进行现场

* 推荐单位：四川天府新区人民法院（四川自由贸易试验区人民法院）；承办人：李书剑；编写人：李书剑、王韵菡、程成。

讲解，以双方血脉亲情作为突破口讲案例、说情理。第三步，实解纷促和谐。与案外人 A 某沟通将其租赁的部分土地调剂给 L1 修建便道，从实际上解决兄弟俩占地及生活通道的问题。最终，在多方共同努力下，不仅确认了诉争宅基地的面积差和一次性补偿金额，两兄弟也彻底放下了多年积怨。调解协议签订后，L2 当场将一次性补偿款如数交到原告手中，并承诺配合后续便道的修建工作，时隔多年，两兄弟的手又紧紧握在了一起。

三、 典型意义

邻里纠纷的处理不仅涉及法理还牵涉乡土人情，此类案件在审理中若简单依法“一判了之”，不仅难以实质解决双方矛盾，还可能导致亲戚关系、邻里关系彻底破裂。为实际解决双方问题，人民法院主动联动基层治理单元，从乡土人情中寻找解纷新力量。深耕基层抓纠纷化解点。主动到案涉地点实地查看土地情况，与当地街道矛调中心、人民调解员沟通了解两兄弟的纠纷历史产生背景、过往争议解决情况以及双方诉讼解纷心理，找准双方争议点，抓住纠纷化解点。打造多元化解联合体。通过矛调中心联动当地村委会参与，借用村委会与基层群众联系紧密的特性，发挥多元主体的解纷优势，从乡情、邻里情尤其是兄弟情角度做双方工作，对双方矛盾点进行了精准化解，最后两兄弟握手言和，彻底放下心结。该案是由人民法庭协同当地乡镇矛盾调解中心、村委会成功化解邻里矛盾纠纷的典型案例，是人民法庭积极参与基层治理、助力乡村振兴工作的良好体现。

案例 42

社区“心安”调解　巧化分歧助和睦*

——温江区公平街道用心用情化解四兄妹遗产分割案

一、基本案情

成都市温江区公平街道红桥社区的L夫妇育有两子两女，L夫妇因拆迁获赔一套安置房和部分拆迁款。2008年，L夫妇与子女在红桥社区调委会的见证下签订《遗产分割协议》，约定两儿子平分安置房且各得存款的三分之一，两女儿各得存款六分之一。L夫妇年老后，两个女儿担负起了扶养义务，于是2021年他们决定：安置房仍由两子平分，但二人需各拿出6万元分别给两个女儿。L夫妇病重后，因大儿甲极少看望老人及参与扶养，于是在L临终前，他口头将遗嘱修改为大儿甲不继承任何财产。后L夫妇相继离世，身后留下的财产仅剩一套安置房。大儿甲夫妇因分不到遗产表示强烈不满，坚持要求按2008年的协议进行遗产分割。L夫妇去世以来，四兄妹因遗产分割问题吵闹不休，几近成仇。红桥社区“心安社区”调解室知晓此事后，积极耐心地进行了调解。

二、化解过程

社区“心安”调解员通过多方走访调查，了解到大儿甲的配偶的性格十分强势，凡事以“闹”为先，导致四兄妹之间的关系长期处于紧张状态。调解员充分了解情况后，对该纠纷进行了细致分析和梳理，理清调解思路并制定相应的调解方案，从法律、道德、情感三方面分别走访并向他们释法明理，积极化解矛盾纠纷。经过调解员持续十余天三十余次的走访和温江区人民法院江雨霏法官不断的法律讲解、道德教育、情感感化，四姊妹逐渐放平了心态，意识到亲情是无法割舍的纽带，家和才能万事兴，均表示愿意退一步。

* 推荐单位：四川省成都市温江区人民法院；承办人：杨银；编写人：杨银。

但是房屋所有权人的确定又让他们犯了难，怎么才能公平公正且合理合法地确定房屋所有权人并让他们心服口服呢？调解员灵机一动想到了“抓阄”，在征得四兄妹同意后通过“抓阄”的方式确定房屋所有权人，既公平公正又能让大家心服口服。在法院派驻的法治指导员和调解员的见证下，四兄妹签订了《遗产分割协议》并履行了各自在协议中约定的义务：确定遗产房屋价值为50万元，大儿甲、小儿乙各占19万元，大女甲、小女乙各占6万元；以“抓阄”方式确定大儿甲为遗产房屋所有权人；大儿甲支付小儿乙19万元，同时分别支付大女甲、小女乙各6万元。

父母去世后，兄弟姐妹便是这世上最亲近的人。协议签订当天，回忆起过往四姊妹感慨万千，所幸他们的遗产分割纠纷得到了合理解决，以后不至于成为陌路人。

三、 典型意义

“诉源治理　心安社区”是由党委牵头，法院、检察院、司法局、公安局、各街道社区等单位，多方协作配合打造的社区矛盾纠纷调解阵地，重点关注老年人赡养问题、继承问题、家暴行为、未成年人抚养教育情况等方面，强调充分融合情、理、法，在老百姓家门口为他们解心结去隔阂，从而实现矛盾纠纷就地化解、根本化解。此案的圆满解决，充分体现了“诉源治理 心安社区”机制推动基层治理中心下沉、做优做实社区法律服务的优势，实现了“大事化小，小事化无”，推动构筑起诉源治理法治防线和社会综合治理安全底线。“调”出一片和谐，“解”答心中千结，“诉源治理　心安社区”这一多元解纷平台发挥着为群众排忧解难、维护社会稳定的作用。接下来，温江区人民法院将进一步加强资源整合，建好社区法律服务圈，强化司法保障供应链，为人民群众提供更加高效、便捷的法律服务。

第二节　在诉的次级源头，止解纠纷于诉外

案例 43

诉裁衔接　分流调解　稳妥化解涉稳纠纷*

——武侯区运用劳动争议联调机制化解 155 人劳动争议纠纷

一、基本案情

T 电缆厂、N 电缆厂与 H 有限公司均为四川 M 集团下属企业。T 电缆厂与 N 电缆厂成立于 20 世纪 90 年代，因经营困难，截至 2015 年 12 月，两电缆厂欠发员工半年工资 170 余万元，欠缴社保费 500 余万元。H 有限公司也存在拖欠部分职工工资和未缴纳社保费现象。

二、化解过程

武侯区人民法院牢牢把握“标本兼治、重在治本，内外并举、善借外力”的诉源治理工作思路，积极联合区维稳办、区信访局、区法制办、区经科信局、区人社局、区公安分局、高新区供电局、华兴街道等相关部门，多措并举，合力推动纠纷化解。一是提早介入，稳定情绪。积极参与由街道分管领导牵头的工作小组，及时安排资深法官与职工代表深度交谈，并进行详细的诉讼辅导，引导企业职工采取理性、合法的方式维护自身合法权益。二是积极联动，多方努力。在涉事员工的情绪稳定且愿意通过合法途径解决纠纷的

* 推荐单位：四川省成都市武侯区人民法院；承办人：谢黎明、朱熔成；编写人：谢黎明。

情况下，武侯区人民法院积极与武侯区劳动人事争议仲裁委沟通，并引导当事人按照双方分歧程度先易后难的顺序将案件分两批次提交劳动仲裁，通过对个案的成功调解带动整体矛盾纠纷化解。三是灵活变通，快速化解。该批案件涉及的矛盾纠纷牵涉时间较长，若进入仲裁或诉讼程序处理时间过长，可能会导致前期已平复的当事人情绪反复，引发更大的矛盾纠纷。坚持以法律为底线，以维护劳动者权益为根本，灵动变通，开设“绿色通道”，促进了该批案件的快速解决。

最终，155 件案件在劳动仲裁和诉讼阶段分批以调解方式结案，就欠发工资及解除劳动合同经济补偿金的支付等争议事项达成了协议，全部案件已进入执行程序。在成功化解该起矛盾纠纷的过程中，武侯区人民法院更是积累了“源头介入把脉问诊、加强联动多元治理、灵活变通快速处理”的经验做法，对解决类似纠纷具有借鉴意义，为进一步深化诉源治理工作打下了良好基础。

三、 典型意义

一是源头治理，把脉问诊做好心理疏导。近年来，因企业改制遗留问题、部分企业停产及老板欠薪逃逸等引发的集体劳动争议案件不断增多。这类案件涉及人数多、标的大、牵涉面广、矛盾纠纷复杂、当事人情绪激动、维权手段激烈，处理不当易引发群体上访、累诉难息的现象，给社会安定带来较大影响。在该批案件的处理过程中，武侯区人民法院积极协调、配合基层组织及相关部门，整合资源、利用优势、诉非联动、多元共治，成功以调解方式解决了该批劳动争议案件。

二是加强联动，内外并举促成协议达成。多部门联动，深入推进诉源治理工作是从根本上化解矛盾纠纷的良策。经过工作小组的前期努力，所涉员工情绪有所平复，主动放弃再次上访计划，并表示了通过合法途径解决纠纷的意向。以此为基础，法院迅速介入，避免了案件纠纷久拖不决导致员工情绪出现反复，在征求员工代表的同意下，将 155 件案件按照双方的分歧程度划分为两批次，将案件处理难度较小的 57 件先提交劳动仲裁，通过对个案的成功调解带动整体矛盾纠纷化解；同时，在首批案件仲裁过程中，武侯区人民法院主动介入，提供诉讼辅导，与武侯区劳动人事争议仲裁委一同做好双方当事人的工作，明理析法，力促双方达成调解协议。通过双方共同努力，最终实现 57 件案件全部调解结案。

三是灵活变通，“绿色通道”快速化解纠纷。其余 98 件案件因当事人双方意见分歧较大，与武侯区劳动人事仲裁委互通情况、共同研讨，以快速化解纠纷为根本，灵活变通处理方式：由武侯区劳动人事争议仲裁委及时向职工出具超期未处理证明，使案件得以及时、顺利地转至法院。开通“绿色通道”，迅速安排 4 名调解经验丰富的法官在先期劳动仲裁已查明的无争议事实基础上进行诉前调解。找准双方争议焦点，寻找突破口。调解法官通过约谈员工代表及公司负责人，在找准争议焦点的基础上，动之以情，晓之以理，对症下药，并以 98 名职工中多数老职工对公司存在一定的感情为突破口，成功促成双方达成协议，全部案件在 5 个工作日内以诉前调解方式结案，顺利进入执行程序。

案例 44

联动治理显“规模效应”*

——双流区信访局联动职能部门化解商品房买卖合同系列纠纷

一、基本案情

L某、J某等1000多户购房业主自2005年开始，先后与D公司签订了《商品房买卖合同》及《商品房买卖合同补充协议》（以下简称买卖合同），购买了D公司开发的位于C市S区的1000多套住房。买卖合同约定，D公司应于取得房屋所有权证后2年内协助L某、J某等1000多户购房业主办理土地使用权变更登记手续，并提供必要的证明文件。D公司按照买卖合同的约定按期向L某、J某等1000多户购房业主交付了房屋，D公司也陆续协助L某、J某等1000多户购房业主办理了房屋所有权证，但是迟迟未办理土地使用权变更登记手续。2016年，成都市全面实施不动产统一登记，土地、房屋等权属证书不再单独颁发，统一为《不动产权证书》。因D公司未缴足该楼盘建设用地的土地出让金，成都市双流区国土局一直未予办理该楼盘土地使用权变更登记手续。L某、J某等1000多户购房业主因仅持有房屋所有权证而无法到成都市双流区不动产登记中心换发不动产权证。

L某、J某等购房业主以其已如数缴纳购房款和相关税费，且房屋已经相关行政部门验收合格并交付使用，土地出让金足额缴纳与否系开发商与行政机构之间的事等为由，多次到成都市双流区国土局要求办理土地使用权变更登记手续。

二、化解过程

为维护社会秩序稳定，双流区信访局邀请双流区人民法院对纠纷调处工作进行法律指导。双流区人民法院依托自己搭建的“诉非大超市”解纷平台，

---

* 推荐单位：四川省成都市双流区人民法院；承办人：周华斌；编写人：杨维薇。

利用已有的房地产纠纷联调机制，会同双流区房管局、国土局、规划局、辖区街道办与L某、J某等购房业主代表及其委托的律师进行沟通、协调。在调解过程中，双流区人民法院通过对购房业主的诉求及其提供的证据材料进行分析，并结合相关案例，向房管局、国土局等行政部门就类似纠纷的法律适用进行了梳理，并配合房管局、国土局向L某、J某等购房业主代表进行政策、法律的释明，再由房管局、国土局等行政部门向D公司进行政策引导。

最终，L某、J某等1000多户购房业主与D公司达成一致意见，D公司补足土地出让金，提供不动产登记的相关材料，协助购房业主办理不动产登记证书。法院对上述调解一致意见出具调解书，不动产登记部门依据调解书为购房业主办理不动产权证书。

三、 典型意义

近年来，伴随着楼市的起伏、限购政策的出台，房地产纠纷类案件不断增多，要求办理房屋权属证书类的商品房买卖合同纠纷也随之增多。上述案例中，纠纷双方之间的法律关系明确，争议不大，事实清楚，但纠纷涉及人数众多，且部分购房业主并非将诉讼作为维权的首选方式，而是通过不断地信访来维权，这给社会秩序的稳定带来一定的隐患。双流区人民法院依托自身搭建的诉非多元解纷平台，运用矛盾纠纷联调机制，与行政部门形成合力，协助诉前妥善调处矛盾纠纷，有效地维护了社会秩序的稳定，减少了当事人讼累，取得了很好的诉源治理效应。诉前有效化解该纠纷，得益于联调机制的有效运行，这也是双流区人民法院在道路交通事故纠纷联调机制成功实践下的延伸，这为法院建立家事纠纷联调机制、劳动纠纷联调机制等多种联调解纷机制提供了实践基础。

案例 45

“三所一庭”多方会诊聚多元合力*

——天府新区华阳街道基层治理单位合力化解一起提供劳务者受害赔偿纠纷

一、基本案情

吉某在四川天府新区华阳街道提供劳务时不慎被房顶掉落的砖物砸中头部，经120现场确认死亡。事故发生后，死者吉某的家属纷纷从老家连夜赶来事发地，聚集数日，并和包工头阿某发生肢体冲突，死者亲属要求阿某、施工单位及属地社区承担赔偿责任。

二、化解过程

四川天府新区华阳街道多次组织调解无果后，启动“呼叫—响应”机制，邀请四川天府新区人民法院安宁法官工作室参与调解。当日16：00，邓安宁法官赶往街道，同街道党工委副书记等党政领导梳理案情、研判形势，就可能出现的争议点及冲突点进行提前研判并制定针对性调解方案。当日17：30，在“三所一庭”联动调处，由司法所所长负责搭建调解平台，派出所所长负责秩序维护、安抚聚集群众，驻社区律师事务所提供公益法律服务法庭，法官工作室组织各方开展调解，正式开展协调化解工作。

前期调解过程中，各方就责任主体、责任比例及损失总金额等方面有较大争议，且死者家属在遗体火化、群众聚集、亲属返乡等问题上的对抗情绪较重。邓安宁法官首先引导当事人合理表达诉求，讲明白、讲清楚主张权利的途径和方法，明确底线，对闹访、伤人、扰乱办公秩序等行为的危害和后果进行了分析和告知，劝说近亲属之外的其他亲属、同乡尽快返乡，并为死者家属提供了递进式解纷建议，即“自行沟通协商—街道联动调解—法院诉

---

* 推荐单位：四川天府新区人民法院（四川自由贸易试验区人民法院）；承办人：邓安宁；编写人：邓安宁。

讼”的路径。其次，从细节入手分析案情事实、从专业入手划定责任比例，多方求证还原事发当时的情形，分别从管理责任、施工场地安全保障义务、用工主体责任及受害者自身的过错等角度，用通俗易懂的语言详细阐述各种责任的法律依据、主次关系、责任比例等内容，提出初步调解方案，并对方案的合法性、合理性进行说明。最后，与可能承担责任的各方主体分别进行背对背调解，又与死者家属代表进行沟通、说理，综合各方意见后，对初步调解方案进行微调，并从风俗入手妥善处理遗体及后事办理，从情理入手根据负担能力安排支付进度。经过四个小时的调解，各方达成一致意见。当日22：00，各方签订了调解协议，聚集群众也慢慢散去。

三、典型意义

此案件得以在诉前阶段成功化解，是商务区法庭、街道、司法所、派出所、律师事务所等各方共同努力的结果，是全省首家区级社会矛盾纠纷化解协调中心与诉源治理中心“双心融合”多元解纷机制的成功应用，也是安宁法官工作室“呼叫—响应”机制实质运行的一个缩影，发挥了司法调解指引作用，妥善、高效处理了纠纷，充分保障和维护了当事人的合法权益。

案例 46

党委牵头　府院联动　多元共治*

——青白江区委政法委牵头联动化解涉108户“烂尾楼”纠纷

一、 基本案情

Z房地产开发有限责任公司（以下简称Z公司）开发的“ZBYD”房地产项目位于青白江区辖区内。2012年，该项目因公司资金问题停工，在建楼盘成为“烂尾楼”，债权人相继将Z公司起诉至法院。自2013年起，青白江区人民法院接受交办和受理执行Z公司的执行案件达到70多件，申请执行标的接近3亿元。执行中，该院依法对Z公司在建商品房以及国有土地使用权进行司法处置，但三次司法拍卖均流拍。后经申请人申请，案件依法进入抵债程序，但因Z公司涉及债务众多，其中包括108户购房者因尚未进入诉讼而无法确认其权利。而购房户的问题能否得到妥善解决，直接影响着案件执行进展和停工楼盘复工，成为青白江区亟待化解的一大难题。

二、 化解过程

青白江区人民法院在案件的化解中，从三个方面入手，探索了一条共性治理道路。一是健全汇报机制，强化党委主导力量。综合考量该楼盘已实际处于“烂尾”状态、三次公开拍卖全部流标、开发商变更、项目楼盘更名、真实购房业主甄别等诸多问题叠加的复杂情况，主动向当地党委请示汇报，将该问题作为事关全区社会治理的重点工作，由政法委牵头，相关政法单位协同配合，共同建立起相关问题协调处理机制。二是用活用好“繁简分流”解纷机制。在化解过程中，把准了实际支付购房款50%的关键“分界线”，将108户购房者分为了实际支付购房款超过50%和未超过50%两大类，并以此进行了“繁简分流”，对实际支付购房款超过50%的购房者先期进行快速化

* 推荐单位：四川省成都市青白江区人民法院；承办人：何兴强；编写人：李耿、何冬霞。

解，将有限的人力和精力投入剩余难点问题解决中，推动整个矛盾纠纷的妥善化解。三是精准用力主要矛盾，实现共性治理。在化解过程中，青白江区人民法院紧跟宏观经济形势走向，切入主要矛盾精准发力。抓住因青白江区房价上涨业主“要房”的共性诉求进行集中治理，充分运用当事人意思自治原则，在不违背法律的前提下，由新开发商适当进行权利让渡，从而快速达成了“三方”调解协议。

青白江区人民法院在解纷过程中，主动邀请第三方专业力量参与“诉源”研判与治理，保持对矛盾纠纷总量大、涉及面宽、对地方改革发展稳定影响较大案件持续的定力、超强的耐心、超长的韧劲。一方面，注重引入专业力量深入要害环节加强个性治理。从法院律师调解“智库”中邀请资深律师团队参与化解工作，在解决了购房者“要房”的共性诉求的基础上，集中解决各个购房者的个性诉求，成功平衡“三方”意见，购房者与原开发商签订的《房屋买卖合同》约定的交房、办证义务由新开发商履行，保持业主所购房屋位置、面积、价款不变；业主自愿放弃追究原开发商逾期交房、办证等违约责任的诉求；业主与新开发商另行签订《房屋买卖合同》，业主与原开发商签订的《房屋买卖合同》终止履行等。另一方面，加强司法保障实现多元解纷链条两端顺畅衔接。完善矛盾纠纷多元化解机制，促进人民调解与司法确认程序深度衔接，确保已得到妥善调解的纠纷能够高效、彻底地化解。指导三方当事人在人民调解委员会的主持下成功达成调解协议，及时引导纠纷进入司法确认程序，开辟“绿色通道”快速审查并依法予以确认，为调解协议的落地落实提供了强有力的司法保障。

三、 典型意义

青白江区人民法院在源头化解该批房地产领域集团纠纷过程中，积极总结提炼经验模式，形成了可运用、可推广的诉源治理青白江方案。一是加强组织联动，完善“多元共治”新模式。在积极争取党委支持的同时，主动邀请政府参与，府院联动共同在诉讼前端“把脉诊治”，深度融合律师调解、人民调解、行政调解、行业调解，构建起了信息互通、优势互补、协作配合的纠纷“多元共治”机制，携多方力量成功化解矛盾纠纷。二是搭建共享平台，完善“互联互通”新模式。为保证治理成效，法院针对部分购房者认为不可能交付房屋而停止支付银行贷款导致违约的情况，主动对接银行，为双方搭建协商平台，促进了购房者与银行之间的信息互通，法院与银行之间的机制互联，最终成功解决了购房者与银行之间的按揭过渡问题，确保了先期化解成果平稳落地。三是加强经验提炼，完善“疏导示范”新模式。在成功化解前期 73 户的基础上，法院及时会同司法局等部门，总结化解经验，归纳解纷方法，切准关键“诉源”，着力纠纷共性与个性治理，以前期化解成功的 73 户方案为蓝本，推动达成调解协议，妥善化解了全部 108 户涉稳商品房预售纠纷，扩大化解纠纷的示范和引导效应，强化和提升群众正确的法律规则意识和依法解纷认识。

案例 47

诉前辅导"好言相劝"　百余群众理性维权*

——龙泉驿区政法委组织多方诉前辅导民间借贷集团纠纷

一、 基本案情

2018 年 7 月 25 日，S 公司向 H 某等 100 余人借款，并签订借款合同，每人分别借款给 S 公司 3 万元、5 万元不等，共计标的金额 300 余万元。按照合同约定，在为期 6 个月的合同期内 H 某等 100 余人享受 24%的年化收益，S 公司按月支付利息。但合同到期后，S 公司未按约支付本金及利息。H 某等 100 余名当事人无法和 S 公司取得联系，遂前往龙泉驿区信访局信访。由于当事人情绪激动，恐引起群体性事件，故区委政法委牵头，联合区信访局、区公安分局、区法院、区检察院通过联席会议商讨应对措施。区公安分局认为虽有明确合同，但由于证据不充分不符合刑事立案标准。区法院认为当事人可依法主张权利，但此案并不在本地法院管辖范围内。会议意见反馈给当事人之后，引起当事人的强烈不满，坚持应由龙泉驿区人民法院受理。

二、 化解过程

龙泉驿区政法委对此案高度重视，积极会商法院共同解决矛盾纠纷。2019 年 6 月 26 日，区处非办负责人、法院领导、业务庭庭长在龙泉驿区人民法院诉前纠纷调解室召开当事人诉讼辅导大会，通过诉前辅导答疑解惑，释法明理。一是明确诉求。耐心听取当事人的叙述并做好接待记录，认真查看当事人提交的证据材料，明确案件的具体细节和当事人的诉讼请求。二是释法解疑。对于管辖范围的问题，和当事人解释，案件通过民事维权途径需要有特定管辖范围，其所签订的合同中，第 9 条争议解决方式明确规定："凡由本合同引起的或与本合同有关争议和纠纷，双方应协商解决，协商不成由甲

---

* 推荐单位：四川省成都市龙泉驿区人民法院；承办人：李世和；编写人：程云洁。

方的所在地法院管辖”，即此案应向S公司所在地法院起诉。同时，考虑到所涉当事人大多年事已高、行动不便，便温馨建议当事人可以邮寄材料至当地法院，或者因为同属一个集团纠纷，可以委托同一代理人，通过网上立案的形式提交资料进行审核，再由该代理人到当地法院办理立案登记。三是风险告知。充分理解当事人担心钱款最终无法追回的忧虑，告知当事人诉前保全的程序和意义。通过多方努力，当事人情绪逐渐平复，并决定采纳诉前辅导意见，委托同一代理人到S公司所在地具有管辖权的法院主张权利。

三、 典型意义

开展诉前辅导是实施多元化纠纷解决机制推进诉源治理的重要一环。由第三方或法院工作人员在登记立案前对诉讼风险进行评估，告知并引导当事人自愿选择适当的方式解决纠纷，为当事人提供纠纷解决方法、心理咨询、诉讼常识等方面的释明和辅导，有助于当事人理性诉讼，推动解纷关口前移，对矛盾纠纷进行适当分流。本案在矛盾发生之初，龙泉驿区政法委及时介入，组织相关部门共谋纠纷应对之策，及时针对当事人诉求开展“面对面”辅导释疑，引导其合法合理维护自身权益，取得了明显效果。通过专业人士的点拨和指导，当事人没有一味坚持在无管辖权的法院起诉，既避免了增加自身的诉累，也省去了司法资源的无谓浪费，充分体现了诉源治理的要义。

案例 48

诉裁共商　有效化解合同纠纷*

——简阳“裁审调”联动化解大型电商企业劳动合同纠纷

一、基本案情

2014 年 12 月 19 日，Y 某与全国电子商务龙头企业 B 公司签订了《劳动合同》，约定合同期限为 2014 年 12 月 26 日至 2017 年 12 月 31 日，并按照综合工时制确定工作时间。B 公司根据企业管理的特殊性，经过行政主管部门审批，对 Y 某所在岗位实行年 2000 小时的综合工时制，工资组成包括基本工资、交通补贴、通信补贴、计件绩效工资、年终奖金、唯爱基金、法定节假日加班工资和延长工作时间加班工资。Y 某在 B 公司工作期间，B 公司以 Y 某的基本工资为基数，支付 Y 某延长工作时间和法定节假日的加班工资。Y 某离职后，认为 B 公司应以其每月总收入为基数计算加班工资，故以 B 公司未足额支付加班工资为由，向简阳市劳动人事争议仲裁委员会（以下简称仲裁委）申请仲裁，要求 B 公司足额支付其延长工作时间的加班工资。仲裁委受理该案后，支持了 Y 某的部分主张。Y 某和 B 公司均不服仲裁委的裁决，向简阳市人民法院起诉。同时，Y 某获得仲裁委的部分支持后，在其员工 QQ 群、微信群发布对其有利的消息，致该公司其他 200 余名离职人员纷纷以同样的事实和理由提起仲裁申请。

二、化解过程

简阳市人民法院受理该案后，考虑到 B 公司系劳动密集型企业，现有在职员工 1 万余人，若处理不当极易引发群体性诉讼，甚至影响企业的经营发展。因此，主动加强与相关单位的沟通联系，动员多方力量参与矛盾纠纷稳控和化解工作。

---

* 推荐单位：四川省简阳市人民法院；承办人：刘鸣梅；编写人：刘鸣梅、傅德。

一是多方聚力，促进前端化解。邀请仲裁委、劳动监察大队、B公司工会共同就纠纷化解进行商讨并各司其职做好稳控工作。统一裁诉法律适用标准，仲裁委对后续200余件仲裁申请作出不予受理的裁定，并做好劳动者的释法明理工作，为调解和审判工作打下基础；劳动监察大队成立专门工作小组，接待、处理涉及该案的信访、投诉并积极组织双方进行调解，避免矛盾进一步扩大激化；B公司工会负责做好在职员工的思想稳定工作，并积极联系离职人员做好公司劳动人事制度的解释工作，减少起诉人数和对企业经营的影响。在各方的共同努力下，涉及同类情形的500余名离职人员，仅提出仲裁申请225件，仲裁后进入诉讼207件，有效缓解了审判压力。

二是依法审判，提升办案效果。该案审理过程中，面对B公司200余名离职人员进行劳动仲裁的局面，为最大限度减少该案衍生诉讼的发生，简阳市人民法院积极争取成都市中级人民法院对该批案件法律适用的指导，以首先起诉的Y某案件作为示范案例进行审理，对已经进入诉讼的其余案件，组织各方先行庭外调解。合议庭在精研法律规定和类似案例的基础上，依法判决驳回了Y某的诉讼请求。判决后，仲裁委、劳动监察大队、B公司工会从多个角度对法院的判决理由和裁判结果进行宣传说明，促使B公司的在职员工、离职人员理解并接受该案的判决结果并对自身权益形成理性预期。在充分释明后，驳回了跟风起诉的200余名劳动者的诉讼请求。宣判后，虽然其中部分人员仍不服判决而提起上诉，但在二审判决结果的示范下，有效避免了其余大量离职人员再跟风起诉，至此对B公司的加班问题未再产生新的诉讼。

三是综合施策，推进源头治理。该案审结后，简阳市人民法院结合审理工作中发现的B公司规章制度中涉及教育培训、劳动合同的告知义务等方面存在的问题，及时提出司法建议，帮助堵塞管理漏洞、完善管理制度。同时，与仲裁委、劳动监察大队、市总工会等单位就劳动密集型企业、重大项目建设过程中劳动争议纠纷的预防和化解进行磋商并达成一致意见，形成了重点企业指导、重大信息预警通报、裁审衔接、劳动争议纠纷梯次化解四项工作机制，为促进劳动争议纠纷源头治理奠定坚实基础。

三、 典型意义

和谐稳定的劳资关系，是民营经济健康发展的基础和前提。当前，民营企业的劳资关系呈和谐发展趋势，但随着生产要素的集中、生产规模的扩大，新行业、新经济不断发展壮大，规模以上企业、劳动密集型产业仍然存在劳资关系不稳定、劳动争议纠纷量大面宽等风险。本案系在全面贯彻落实习近平总书记在民营企业座谈会上的重要讲话精神背景下，人民法院坚持能动司法、服务保障民营经济、妥善化解新兴重点企业劳动争议纠纷的典型案件。在该系列案件的审理中，简阳市人民法院充分发挥司法的主导作用，确定案件审理思路后，积极发动仲裁机构、行政机关、企业工会参与到矛盾纠纷的化解中来，推动形成了梯次递进、逐级分流、诉讼兜底的纠纷化解体系。同时，紧紧抓住劳动争议纠纷诉源治理的重点领域，推动相关部门形成了涉重点企业、重大项目劳动争议纠纷多元化解的长效机制，提高了“七位一体”联调机制的整体成效，取得了依法审理和源头治理相结合、维护劳动者合法权益和保障民营企业发展相结合的双重效果。

案例 49

部门协同　共建平台　类型化纠纷批量化解*

——锦江区物业联调中心诉前批量化解百余件物业纠纷

一、基本案情

成都 A 小区业主认为物业公司在提供物业服务的过程中，存在车辆进出小区抬杆失灵、人员管控失职、卫生不达标及对于小区业主财物被盗和违章搭建行为均未作积极处理等物业服务不达标的情况，故部分业主数年未缴物业费、垃圾清运费等。2023 年 10 月，成都市锦江区人民法院陆续收到 W 物业公司对该小区欠缴费用业主的起诉，要求相关业主缴纳物业费、垃圾清运费等相关费用以及逾期产生的逾期违约金。

二、化解过程

锦江区人民法院收到该批次案件后，按照逐级调处、分部调处的原则，在充分尊重万科物业及案涉业主意愿的前提下，引导当事人向锦江区物业纠纷联调中心申请调解。成都市锦江区物业纠纷联调中心由区委政法委、区法院、区司法局、区住建交局共同打造，区住建交局副局长担任主任，并推荐 3 名工作人员担任特邀调解员，区法院、区住建交局、区司法局各派驻至少 1 名相对固定人员参与联调工作，以律师调解员为团队组长，与其他特邀调解员一起组织调解。因该批次案件中仍存在着部分疑难杂症，如部分业主的财物被盗后，物业并未积极止损或寻找小偷，业主希望物业能承担部分损失，但物业拒绝承担。调解员耐心向当事人释明业主可与物业就责任承担比例进行协商，协商不能的情况下应提交有管辖权的法院通过诉讼确定比例，同时联动公安部门对该盗窃案的情况进行详细说明。通过法院、公安、调解员、物业、业主联动的形式明确责任，进而促进物业费的合理缴纳。最终，经物

---

* 推荐单位：四川省成都市锦江区人民法院；承办人：刘萍；编写人：李露。

业纠纷联调中心调解员耐心沟通后，W 物业公司明确表示马上改进服务质量并当面向业主作出承诺，签署了承诺书，且马上付出了实际行动，相关业主也陆续缴纳了物业费，百余件纠纷全部在诉外实质化解。

三、 典型意义

按照“谁主管、谁负责”的原则，落实属事化解责任，通过相关纠纷主管职能部门共搭平台协同化解的体制机制，构建起行业纠纷行业解的全链条纠纷预防化解体系，是人民法院坚持能动司法推动将诉前调解的“调”再往前延伸的重要方式。锦江区物业纠纷联调中心成立以来，诉至法院的物业纠纷已连续三年实现同比下降，其中 2023 年同比下降 8. 11%。

第三节 在诉的讼争源头，止解纠纷于诉前

案例 50

一纸司法建议 让千余件纠纷诉外止争*

——武侯区人民法院巧用规范引导功能诉前成功化解物业服务合同纠纷系列案

一、基本案情

2019 年 6 月月底，成都市武侯区某小区部分业主作为原告，以 B 公司及其成都分公司为被告诉至武侯区人民法院。原告称，B 公司成都分公司在业主入住时与他们签订《前期物业服务协议》，该协议约定由该物业公司向小区业主代收并代缴水费、电费、燃气费等非物业服务费用，并约定这些具有公共服务性质的收费标准按政府相关规定执行，若物业公司擅自提高收费标准或乱收费，业主有权就此要求物业公司清退多收的费用。

业主入住时，该小区开发商的对外宣传材料列明电费单价为 0.85 元/度，但入住后 B 公司成都分公司代收代缴的电费一直按单价 1.35 元/度向业主收取。此前小区已有多个业主将该物业告上法院，要求退还 2018 年 9 月以前物业多收的电费，且历经一审、二审，法院最终按 0.91 元/度（已计入 6%的电损）的标准支持了原告的诉讼请求。后起诉到法院的这批业主，诉请法院按照已胜诉判决的标准，判令物业公司退还向其多收的电费。

---

* 推荐单位：四川省成都市武侯区人民法院；承办人：谢黎明、朱熔成；编写人：朱熔成、郭军涛。

二、化解过程

武侯区人民法院立案庭陆续收到了部分案件的起诉材料，发现该小区的业主源源不断地递交起诉材料，初判涉及诉讼群体较大，及时报庭法官会议。法官研判基本案情后，认为案件事实及法律关系清楚明了，且有相关生效判决支持业主合理合法之诉求，由于涉及此类情况的业主达 1000 余户，在已有同类案件生效判决的基础上，一旦进入诉讼，既造成司法资源的浪费，又可能引发新的矛盾，遂决定引导当事人通过先行调解程序化解纠纷。

随后，法官约谈了被告 B 公司成都分公司的经理，详细了解了目前的收费情况和公司现有的处理方案，对已生效判决的计费标准进行了释明。同时，就电费的收取标准咨询供电部门。经综合研判，武侯区人民法院向二被告 B 公司及其成都分公司出具了司法建议书，建议其按同类案件生效判决的标准计算电费并予以退还。经过 1 个月的协调沟通，B 公司成都分公司经汇报 B 公司，最终同意法院的处理方案，按照同类案件已经生效的判决计算电费，该批案件最终通过诉外和解的方式全部化解。

三、典型意义

坚持将非诉讼纠纷解决机制挺在前面，是深入推进诉源治理的核心要义之一。本案中，法院立案庭调解法官充分利用自身专业优势，辨法释理，巧用、善用司法建议规范引导功能，依法引导当事人作出恰当的选择，力促法律关系明确、双方争议不大的案件尽早化解，成功阻止了 1000 余件案件进入司法程序，公正、高效地维护了 1000 余户业主的合法权益，节省了当事人双方大量的时间和金钱，有利于构建稳定和谐的物业服务环境。该系列案的化解，防止了大量不必要的诉讼涌入法院造成司法资源浪费，集中典型地体现了司法能动性与被动性的有机统一，即立案前台的法官在处理个案时要学会改变机械被动登记立案的工作方法，善于具体问题具体分析，并站在中立角度，寻求凸显成本和效益优势的矛盾纠纷最优解，适时为当事人提供合理建议，同时密切关注潜在的案件尤其是类案背后存在的涉诉风险，敏锐发现企业经营管理中可能存在的错误或不足，并适时向有关单位作出司法建议规范其经营或管理行为，为推动本地区经济社会又好又快发展尽一份应尽的责任。

案例 51

携社工同行　化纠纷于诉前*

——成华区人民法院委派社工组织诉前调解社区买卖合同纠纷案

一、基本案情

2016 年 4 月 23 日，L 酒店与 C 公司签订《美的空调工程机购销合同》，约定 L 酒店购买 C 公司的空调及相关配件，总价款为 216 680 元，并约定了违约金责任。现 C 公司已按合同约定履行义务，而 L 酒店尚欠 54 000 元货款。2019 年 3 月 15 日，C 公司将 L 酒店诉至法院，请求判令：L 酒店向 C 公司支付所欠货款 54 000 元和违约金 10 000 元。

二、化解过程

本案是买卖合同纠纷，双方当事人在合同中约定了合同履行地法院为纠纷管辖法院，成华区人民法院于 2019 年 3 月 15 日收到起诉资料后，立案法官初步审查认为该案事实清楚、案情简单，双方又系长期供应合作伙伴，遂征求 C 公司调解意愿后进入调解前置程序，转由诉非协同中心委派成都市同行社会工作服务中心开展诉前调解。同行社工组织接到委派后，立即电话联系 L 酒店进行调解前的沟通，刚开始 L 酒店以 C 公司空调安装不符合要求不愿意调解，同行社工组织立即利用 L 酒店所在地的社工组织地缘优势，由当地社工人员直接出面与 L 酒店进行调解意愿沟通，恰巧当地社工组织有“社工同行　爱心助力”活动在 L 酒店举办，社工组织找到 L 酒店经理释明成华区人民法院收到起诉资料的内容，鉴于双方系长期合作伙伴关系，调解能快捷、温和地化解双方的矛盾，法院可根据申请出具调解书。此外，调解是由成华区人民法院委派社工组织调解的，L 酒店可以在社工组织内部自行选择调解员，保证调解的中立性。L 酒店经理听了这番解释后，权衡利弊选择同意调

---

* 推荐单位：四川省成都市成华区人民法院；承办人：蒲黎；编写人：李俊坪、张珂嘉。

解。在同行社工组织工作人员的主持下，双方于2019年3月18日，在成华区人民法院调解室达成了调解协议，L酒店分期支付货款，C公司负责按照标准安装和调试好空调，双方均要求法院出具调解书，成华区人民法院于当日立案，并出具民事调解书确认原被告双方调解协议的法律效力。

三、 典型意义

引入社工调解是成华区人民法院建立诉非协同多元解纷机制的创新探索。社工组织在解决基层矛盾纠纷方面，具有专业的社会工作方法技能和属地优势，是推进社区“诉源治理”的重要力量。成都市同行社会工作服务中心在成华区各街道、各社区充分依靠社区力量，利用社区资源，开展社会工作，形成了完善的社工网络。成华区人民法院利用同行社工网络及社工对社区居民的广泛了解，积极开展诉前委派调解工作，促进社区内的民事纠纷依靠社区力量快速、妥善化解，同时委托进行找人、送达并了解当事人的财产状况，促进案件程序推进及生效裁判文书的执行，体现了诉源治理前端与后端、诉讼与非诉力量的良性互动，有助于充分整合、合理分配治理资源，既提高社工组织的社区治理能力，又减少社区纠纷诉讼，节约司法成本，取得和谐共赢的诉源治理效果。

案例 52

与执法联动 事心双解促和谐*

——简阳人民法院协同综合执法局成功化解一起物业纠纷

一、 基本案情

四川Z物业管理有限公司与H夫妇所在小区业委会签订《物业服务合同》，约定了住宅（高层）物业服务费的计算标准及业主逾期未交纳物业服务费时应当支付违约金。H夫妇自2018年7月1日起未支付相应的物业管理服务费用，Z物业公司经多次催收未果后起诉至法院，要求H夫妇支付拖欠的物业服务费、垃圾处置费及违约金。H夫妇辩称，老两口长期体弱，身患癌疾，多年来深受楼下小餐馆油烟扰民之害，多方奔走无果，身心俱疲，Z物业公司未尽职协调，导致其生活受到严重影响，故拒交物业服务费。

二、 化解过程

简阳市人民法院经审理查明案件事实，了解到业主拒交物业费的原因系案外人经营小餐馆油烟扰民，各方积怨甚深，仅从法律关系讲，该案并不复杂，事实清楚，法律关系明确，庭审结束即可当庭宣判。但如此裁判，案结事不了，矛盾纠纷依然存在，且物业公司起诉业主欠交物业服务费的案件审结后，可能会衍生出一系列民事、行政案件，比如业主起诉物业服务公司未尽职履约之合同纠纷，或者业主起诉小餐馆经营者排放油烟扰民之侵权纠纷，又或者业主向行政机关投诉物业公司、小餐馆经营者所产生的行政案件，以及后续可能产生的对行政行为不服而提起的行政诉讼等，既增加当事人诉累，亦非实质化解纠纷之道。小餐馆的油烟扰民问题乃基层社会治理难题，投诉不断，衍生的纠纷亦不断，法院邀约了负责该类案件行政执法的综合行政执法局联手办案，共同勘查现场，共商化解之道，现场听取了H夫妇及其子女、

* 推荐单位：四川省简阳市人民法院；承办人：胡丽群；编写人：胡丽群。

物业公司工作人员及法律顾问、餐馆经营者等各方意见与诉求，并进行现场调解，对各方当事人合理的诉求予以肯定，对不合理的诉求予以法律释明。对于小餐馆经营者，一方面责令其整改，另一方面亦采用柔性执法、温情司法，为其提供行业资讯信息及整改参考意见，精准实施管理，定向提供帮扶，确保其环保经营、规范经营。该经营者亦当场表态，立即整改，处理好邻里关系。经现场调解，各方当事人达成一致意见，H夫妇现场缴纳了拖欠6年的物业费，当场申请撤诉，本案得以实质化解。

三、 典型意义

“努力让人民群众在每一个司法案件中感受到公平正义!”如何在每一个案件中落实习近平法治思想是新时代人民法官必须思索的问题。本案中，一方面是业主居住环境受污染带来的烦恼与痛苦，另一方面是小餐馆小经营者的生存压力，翻手、覆手皆是民生，如何较少诉累，让各方当事人满意，切实提高人民群众幸福感和获得感，为司法与行政所共同关注。为此，简阳市人民法院与简阳市综合行政执法局联合现场办案、现场调解，并在现场办案结束后召开了首届“民事司法与行政执法联席会”，深度对接了诉源治理工作，建立常态化民事司法、行政执法纠纷化解机制，在民生领域共同“消未起之患、治未病之疾”，建立社会矛盾纠纷化解“既要抓末端、治已病，更要抓前端、治未病”的基层社会治理新格局。

案例 53

借助专业调解　共化借贷纠纷*

——青羊区人民法院诉前委派特邀调解员调处民间借贷纠纷案

一、 基本案情

2017 年 8 月 21 日，被告 X 公司因资金周转需要通过居间人 Y 公司中介平台与 M 签订《借款合同》，约定 X 公司向 M 先生借款 200 万元，借款期限自 2017 年 8 月 21 日至 2018 年 8 月 16 日，借款利率为年利率 12%，还款方式为到期还本付息。《借款合同》签订当日，为保证 M 先生债权的实现，M 先生与被告 Z 公司、W 公司、B 公司签订《保证合同》，约定由 Z 公司、W 公司、B 公司对上述借款承担连带保证责任。合同签订后，M 先生如期向 X 公司支付了借款。借款期限届满后，X 公司并未按时向 M 先生偿还借款本息，M 先生多次向被告主张权利，均未解决问题，无奈之下起诉到青羊区人民法院。

二、 化解过程

本案事实清楚，争议不大，承办法官在充分了解原被告对本案纠纷的态度和解决意见的基础上，结合案件案由，积极适用调解制度，委派擅长调解借贷纠纷的法院特邀调解员参与纠纷解决。调解员在收到调解申请后，利用自身调解工作经验，结合案件特点作出分析，以促使双方达成合意为目的，同时也考虑到被告的实际履行能力，本着宽容、互信的态度，促使双方都有所让步以便达成和解。M 先生同意放弃罚息，X 公司也愿意按季度以及约定的还款明细要求履行还款义务。最终，双方达成调解协议，纠纷得到化解。

三、 典型意义

本案是由法院特邀调解员通过诉前调解程序化解的民间借贷纠纷，其意

---

* 推荐单位：四川省成都市青羊区人民法院；承办人：吕丽莎；编写人：吕丽莎。

义在于依托法院特邀调解员的力量将事实清楚、争议不大的简单民事纠纷化解在登记立案前，加快矛盾纠纷的解决，减少不必要的诉讼，节约司法资源。调解对于诉讼而言，是重要的替代性纠纷解决机制，其以追求当事人各方最大程度的利益为目的，关注的焦点不仅是纠纷发生的原因以及形成的法律事实，更在于在纠纷发生之后，如何寻求一种当事各方都能接受的解决方法。推进简单纠纷诉前调解是审判制度的有力补充，更有利于高效、实质化解纠纷，修复争议双方的社会关系，同时更快更好地保障和实现当事人的合法权益。为此，青羊区人民法院近年来积极贯彻落实《最高人民法院关于人民法院特邀调解的规定》，建立特邀调解组织和特邀调解员名册，开展诉前委派调解和诉中委托调解，为促进纠纷多元化解、破解法院“案多人少”矛盾注入了新生力量。

案例 54

巧解两件纠纷　挽救一个家庭*

——龙泉驿区人民法院诉前纠纷调解委员会能动化解离婚诉讼及关联纠纷案

一、 基本案情

Z 女与 L 男于 2000 年经人介绍认识后建立了恋爱关系。双方于 2001 年在龙泉驿区民政局办理了结婚登记。2003 年，双方生育一女，女儿乖巧懂事。2017 年，又生育一子，儿子聪明伶俐。男女双方婚后初期感情较好，大女儿学习成绩也一直较为优异。2015 年前后，L 男因工作单位裁员一直失业在家，其间自谋小生意，但因缺乏经验血本无归。慢慢地，L 男意志消沉，整天无所事事，又因交友不慎，被朋友介绍去参与赌博，欠下大量外债。2017 年儿子出生后，家庭开销与日俱增，Z 女的工资收入愈加难以自给，看着 L 男每天既不能帮忙料理家事，反而给家庭制造麻烦，Z 女遂经常埋怨 L 男，导致 L 男经常外出不归。Z 女一怒之下起诉至龙泉驿区人民法院十陵人民法庭。

二、 化解过程

龙泉驿区人民法院诉前纠纷调解委员会调解员曾老师在调解一起买卖合同纠纷中发现被告男子情绪异常激动，仔细询问了解才得知，因这笔买卖合同欠款无力偿还导致其生活困难，妻子已经向其提出离婚，其处境艰难故才情绪失控。曾老师对这个 40 多岁男人的异常表现表示理解，又详细了解了该男子的家庭情况，得知其失业后又因生意失败欠下该笔外债，新出生的婴孩嗷嗷待哺，家庭收入入不敷出，妻子与其几番争吵，目前两人正在闹离婚。曾老师担心一起纠纷生发另起纠纷，更是不愿见一个原本和睦的家庭支离破碎，于是曾老师积极与女方进行沟通，得知女方刚刚将离婚诉状交至十陵人

* 推荐单位：四川省成都市龙泉驿区人民法院；承办人：谷金燕；编写人：杜蓉娟。

民法庭不久。经向十陵人民法庭法官核实，女方Z某确实已递交起诉状，曾老师立即把相关案情向承办法官道明，认为两起案子一并调解效果最好，希望通过努力不仅化解纠纷，更能挽救一个家庭。承办法官与曾老师商量好后决定分头行动，曾老师去Z女居住地鹿角村委会了解详细情况，在走访的过程中发现Z女娘家大伯一直在帮衬Z女家，且其话语对Z女很有分量。另外，承办法官也联系到区妇联的同志，邀请她们这次参与Z女离婚案件的调解工作。2018年12月，在承办法官的安排下，男女双方、女方大伯、债权方、妇联工作人员、曾老师一起到场，在十陵人民法庭的“和美调解室”就Z女L男离婚案、L男欠款案这两起纠纷一起进行了调解，在法官、调解员和妇联同志的耐心劝导、出谋划策下，最终两案圆满化解。在Z女大伯的协助下，债权方同意剩下欠款由L男分期偿还，双方达成和解。L男承诺积极找工作，并在妇联同志的推荐下与一家单位达成了工作意向，Z女答应给L男机会，双方先行和好。

三、 典型意义

本案及其关联的买卖合同纠纷案凭借龙泉驿区人民法院诉前纠纷调解委员会调解员丰富的调解经验及纠纷敏锐性，一并进入调解，在区妇联、村委会、当事人亲属的协助下，圆满化解。按照2017年成都市中级人民法院和成都市妇联出台的《关于做好诉讼调解与妇联组织调解衔接工作的实施办法》，龙泉驿区人民法院与龙泉驿区妇联在十陵人民法庭共同打造了“蓉姐对你说——和美调解室”，设置了专门的调解场所、配备了专业的调解人员5名，员额法官2名，健全了专业的机制流程，通过强化与区妇联、街镇相关部门、社会组织的沟通联系，形成了共同化解家事纠纷的合力。“蓉姐对你说——和美调解室”作为龙泉驿区人民法院“1+N”多元调解工作机制下的重点特色工作，自2018年10月挂牌运行以来，通过调解后双方和好和撤诉的离婚案件有20余件，使得20多个濒临破碎的家庭在和美调解室得到挽救。即使当场未调解成功，在法官进行处理时由于双方都曾经经过调解，有心理预期，都会冷静思考，作出更加理智的选择，为后续服判息诉奠定基础。

案例 55

联处中心一揽子化解　权益零成本兑现*

——武侯区劳动纠纷"一站式"多元化解联动处置中心一揽子化解 10 起涉老年务工者讨薪案

一、 基本案情

M 商贸公司在位于彭州市的四川 Y 农产品交易中心经营蔬菜批发，W 某为该公司实际经营者。2021 年 11 月起，L 某等 10 人受 M 商贸公司雇用从事蔬菜分拣工作。2022 年 6 月起，M 商贸公司受新冠肺炎疫情影响，货款收回缓慢，开始出现欠薪问题。2022 年 9 月，M 商贸公司向 L 某等人发出辞退通知，但未支付拖欠薪资。L 某等人多次追索无果后诉至法院，经调解员引导，L 某等人均同意诉前调解。10 起案件中部分务工者为老年人，为维持生计分拣蔬菜，追讨无果诉至法院时情绪激动，该批案件处置不妥将导致 L 某等人生活困难。

二、 化解过程

四川省成都市武侯区人民法院收到起诉材料后，立案审查人员识别到该批案件属涉及老年人讨薪的民生领域案件，立即开通快处绿色通道，经 L 某等人同意后当日将该批先调案件委派至劳动纠纷"一站式"多元化解联动处置中心优先办理。劳动纠纷联处中心收案后指派专业的治欠调解员开展调解工作。调解员通过审查证据、了解前期沟通情况及 M 商贸公司的近期经营状况分析调解成功率，预制调解方案，耐心告知 L 某等人"诉前调解+司法确认+执前督促"程序耗时短、程序简、零成本、可执行的优势，协助其研判风险、分析利弊，引导务工者选择最优维权路径。经 L 某等人同意后启动"调确督一体化"治欠非诉解纷机制。

---

* 推荐单位：四川省成都市武侯区人民法院；承办人：潘芳、李莉；编写人：车小娇、周鑫。

经了解，M 商贸公司为家庭式经营的小微企业，因资金周转困难，无力一次性支付薪资。调解员多次通过电话联系双方，一方面，立足疫情下的经济环境，引导 L 某等人同意给经营困难企业喘息机会。另一方面，劝说 M 商贸公司从征信维护、长期经营角度理性履责，引导其换位思考务工者的个体利益，同时向其释明拒不支付报酬的法律后果。M 商贸公司同意筹措资金兑付劳务费后，调解员以微信群搭建沟通平台，协助双方细分 10 名务工者应得薪资、尚欠薪资金额，双方快速就欠薪金额达成一致，M 商贸公司同意分两期支付并快速兑付第一期款项。

为固定协商结果，调解员劝说双方就剩余薪资签订调解协议并申请司法确认。M 商贸公司担心到院调解影响公司形象，L 某等人来院不便，调解员和调解指导法官辅导双方通过人民法院调解平台进行远程协商，双方就剩余薪资支付时间达成一致并线上签订调解协议。调解指导法官同日完成在线司法确认审查、出具司法确认裁定，赋予调解协议强制执行效力，该批案件同日移送执前和解中心转入执前督促和解程序。

执前和解中心收案后，督调员督促 M 商贸公司兑付薪资，告知其拒不履行生效裁判文书的法律后果及强制执行程序对公司经营的不良影响，M 商贸公司口头承诺按期兑付，但期满后仍未履行且失联。为确保 10 名务工者讨回薪资，督调员前往 M 商贸公司所在的蔬菜批发市场，邀请彭州市当地微网格员开展现场督调，在微网格员的协助下快速定位 M 商贸公司实际经营摊位并与其取得联系。督调员当场告知其拒执责任及衍生风险，M 商贸公司负责人遂于次日来院签署承诺书，保证 15 日内完成支付，最终商贸公司在期限内向 L 某等人一次性兑付剩余全部薪资。至此，务工者的权益得以实现，小微企业渡过难关，该批劳务纠纷案件通过非诉程序实质化解。

三、 典型意义

武侯法院充分发挥全链条、一体化、一站式治欠多元解纷新机制，融合并串联司法确认、执前和解、府院联动、微网实格等制度优势，切实把涉老务工者欠薪纠纷解决在诉外，化解在基层，既帮助了务工人员告别“忧酬烦薪”，解决人民群众急难盼愁问题，同时又助力小微企业获得生存空间，优化法治化营商环境，保障和改善民生，维护社会和谐稳定。本批欠薪案件的成功调解，得益于劳动纠纷联处中心专案快办、“调确督一体化”治欠非诉解纷机制及“微网实格”跨域协同联动。案涉公司为小微企业履行能力较弱，薪资拖欠时间较长，讨薪者多为老年人，情绪激动释明难度大，直接进入诉讼程序易激化双方矛盾，且诉讼程序较调解而言，时间、精力投入成本高，处理不妥易衍生其他矛盾风险。为快速切实维护务工者权益，武侯区人民法院依托“一站式”多元解纷机制，将案件导入联处中心调解，同时为当事人提供“调确督一体化”司法服务，立案审查开通绿色通道，治欠调解员多招并用“花式调解”，法官云端完成司法确认，执前和解中心督调员主动下沉“菜市”，属地网格员协助“找人”，联处团队通力协作，流转程序无缝衔接，实现农民工欠薪案件快立、快调、快督，小案精办促欠薪纠纷实质化解。

案例 56

“三管齐下”解诉讼难题*

——双流区人民法院诉非协同合力化解合同纠纷系列案件

一、 基本案情

2006 年 8 月，C 某等 37 名投资人与 D 公司签订了《D 公司 804 路城市公共汽车合资经营协议》，约定：C 某等人作为投资方，出资 51 000 元与 D 公司共同购买车辆，参与 804 路城市公共汽车合资经营，经营期限为 8 年，C 某等所占单车股份为 40%，D 公司所占单车股份为 60%，双方以出资额为限对 804 公交线路的经营承担责任、享受收益。2014 年年底，双方合资经营期限届满，时逢城市公共交通运营体制改革，双方无法续约。D 公司依据合同约定退还了 C 某等人的出资款 51 000 元。但 C 某等人认为，合资经营期内，D 公司每月仅向其分配合资收益 1500 元，未按照合同约定的持股比例将合资经营期内的所有收益进行分配，严重违反合同约定。C 某等人也希望能继续签订协议合作经营。双方为此多次协商均未达成一致意见。C 某等准备了诉讼材料前往双流区人民法院准备进行诉讼。该系列纠纷进入双流区人民法院诉非协同“大超市”进行诉前辅导时，C 某等情绪激动，多次表示若不能实现其目的，将采取阻拦公交车的方式致使公交线路无法顺畅运营。

二、 化解过程

本案触及城市公共交通运营体制改革问题，当事人人数众多、情绪激烈，因有关部门多次组织协调未能成功，C 某等人有抵触情绪。城市公共交通运营体制发展初期确有一些不完善的地方，现今体制改革阻力较大，对该系列案件的处理若不妥当就会产生“蝴蝶效应”，影响社会稳定，进入诉讼审理并不是最优选择。为保障法律效果和社会效果，双流区人民法院尝试诉前将案

---

* 推荐单位：四川省成都市双流区人民法院；承办人：杨维薇；编写人：杨维薇。

件委派入驻双流区人民法院诉非协同“大超市”的成都市律政公证处对该系列案件进行调解，公证处接受委派后及时邀请当事人到“诉讼与公证协同中心”进行座谈沟通。沟通过程中，观察到当事人对其聘请的律师信任度及依赖感较重，该律师业务能力及职业素养俱佳，双流区人民法院向该律师所属的四川和普律师事务所发出《委派调解函》，邀请律师与公证处形成合力，共同对当事人展开调解工作。公证处与律师商定了先稳定情绪、探明真实意图、再取得信任、逐个突破的工作思路，反复沟通、专业解答、热情服务，最终找准双方平衡点，抓住一方想尽快取得货币补偿的心理，给出尽快达成调解协议以申请法院司法确认并当即履行的建议，最终顺利取得双方当事人的一致认可。

三、 典型意义

本案是双流区人民法院通过委派调解、司法确认、当庭履行的“三管齐下”多元解纷模式解决的一起典型个案。2017 年 5 月，双流区人民法院引入人民调解组织、公证机构、律师调解工作室、法律援助等“商家”入驻，打造诉非协同服务“大超市”，为当事人就近提供多元化纠纷解决程序自选服务。在此基础上，双流区人民法院积极借力开展诉前委派调解工作，将一部分适合调解的纠纷委派给入驻的多元解纷资源进行调解。首先，在立案登记前，加强诉讼辅导，做好矛盾纠纷的“望闻问切”，借助各方力量，多元化联动服务，引导当事人积极使用非诉解纷方式。其次，当事人申请对经行政机关、人民调解组织、商事调解组织、行业调解组织等调解达成的调解协议进行司法确认的，及时依法给予司法确认。同时，积极引导和促进当事人主动履行，进一步修复双方关系，减少后续的执行案件。本系列案的成功化解，对提高委派调解率及效果起到一定的示范作用，是非诉解纷排头、司法确认断后的成功实践。

案例 57

人民调解挺在前　敦促履行走在先*

——大邑县人民法院诉前委派人民调解化解提供劳务者受害责任纠纷案

一、 基本案情

2018 年，Z 某雇用 D 某到邮电局工地处务工，工资以月结方式结算。2018 年 7 月 21 日，D 某在务工过程中从高处跌落，胸 6、7 椎体碎裂骨折。事发后，Z 某及时将 D 某送至大邑县人民医院住院治疗，垫付 D 某的住院费用。2018 年 10 月 4 日，D 某出院，委托相关鉴定机构按照职工工伤标准对其伤情进行鉴定，鉴定为八级伤残。此后，双方因赔偿问题发生纠纷。2019 年 1 月 15 日，D 某将 Z 某诉至大邑县人民法院安仁人民法庭，请求判令 Z 某支付赔偿款 268 855. 77 元。

二、 化解过程

本案原告 D 某因务工致残，造成劳动能力受损，势必立即影响其家庭的收入和支出。安仁人民法庭了解基本案情后，高度重视此案，法庭诉调对接分中心积极参与引导 D 某通过诉前调解方式快速、高效、零收费化解纠纷。经 D 某同意，法庭当即联系大邑县诉前纠纷人民调解委员会，向调解委员会出具《委派调解函》，委派其调解双方纠纷。2019 年 1 月 22 日，人民调解员通知双方当事人到场，征得双方当事人同意后主持调解工作。调解员向 D 某释明提供劳务者受害责任纠纷应当适用人身损害鉴定标准，D 某自行委托的鉴定报告存在鉴定标准错误。同时，对 Z 某从情、理、法的角度，全面深入进行沟通，促使 Z 某主动承担应当承担的责任。最终，D 某与 Z 某达成人民调解协议，约定：被申请人 Z 某尚欠申请人 D 某残疾赔偿金、住院伙食补助

---

* 推荐单位：四川省大邑县人民法院；承办人：张颖；编写人：张颖。

费、营养费、住院期间护理费、交通费、鉴定费、精神抚慰金等共计 70 000 元；Z 某于 2019 年 1 月 23 日前支付 40 000 元，于 2019 年 5 月 30 日支付余款 30 000 元。双方当事人依据人民调解协议，共同向法院申请司法确认。法院经审查后认为符合法律规定，遂当日立案，当场出具了民事裁定书，通过司法确认对双方当事人签订的人民调解协议书赋予强制执行效力，并向 D 某释明拒不履行生效裁判文书的法律后果。此后，为减轻 D 某今后可能申请强制执行的诉累，尽早领取赔偿款，安仁人民法庭诉调对接分中心在 2019 年 1 月 23 日、5 月 30 日两个付款时间节点前 3 日，电话提醒 Z 某按照协议履行赔偿义务。2019 年 5 月 30 日，Z 某携带 30 000 元到安仁人民法庭，称其已按协议赔付了 40 000 元，当日便将余款带到法庭，履行最后的还款义务。法庭诉调分中心立即联系 D 某。D 某到场后，向分中心确认其于 2019 年 1 月 23 日已经收到 Z 某 40 000 元的事实，当场出具了一张 30 000 元收条，并领到余款 30 000元。至此，Z 某的付款义务均如期履行到位，双方当事人之间的纠纷彻底了结。

三、 典型意义

本案最终圆满化解，充分体现了大邑县人民法院将诉源治理的理念贯穿于办案全程。在收案环节，坚持从更有利于维护当事人合法权益的角度出发，积极建议并引导当事人选择更合适的方式解决纠纷，减少不必要的诉讼成本与风险。在调解环节，充分运用诉调对接机制，就近委派入驻法院的人民调解委员会调解纠纷，快速审查予以司法确认，从效率和效力上对当事人的权利义务予以双重保障。在履行环节，及时跟进情况，提醒、督促义务人主动履行赔偿义务，确保权利人的合法权利按期兑现，既维护人民调解协议和司法生效裁判的权威，也避免衍生出新的执行案件，减轻当事人诉累，节约司法资源，产生一举多得的诉源治理效应。

第四节　在诉的案审源头，止解纠纷于诉内

案例 58

理讼善借力　庭前止纷争*

——成华区人民法院邀请职能部门参与调解房地产集团纠纷案

一、基本案情

2011 年 8 月 23 日，L 某与 X 房地产公司签订《商品买卖合同》以及《商品房买卖合同补充协议》，约定 L 某购买 X 房地产公司开发的成都市某楼盘房屋。双方签订的《商品房买卖合同补充协议》第 16 条第 3 款约定：“出卖人在买受人房屋所有权证办理后两年内协助买受人办理分户国土使用证。”2014 年 6 月 18 日，L 某取得所购房屋的房屋所有权证书，但至今未取得分户国土使用证。2014 年 11 月 14 日，成都市国土资源局发布《关于实施不动产统一登记的通告》，通告自 2016 年 11 月 23 日起，成都市主城区范围内实行不动产统一登记。因政策原因，L 某于 2019 年 1 月 14 日诉至法院，请求判令 X 房地产公司办理 L 某所购房屋的不动产权证书。该楼盘涉及 87 户购房者，为大型集团案件。

二、化解过程

本案是典型的商品房预售合同纠纷集团案件，涉及未办理不动产权证书

---

* 推荐单位：四川省成都市成华区人民法院；承办人：李东；编写人：李俊坪、王思雨。

的购房者有 87 户，成华区人民法院收到起诉资料后，双方起诉之前已经多次协商不愿意调解，遂立案分流给简案庭审理。承办法官认为该集团案件虽人数众多，但案情并不复杂，且双方都有代理律师，如能在庭前调解成功将具有示范效果。针对该情形，一方面，法院主动对接成华区房管局对办理不动产权证进行政策解读，成华区房管局在接到消息后十分重视，立即与涉及银行管理的区金融办联系并派遣两名工作人员配合法官进行政策解读和参与调解。另一方面，法官积极引导双方诉讼代理人庭前调解，刚开始以 L 某为代表的购房者以多次与 X 房地产公司协商不成为由不愿意调解，在听说区房管局和金融办将会到场参与调解后，同意选举 L 某在内的几名购房者为代表人到场参与庭前调解。2019 年 1 月 21 日，承办法官、房管局人员、金融办人员、特邀调解员组成了调解小组进行庭前调解，充分听取购房者和房地产公司双方的意见，购房者认为合同约定 X 房地产公司应协助办理不动产权证，但房地产公司以房地产政策变更及存在贷款抵押问题为由拒不办理。X 房地产公司认为，购房者 L 某等因银行贷款抵押买房问题导致无法协助办理，目前全款买房者已全部办理完不动产权证，而按揭贷款有抵押的购房者需要银行出具同意函才能办理。但银行出具同意函的前提条件是，按揭贷款的抵押购房者需先到银行办理解押，再到不动产证登记中心办理另外抵押。此外，银行又以不动产登记中心在管理上没有完善，不愿承担解除抵押到再次办理抵押期间的风险为由而拒绝出具同意函，故 X 房地产公司无法协助办理。

调解过程中，承办法官归纳双方的争议症结在于银行是否出具同意函，如果区房管局和金融办出面协商相关银行出具同意函，双方的争议问题就能妥善得到解决。承办法官立即召集 L 某等购房者统计涉及按揭贷款的银行共计 4 家，区房管局和金融办立即召集这 4 家银行进行协商，在沟通不动产权中心政策后，给 4 家银行作出政策担保。同时，由法官和特邀调解员在调解协议上明确：银行出具同意函给不动产权中心，不动产权中心收到同意函后给予一定的保留期给购房者办理抵押，如逾期不办理，银行出具的同意函自动作废，不动产权中心将不办理不动产权证。4 家银行均认为此种方式可行，同意出具同意函。经过 3 次协商，双方当事人，最终在庭前达成调解协议，由法院依法制作调解书，在 1 个月之内 87 户购房者的不动产权证手续均办理完毕。

三、 典型意义

本案的化解过程体现了法院主动对接行政机关，借力使力化解涉房集团争议的能动性，将纠纷化解在庭前，执行在诉外，既节约了司法资源，也防止了诉内衍生案件。一是积极借力，简案诉讼止于庭前。法官在本案中，发挥司法的专业引领作用，准确归纳本案争议焦点，主动对接房管局，积极协商金融办，有效协调涉及纠纷的三方当事人，并提供科学、合理、合法的化解思路，出具调解书进行保障，将纠纷过滤于庭前，把好了诉内案源治理“庭前化解”的第二道防线。二是以调促解，集团纠纷了于个案。本案涉及87户购房者办理不动产权证，承办法官针对此类涉房地产系列案件的特点，选取L某为代表的购房者先进行协商，小范围达成调解协议后，再由代理律师进行释法明理的宣传，使涉房的集团案件能够以调促解、自动履行，在源头上节约了司法审判成本。本系列案件的成功化解，为后续涉房集团案件提供了重要指引，承办法官发挥司法能动性，借助多元、多方、专业的力量，推进争议的实质化解，促进当事人“服判息诉”，为诉源治理层层分流案件纠纷化解机制的“案例库”增添了典型素材。

案例 59

心系农民工　调解促和谐*

——青羊区人民法院诉中委托行业协会调处保险合同纠纷案

一、基本案情

2016 年 10 月 10 日，A 建筑公司与 B 保险公司签订《雇主责任保险合同》，约定发生保险事故，以人均伤亡赔偿 60 万元为限额，具体按合同所附的伤残等级赔偿比例计算伤残赔偿金额。后 A 建筑公司的 3 名员工发生了符合保险合同约定的保险事故，但理赔过程中，双方就伤残赔偿金的数额问题产生了较大的争议。A 建筑公司持有的保险合同条款中，伤残等级赔偿比例比 B 保险公司在保险监督管理委员会备案的保险合同条款中载明的比例高 10%，为 6 万元/人，A 建筑公司认为共计少赔付了 18 万元。因此 A 建筑公司同时向青羊区人民法院提起三起诉讼，要求 B 保险公司按其持有的合同约定比例进行赔付。

二、化解过程

本案的争议焦点在于伤残赔偿金的给付百分比的确定问题，对于原告诉状上的其他事实，被告 B 保险公司均没有异议。伤残百分比的确定差异源于不同合同版本的差异，B 保险公司在银保监局备案的保险合同，确与原告 A 建筑公司提供的合同就伤残赔偿金的赔付比例不一致。为了更好地解决纠纷，维护受伤农民工的权益，青羊区人民法院积极促进双方当事人进行和解，并委托四川省保险行业协会对本案进行调解。经过前期调解查明，关于 A 建筑公司提交的保险合同，其明确地指出来源于 B 保险公司，系 B 保险公司的员工交给 A 建筑公司的某员工，并且合同也加盖了骑缝章，而 B 保险公司则声称只交付给 A 建筑公司保险单，没有交给其保险合同，认为 A 建筑公司伪造

---

* 推荐单位：四川省成都市青羊区人民法院；承办人：袁丽雅；编写人：袁丽雅。

了合同。因此，本案的主要争议事实陷入了真伪不明的状态。法官向四川省保险行业协会咨询后得知，保险公司仅给付保单这种行为具有瑕疵，因此要求B保险公司就为何会出现A建筑公司所持有的合同的条款与备案合同的条款不一致，且合同文本盖有骑缝章作出合理解释。这一做法也从侧面缓解了A建筑公司一方的情绪压力。此时，再充分把握调解的时机，引导A建筑公司人员进行理性表达，并传递出受伤农民工尚在医院亟需费用进行治疗的实情，最终B保险公司同意就伤残赔偿金的差额款达成5万元/人的和解方案。

三、 典型意义

近年来，青羊区人民法院与四川省保险行业协会积极开展合作，在征得当事人同意的情况下，将保险合同纠纷类案件委托给四川省保险行业协会进行调解，充分发挥在其保险类案件中的指导性作用，积极促成保险公司达成调解方案。本案中，四川省保险行业协会的介入对纠纷化解有举足轻重的作用。通过保险行业协会前期协调，帮助法官迅速确立了审理的争议焦点。本案法官听询双方陈述后，认为案件事实进入真伪不明的状态，若此时严格按举证责任分配轻易下判，A建筑公司败诉的可能性较大，但因其雇用的农民工尚在医疗阶段，且亟需费用进行治疗，判决之后极有可能引发一些后果，经深思熟虑，审理法官再次对四川省保险行业协会进行咨询，充分了解保险合同从签订到合同送达等各方面的规范流程，通过该行业协会的专业回答，认为保险公司在合同送达方面存在瑕疵，最终促成了调解协议的达成，实现了农民工权益的最大化。对于这一调解结果，一方面，调解结果为A建筑公司减轻了诉累，有利于农民工更快速、便捷地获得伤残赔偿金。倘若在该案中不花心思去做调解工作而径行判决，必然引起A建筑公司的上诉，整个解决纠纷的周期将被拉长，而在背后等待赔偿款的农民工的不满情绪又会加剧。另一方面，该调解结果因保险行业协会的介入，有利于保险公司对其操作流程进行自查自纠，避免再次产生类似纠纷，将损失总规模控制在最低范围内，有利于维护保险公司的行业形象及商业信誉。因此，本案以调解方式结案，使得各方当事人的利益均得到最大化。

案例 60

巧用“诉转破”化解办证难*

——新都区人民法院高效解决C市X区J项目1253户办证难题

一、基本案情

位于C市X区中心区域的J项目销售和签约备案住宅1253套、车位953套、商铺120套，已于2016年交付使用。但开发商Q房地产公司因资金链断裂而负债约8.5亿元，已无力全额支付土地出让金、住宅维修资金、逾期办证违约金等费用，且J项目未办理竣工验收备案手续，Q房地产公司拒不提交初始产权证办理申请，导致长期无法办理房屋分户产权证，引发众多购房者多次到省赴市信访。自2018年起，J项目购房者陆续提起诉讼550余件，引发上诉、执行衍生案件820余件。因Q房地产公司未就J项目办理初始产权证，购房者办理分户产权的诉请无法得到支持，且开发商的所有资产均已被查封、抵押，执行案件陷入执行不能的僵局。

二、化解过程

为从源头上实质化解矛盾，新都区人民法院采取“举院体制”组建工作专班查找到矛盾源头系“办证”需求与房地产公司消极不作为之间的矛盾，通过引导诉讼中的购房者依法申请开发商破产清算，府院联动协调构建“资料+资金+资产”容缺办证机制，破解因缺失资料手续等导致无法办理分户产权证的问题。在“诉转破”过程中，新都区人民法院依托“微网实格”治理体系，借力街道网格员基层治理力量，深入问题楼盘走访调研，摸底交房入住、车位销售情况，厘清矛盾症结。围绕“办证”这一根本诉求，召开宣导会进行现场答疑解惑，消除群众“开发商破产后无法办证”的疑虑，凝聚通过破产程序完成办证的共识，积极引导购房者主动申报债权。初期，购房人不

* 推荐单位：四川省成都市新都区人民法院；承办人：霍萍；编写人：霍萍。

愿配合破产程序相关工作，新都区人民法院主动加强与管理人、购房人沟通互动，选择部分购房人示范办理证件，及时公开权证办理进度，“一楼一策”研究破产办证情况。J项目破产案件受理后，仅用时“45天”就打通办证渠道，首批7名购房人成功办理不动产权证。截至目前，已为1253户购房者办理了分户产权证，将1800余件现有诉讼、执行案件和其他潜在纠纷“化整为一”，化解了长达8年的涉稳涉诉风险，未再形成衍生案件及信访事件，充分发挥了“破产吸附”效力，从源头上解决了购房者的诉求。

三、 典型意义

近年来，房屋不动产权证办理难引起的纠纷频发，由于权证办理涉及整个问题楼盘的所有住户，纠纷呈现群体性、化解难、涉众信访等特征。本案充分发挥破产“吸附效力”将项目所涉案件和潜在纠纷引入破产程序，针对信息不全、证章缺失、缴税不能等办证“肠梗阻”问题，运用府院联动机制，快速打通办证渠道，最终运用破产程序将项目的所有相关诉讼、执行案件及潜在诉讼纠纷“化整为一”，从而实现“解决一个案子，处理一批案子”的效果，“一揽子”根本化解矛盾纠纷。这是深入推进落实“诉源治理”的生动体现，减少了衍生诉讼，以程序推进止讼解纷，实现政治效果、法律效果和社会效果有机统一，切实提升了人民群众的司法获得感。

案例 61

创设“三维三步”范式 推动物业纠纷全周期化解*

——新都区人民法院能动司法助力“万人小区”物业纠纷“清零”

一、 基本案情

2022 年 5 月，G 公司成都分公司就 F 小区物业合同纠纷向四川省成都市新都区人民法院提起 8 个诉讼，该 8 起案件最终均通过调解方式办结。截至目前，F 小区再无案件起诉至法院。新都区人民法院历时 2 年，将 F 小区作为物业案件诉源治理试点单位，通过构建和完善“物业管理人+委派调解+示范诉讼”分层递进立体式的“三维三步”全周期纠纷化解体系，推动 F 小区物业纠纷实现了从“大量—极少量—无”的连环三级跳，入住量达 2179 户的“万人小区”实现了物业合同纠纷“清零”，真正推动 F 小区在矛盾纠纷综合治理工作上善治、惠治、精治、共治。

二、 化解过程

2022 年，新都区人民法院立案庭物业纠纷专职联络员了解到，F 小区潜在存有 214 件物业合同纠纷，为防止大量案件涌入法院导致被动审理，新都区人民法院在充分剖析和总结 2021 年 F 小区 161 件物业合同纠纷高达 90%调撤率的经验基础上，提前谋划，主动求变，通过“三步走”的方式做好物业纠纷化解“提前量”。

第一步：物业管理人“探头”，织密前端“过滤网”。加强对物业服务人的相关法律知识培训，严格审查《民法典》中规定的物业服务人催告程序的履行情况，并告知其若未履行催告程序，则可能面临被驳回诉讼请求的败诉风险。新都区人民法院制定《物业纠纷前端摸排调查表》，要求物业服务人在

---

* 推荐单位：四川省成都市新都区人民法院；承办人：廖子汶；编写人：蒋林森。

诉讼前报告涉及的物业纠纷的规模、数量、类型、原因等核心要素，确保物业管理人在案件进入法院时履职到位。在F小区物业服务人第一轮催收摸排之后，206件物业纠纷成功化解在小区源头端且均已自动履行完毕。

第二步：人民调解员“调和”，装好中端“分流阀”。对于经物业服务人第一轮过滤后进入法院的8件案件，新都区人民法院“趁热打铁”第一时间向驻院5名人民调解员进行委派调解，物业纠纷审判法官“点对点”不定期对调解员进行针对性的法律指导，制作《物业纠纷委派调解要素登记表》，在委派调解环节务必明确纠纷类型、成因以及争议焦点等核心解纷必知要素，再通过专业调解、耐心释法明理将部分纠纷分流化解在诉前。F小区物业纠纷在人民调解员第二轮精准分流调解之后，成功化解2件且均已自动履行完毕。

第三步：示范诉讼“参照”，立好后端“风向标”。针对两轮调解未果的案件，会同业主、物业公司现场走访和调查房屋漏水、小区环境脏乱差等拒缴物业费的成因，明确物业公司的整改内容和时限，定期“回访”倒逼物业服务质量提升和纠纷化解。梳理形成《物业纠纷诉中业主情况统计表》，细化分类调解未果案件业主拒缴物业费的原因，充分运用2021年针对该小区已形成的示范判决效果，由物业纠纷审判法官分类开设示范诉讼“普法课堂”，达到“一示范案件治一小区”的良好效果。在类案示范诉讼的成果宣传之下，F小区的其余6件物业纠纷案件得以圆满调解且均已自动履行完毕。

三、 典型意义

物业服务合同纠纷呈现“事小案多”的特点，行业调解平台的作用“因地而异”。新都区人民法院在辖区物业领域行业联调组织功能无法发挥的现实背景下，主动求变、向内挖潜，以辖区内典型的“万人小区”为试点单位，将“物业管理人+人民调解员+示范诉讼”的立体化渐进式推进模式纳入小区物业纠纷综合治理进行通盘考量，为小区物业纠纷综合良性治理提供可供借鉴的范本。积极助推物业公司和业主建立融洽和谐的服务关系，推动作为社会治理“微单元”的小区治理朝着善治、惠治、精治、共治的“四治”方向发展。

案例 62

矛盾愈演愈烈 发现苗头早化解*

——金牛区人民法院成功避免一起离婚案件“民转刑”

一、 基本案情

在金牛区人民法院受理的一起离婚案件中，双方当事人 Z 某（女）、Z 某（男）均对离婚无异议，但对子女抚养及彩礼的退还问题存在很大争议。庭审过程中，Z 某（男）因情绪激动未经法庭允许中途退庭。庭审结束后，已离开法庭的 Z 某（男）突然出现在法庭门外，与从法庭出来的 Z 某（女）及其亲属发生抓扯，并用随身携带的刀片将 Z 某（女）及其亲属的衣服划破。见此情形，法庭工作人员迅速反应，立即将正在抓扯的双方进行隔离，及时疏散在场群众，Z 某（男）借机急速逃窜，后向 Z 某（女）发短信声称这只是警告的开始，双方当事人及其亲属的情绪一时极度激动。

二、 化解过程

为尽快化解纠纷，预防民事案件转为刑事案件，金牛区人民法院金泉人民法庭的工作人员一方面积极联系处于失联状态的 Z 某（男），并要求其父母做好 Z 某（男）的稳控工作；另一方面及时向 Z 某（男）所在地的派出所、街办和社区通报案情，商请协助做好 Z 某（男）及其亲属的稳控工作。后法庭工作人员会同社区工作人员多次前往 Z 某（男）的居住地，耐心向其及亲属释法明理，双方的紧张情绪得以缓解，怨气亦近消弭。最终，在街道办、社区工作人员的配合与见证下，承办法官成功调解该案，双方当事人对子女抚养、财产分割等争议问题达成了合意。

三、 典型意义

该离婚案件的圆满调解，使一起极可能“民转刑”的婚姻家庭纠纷化解

* 推荐单位：四川省成都市金牛区人民法院；承办人：杨宁；编写人：卢姝婕。

于无形。在该案中，金牛区人民法院通过充分发挥“诉源治理”工作机制优势，依托四级社会治安综合治理中心平台和街道社区网格化服务管理体系，建立信息互通、优势互补、协作配合的纠纷预防解决互动机制，对可能引发暴力事件的苗头性问题，及时进行通报反馈和应急处理。在人民法庭、派出所、街道办、社区等机构的协作下，避免该案的矛盾持续激化，取得了良好的法律效果和社会效果。

案例 63

行业纠纷行业解　示范引领产业兴*

——蒲江县人民法院委托行业协会协助调解猕猴桃购销合同案

一、基本案情

S 公司在四川省蒲江县从事果品经营业务，其委托中介与蒲江县十余个猕猴桃种植农户签订了猕猴桃收购合同，定期向农户采购猕猴桃，并支付了定金。由于当年猕猴桃的行情发生变化，农户在约定采摘期满前便将猕猴桃转卖给他人，双方就违约责任没有达成一致意见，S 公司遂诉至法院，请求判令农户双倍返还定金。

二、化解过程

承办法官通过到现场实地走访，发现本系列案中有两件案件的证据确凿，农户违约的事实清楚，但农户极不配合纠纷化解工作，不同意返还双倍定金；而其余案件中的各方证据均不充分，但还有协商解决的余地。从维护交易安全、倡导诚信交易的角度出发，承办法官果断决定对证据确凿的两件案件及时审理、及时判决，维护守约方合法权益。该两案判决后，双方均未上诉。对于其余的案件，因涉案农户较多，几乎是同村同组的乡邻，贸然启动诉讼程序，可能会使他们产生消极抵触情绪，若合抱成团，反而不利于纠纷化解。承办法官便联系到蒲江县猕猴桃协会，委托协会进行调解。蒲江县猕猴桃协会会长担任此次纠纷的调解员，他认为先要对各方的行为作出基本的价值评价，厘清是非；然后跳出矛盾本身，从更高的产业发展层面进行审视，寻求当事人在这个层面的最大共同价值，提取当事人利益的最大公约数，唤起当事人对共同价值的认同感，从而减小摩擦，将此类矛盾化解在始发阶段。

蒲江县猕猴桃协会会长先是让公司和农户坐到一起，同法官一起用前两

---

* 推荐单位：四川省蒲江县人民法院；承办人：苟斌；编写人：杨杨雪、苟斌。

件判决案件作为示例，帮助各方建立起对行为法律后果的认知，打消农户法不责众的心态。然后，又向他们宣传诚信原则、品牌效应和个体行为的关系，使其意识到自己的行为对蒲江猕猴桃行业可能带来的消极影响。最终，公司和农户就定金返还达成和解，当场进行了履行，公司撤回对农户的起诉。

三、 典型意义

蒲江县是农业大县，近年来依靠引入良种、政府大力扶持、聘请农技人才指导、以较高标准严格把控种植的各环节，种植的水果品质优良，畅销全国，创出了蒲江水果品牌。种植猕猴桃是蒲江县的特色产业之一，是本地乡村经济发展不可或缺的一部分。在猕猴桃产业发展中，不依约履行的失信行为所带来的后果不是某个人或者某几个人能够独立承受的。因此，吸纳行业力量参与纠纷调解，有助于厘清其中的利害关系。司法在法律规定的原则性问题上进行把关，不仅有助于纠纷解决，更有利于产业发展。行业调解作为一种非诉讼纠纷解决机制，与诉讼程序相比，具有专业性、成本低、效率高等优势。从专业性来看，蒲江县猕猴桃协会熟知猕猴桃从种植到结果再到销售等方方面面的流程和技术要点。从权威性来看，猕猴桃协会作为该行业的引领者，是果商和果农之间联系最紧密的第三方，加之协会派出的调解员一般为会长，本就是该行业较专业且德高望重的人。从成本比较来看，诉讼成本较高，且水果行业季节性较强，再生产或者销售需要大量资金回笼，对于此类纠纷采用时耗较长的诉讼程序并不经济。行业调解可以将费用支出、时耗等成本降到最低。本系列案中，猕猴桃协会的介入使纠纷得以化解，将果农和果商的总损失控制在最低范围内，各方的合作关系得以维持，利益得到最大化。这也为本地同类型纠纷解决提供了相应的指引，利于营造本地果品交易市场的诚信氛围，更好地提升品牌形象、增加产品附加值、扩大销售范围，促进猕猴桃产业的可持续健康发展。

案例 64

要不要上诉 听听第三方评估意见*

——蒲江县人民法院“诉讼风险第三方中立评估咨询中心”化解租房合同纠纷上诉案

一、 基本案情

W 某从 2014 年将登记在其名下的三轮车运营事务承包给 X 某管理营运，约定 X 某向 W 某支付相应承包费，随后 X 某将登记在 W 某名下的号牌为 00328 人力客运三轮车出租给 G 某使用。G 某租住在 L 某家，靠骑人力三轮车载客赚取收入，每日收工后将该车停放在租住房内。2018 年 3 月的一天，G 某在该租住房中点火自杀身亡，造成房屋受损和部分财产被烧毁。房东 L 某在 G 某死后将人力三轮车扣在自己家中，用以抵扣 G 某未付的房租和造成的损失，在 W 某要求退还该车时发生纠纷而诉至法院。蒲江县人民法院受理此案后，委派调解员对纠纷进行调解，房东 L 某坚持要求 W 某代 X 某支付 800 元损失费用，但 W 某仅愿意支付 300 元，调解未果。虽然本案标的额较小，但由于双方收入低，加之 G 某自杀死于房东家中，L 某很忌讳，故对立情绪严重，在多次调解未果的情况下法院作出判决：限 L 某于判决生效之日起 10 日内将号牌 00328 人力客运三轮车返还给财产所有人 W 某。房东 L 某不服判决结果决定上诉，上诉前经法庭引导后同意向设立在蒲江县人民法院诉讼服务中心的“诉讼风险第三方中立评估咨询中心”进行上诉风险咨询。

二、 化解过程

L 某在签收判决书时明确表明不服判决，承办法官告知其可以向“诉讼风险第三方中立评估咨询中心”进行上诉咨询。几天后 L 某来到“诉讼风险第三方中立评估咨询中心”，提出想要咨询上诉风险。“诉讼风险第三方中立

* 推荐单位：四川省蒲江县人民法院；承办人：祝凌；编写人：唐诗怡。

评估咨询中心”初步了解案情后，为L某安排了审判经验丰富的退休老法官老杨为L某提供咨询服务。老杨与L某见面后，L某发现老杨是他认识的熟人，所以对老杨亦比较信任。在交流过程中，L某提出自己想上诉的三点原因：（1）法院应该判决W某代高某支付拖欠自己的房租1600元；（2）法院判决结果不合理，不同意无偿将三轮车返还给W某；（3）L某是低保户，理应被法律保护。

针对L某对判决的疑惑，老杨认真分析后向L某给出评估意见认为，法院判决结果不存在错误，并提出三点意见供L某参考：（1）欠付L某房租的是高某，并非W某，L某提出要求W某支付房租没有法律依据；（2）涉案的人力三轮车本是W某所有，L某扣留三轮车没有法律依据；（3）即使L某起诉租房人亲属支付租金，但租房人已经死亡，生前也并未给L某出具欠条，胜诉困难。综上意见，建议L某服从一审判决。L某对老杨较为信任，听取了老杨的意见后，L某表示接受老杨的评估意见，放弃了上诉的念头。

一审判决生效后不久，L某已向W某返还了三轮车。此纠纷在诉讼一审阶段实质化解，未衍生出二审、再审案件。

三、 典型意义

蒲江县人民法院针对其上诉案件逐年增加、执行案件呈井喷式增长的突出现状，创新构建了二审、再审、执行等“衍生案件源头治理”机制，突破传统认知局限，打造内外兼治体系，改善司法供需矛盾，有效控制衍生案件，实现“减少诉累、提高效益，法官减负、群众受益”的治理目标。一是设立“诉讼风险第三方中立评估咨询中心”。通过邀请县域各行业专家组成本地专家库，授牌成立成都市首个“诉讼风险第三方中立评估咨询中心”，开展“一对一”上诉案件风险评估，帮助当事人分析案件情况、上诉风险及利弊，实质性化解矛盾纠纷。该中心自2018年7月建立以来，共接受上诉评估咨询6件，成功减少上诉3件，成功率达50%。二是在裁判文书后附“类案二审裁判文书”，同步实行案例推送。发挥二审裁判结果对一审裁判的指导作用，引导当事人在上诉“犹豫期”打消对二审裁判的不合理预期。目前已向当事人推送二审类案50余件，判决案件推送率达到90%。三是把法官判后释疑作为

"规定动作"。针对当事人的"疑惑"进行释法明理，并制作判后释疑确认书，宣判后由当事人及其代理人填写后装入案件卷宗，作为案件质量评查和业绩考核内容。蒲江县人民法院自 2018 年 7 月改革探索以来，审理的案件提起上诉的有 93 件，同比下降 12.26%；新收首次执行案件 611 件，同比下降 32.64%，衍生案件治理成效初显。

案例 65

多一份担当 “衍生案件”便可预防*

——蒲江县人民法院一审程序彻底化解机动车交通事故赔偿纠纷案

一、基本案情

2018 年元旦，Z 无证驾驶无号牌电动三轮车搭载一人沿蒲江县某村道行驶，在与相对方向行驶来的由 S 驾驶的中型货车会车时，电动三轮车发生侧翻，Z 及乘客跌入水沟，后乘客经医院抢救无效死亡。第二天受害人家属到公安机关报案，经公安局鉴定无号牌电动三轮车属于机动车。X 系该三轮车的所有人，同时也是某工地的包工头，其安排 Y 日常驾驶、保管该三轮车并用于买菜，其余时间车辆用于工地转运建材。Y 又是本案受害人的儿媳，事发当天其因临时有事没有去工地便擅自邀请 Z（系远亲）无证驾驶该三轮车并搭载受害人前往工地。公安机关在处理该案时，因 Z 未及时报警或保护现场，确认 Z 承担全部责任，受害人无责。后受害人家属将 Z、X、Y 三人一并诉至法院，承办法官结合事发经过、各方过错程度、损害后果等因素，酌定被告 Z、X、Y 对受害人死亡分别承担 40%、20%、20%的赔偿责任，受害人自担 20%的赔偿责任。

二、化解过程

一审判决后，承办法官按照衍生案件治理之刚性判后释疑、类案精准推送制度要求，与各方当事人进行了充分沟通，阐明了裁判理由，并提供了全市范围内相关类案，最后各方当事人均认可判决结果，未提出上诉。判决生效后，为让受害人家属及时全额收到 Z、X 承担的几十万元赔偿款（因 Y 系受害人的儿媳，受害人家属自愿放弃要求 Y 承担责任），承办法官充分发挥了

---

* 推荐单位：四川省蒲江县人民法院；承办人：倪旺；编写人：倪旺。

先予督促执行制度优势，耐心细致开展工作。一是主动担当。告别“判决书一发，啥事不管”的老做法，树立“立审执一盘棋”理念，深刻认识开展“执先督”的重要意义和作用，积极督促被告履行义务。二是耐心沟通。及时跟进，向被告释法明理，既说清拒不履行的法律后果，也讲明自动履行的优势。通过几次沟通，被告逐渐对承办法官打开了心结，也愿意心平气和地述说他们的想法与困惑，法官也就此更有针对性地进行沟通疏导。三是群众参与。在案件化解过程中，充分发动当事人家属、村社干部、邻里熟人等的重要作用。本案中Z自身经济实力有限，一次性履行存在困难，但其亲属了解到相关情况并经承办法官充分释明后，纷纷主动掏腰包凑款助Z履行判决。最终，Z、X按照判决的内容在两天内自动支付了全部赔偿款（含诉讼费），至此受害人家属仅通过一审诉讼程序就得到了全部赔偿。

三、典型意义

“诉源治理”分为内外两部分，内部“诉源治理”是“诉源治理”链条中不可或缺的一环。当前，外部“诉源治理”百花齐放，成效逐渐彰显，而内部“诉源治理”即诉内“衍生案件”治理机制有待进一步完善。近年来，蒲江县人民法院积极探索深化“衍生案件”源头治理机制，有效控制一审案件衍生为二审、再审、执行等案件，实现“一次解纷、减少诉累、提高效益，法官减负、群众受益”的治理目标。本案中，承办法官一并抓住衍生案件产生的源头，在判决后积极按照衍生案件治理工作要求，做好判后释疑、类案精准推送工作，重点攻坚“执先督”，让各方当事人自觉地履行了判决义务，有效避免了一审案件衍生为执行案件的现象，减轻群众诉累，切实提升了诉源治理实效。

第五节　推动在线调解，止解纠纷于线上

案例 66

云端解纷　市民点赞人民法院调解平台*

——“和合智解”e调解平台入驻“天府市民云”平台成功调解一起劳动争议纠纷

一、基本案情

2018年5月1日，D某应聘到四川省某通信科技分公司工作，约定工资为税后7000元且由公司购买社保，但工作后公司从未缴纳社保且2018年9月和10月工资一直未发，D某多次与公司沟通，公司却一直拖延。2019年3月2日，D某在“天府市民云”平台看到了“和合智解”e调解平台，抱着试一试的态度提出了调解申请，并选择了一位调解案件最多、成功率最高的调解员王勇进行调解。

二、化解过程

调解员第二天就联系了申请人D某了解情况，后与被申请人四川省某通信科技分公司沟通联系多次，讲清楚公司不按规定缴纳员工社保的法律责任以及拖延解决矛盾可能会增加的仲裁或诉讼成本，该公司遂同意调解。调解员组织双方进行了远程视频调解，申请人D某本来请求被申请人发放2018年

* 推荐单位：四川省成都高新技术产业开发区人民法院；承办人：王勇；编写人：汪晓圆。

9 月至 10 月共计 11 290 元工资，补交 5 月至 10 月共 6 个月社保，后经调解作出适当让步，最终达成调解协议：用人单位于 2019 年 3 月 31 日前向 D 某支付工资及社保补偿金 9100 元，D 某放弃其他请求。

三、 典型意义

这是成都法院“和合智解”e 调解平台 2.0 版入驻成都“天府市民云”平台后，市民首次使用“天府市民云”平台在线申请并调解成功的一起劳动争议纠纷。“和合智解”e 调解平台 2.0 版于 2019 年 1 月 16 日入驻“天府市民云”平台以来，为群众咨询、解纷提供了极大的便利，频获市民点赞。本案申请人 D 某于 2019 年 3 月 8 日在“天府市民云”平台的“市民互动”栏目作出评价：“我于 2019 年 3 月 2 日抱着试一试的态度，向成都市民云和合智解调解平台申请调解，我与单位之间的劳动纠纷，选择了其中调解率较高的成都高新技术产业开发区人民法院的王勇调解员。经过这几天王勇调解员的反复沟通，今天我与单位之间的纠纷成功化解，我很感谢此平台带来的便捷，维护了我们劳动者的合法权益，成都高新技术产业开发区人民法院的办事效率很高。令人赞赏，我强烈向广大市民推荐此平台，是真正为百姓办事的好平台。”多位市民相继在后面评论道：“这么牛啊！党、政府真的是给老百姓办了一件大好事啊！”“真棒！”

案例 67

“和合智解”促乡村和谐*

——蒲江县人民法院“和合智解”e调解平台成功调解一起农村土地承包合同纠纷

一、 基本案情

2006年9月27日，W某之父（已故）与X某签订了一份《土地承包合同》，将其家庭土地承包给其亲戚X某耕种，承包期为25年，合同载明的承包面积为“荒山、柑橘地、田地共约8亩”。2015年上半年W某之父去世，W某对承包给X某的土地面积提出异议，称实际面积约为13.6亩，要求X某把多余的土地退还给W某，由此多次到乡镇、县级部门信访，经西来镇司法所主持调解，双方达成土地补充调解协议。协议签订后，因对协议内容理解不一，W某认为原协议已解除，新协议签订后W某可以主张退回土地，为此W某之母L某为了要回土地，与X某发生肢体冲突，致X某受伤及土地上的果树受损，双方矛盾激化。西来镇司法所就损害赔偿多次调解未果，X某的损失未得到处理。同时，W某及其母L某长期到县级信访部门施压，西来镇政府无奈之下再次通知X某进行调解，但因矛盾已激化，X某不参加也不配合，致调解不能。2018年3月W某一纸诉状交到蒲江县人民法院，主张经西来镇司法所调解达成的补充协议已将原来的《土地承包合同》推翻，请求法院确认后来的调解协议有效，并要求退还X某手里多余的5.6亩土地。

二、 化解过程

蒲江县人民法院审查材料后认为，该案件较特殊复杂，双方矛盾尖锐，W某系残疾人，其父亲去世后完全听从于与父亲已离婚的母亲L某的意思。争议双方的矛盾时间长，X某占有的土地其实还涉及W某之父生前承包与其

---

* 推荐单位：四川省蒲江县人民法院；承办人：曹支强；编写人：杨支良。

他人的土地流转问题。乡镇司法所后来主持双方签订的土地调解协议的内容不明确，从字面意思看不出与原土地承包合同的关系，亦无法判断新协议是否涉及诉争土地。为慎重起见，法庭经当事人同意启动了先行调解程序，委派一名既有农村工作经验又有审判工作经验的退休老法官作为特邀调解员调解该案件。鉴于双方当事人的情绪极端对立，难以面对面调解，特邀调解员在征得双方当事人同意后，通过“和合智解”e调解平台组织双方进行远程视频调解。

特邀调解员在正式调解前与法庭进行了充分沟通，认真查阅了相关案件材料，并多次到纠纷发生地，与当地党委、政府的分管领导以及镇村调解组织沟通交流，获得了当地党委、政府的支持与配合，确定正式的调解由镇党委分管领导牵头、镇村调解组织负责人、原纠纷调解员和法院特邀调解员共同参加。随后几方力量对案件进行了认真研判，并走访了承包合同及新协议所涉及土地的现场，形成了调解方案共识。

调解条件成熟后，特邀调解员邀请西来镇党委分管领导、镇村负责人、原纠纷调解员共同通过法院“和合智解”e调解平台参与调解。由特邀调解员开通视频为双方主持调解，全程录音录像。调解过程中，W某坚持要求X某退还多余土地，X某坚持按原合同履行至承包期满，双方互不相让。特邀调解员利用自己曾在乡镇工作多年和在法院从事多年民商事审判工作的经验，有针对性地从土地承包合同所涉及的相关法律法规、政策、承包地现状、协议内容及双方的亲情关系等全面进行释法说理。最终，W某及其母L某认识到新协议中的8条内容并未涉及退还5.6亩土地问题，法院受理后败诉的风险非常大，请求特邀调解员给予一点时间考虑，调解初见成效。下线后特邀调解员再次找到W某代理律师沟通意见。西来镇政府派村干部趁热打铁，再次与原告及其母谈心。在W某代理律师及镇村干部的积极配合下，W某提出撤回起诉，自愿收回起诉材料，并表示待承包合同期满后再收回承包土地，不再另生是非，该纠纷得以圆满化解。

三、 典型意义

本案是基层法院特邀调解员充分发挥自身工作经验、知识优势，在乡镇党委、政府的支持配合下，利用“和合智解”e调解平台在线调解成功的一起典型的农村土地纠纷。

当前，随着国家乡村振兴战略和惠民政策的不断落地落实，农村土地的价值也越来越高，随之而来的诸如土地分配、承包面积、承包金、土地征用、土地流转、田边地角归属甚至过去征收税款期间农民自愿放弃土地、现在土地政策反补又要求收回土地等矛盾纠纷凸显。对于这些争议时间长、政策性强、矛盾激化的涉农案件，通过诉讼程序解决并不能达到最佳效果。“解铃还须系铃人”，依靠地方党委、政府的积极支持，借助基层组织、民间调解组织资源优势，形成合力更能实质性化解纠纷。

近两年，互联网调解的普及也极大地提高了法院与基层调解组织的对接效率，相应地降低了对接成本，特别是成都法院“和合智解”e调解平台自升级2.0版以来，不断向基层人民法庭及城乡社区布局，逐步引入社区法律服务工作室、律师调解工作室或“无讼社区”工作站，让城乡社区居民足不出户就能享受到便捷、高效、多元的咨询和纠纷解决服务，为解决像本案这类与广大基层群众尤其偏远地区群众息息相关的矛盾纠纷提供了新的路径。

案例 68

当事人远在天边 调解时近在眼前*

——成都高新技术产业开发区人民法院"和合智解"e调解平台远程调解成功一起涉外离婚纠纷

一、 基本案情

申请人P（男）系位于南太平洋西部的岛国瓦努阿图共和国的公民，现住瓦努阿图维拉港。被申请人K（女）系美国人，现住于四川省成都高新技术产业开发区。二人于2018年3月23日在四川省民政厅登记结婚，医婚后长期两地分居，聚少离多，导致夫妻感情完全破裂，确无和好的可能。因婚后一次吵架，申请人P一怒之下回到了瓦努阿图。二人婚后未生育子女，亦无共同财产及债权债务，双方虽初步达成了离婚的合意，但申请人长期处于异地，纠纷一直未能解决。2019年7月，申请人P向成都高新技术产业开发区人民法院起诉要求离婚，在了解到成都市的"和合智解"e调解平台可以远程调解后，又与被申请人相约向成都高新技术产业开发区人民法院提出了调解申请。

二、 化解过程

成都高新技术产业开发区人民法院诉调对接中心的法官接收调解申请后，经过分析认为，此案事实清楚且申请人身处于国外，如果通过正常的诉讼程序，审理时间较长，当事人来回奔波成本也大，适宜进行线上调解。承办法官将案件委派给了本院已经入驻"和合智解"e调解平台的特邀调解员王勇进行调解，调解员"接单"后，及时联系申请人了解案件情况及双方的诉求。因申请人目前居住在瓦努阿图，其代理人兼翻译在上海，被申请人居住在成都，调解员征求当事人同意后组织在约定的时间同时上线视频调解，承办法

* 推荐单位：四川省成都高新技术产业开发区人民法院；承办人：王勇；编写人：汪晓圆。

官参与指导。在视频调解过程中，特邀调解员整理了本案的争议焦点，即夫妻感情是否完全破裂。调解员通过对双方当事人反复地劝说及分析，最终帮助当事人达成了离婚调解协议。达成调解协议后，调解员将调解协议内容上传至平台，双方当事人查看无误后在线点击确认了协议。随后，成都高新技术产业开发区人民法院根据调解协议内容制作了调解书。

三、 典型意义

本案是“和合智解”e 调解平台升级为 2.0 版以来调解成功的一起涉外案件，当事人均为外国人，且代理人也身处异地，“和合智解”e 调解平台利用互联网将法官、调解员、双方当事人、代理人等涉及三个国家、四个地方的人员同时连线，使得本需要花很多时间和金钱的一起简单纠纷，在一天之内就成功化解。

2019 年 1 月 16 日，“和合智解”e 调解平台 2.0 版在网页端、电脑端、App 端、微信小程序端上线，其上接法院特邀调解组织系统，下连法院办案系统，并成功入驻成都市“天府市民云”平台，开放地为纠纷当事人提供在线多元解纷服务。调解全程在线开展、在线留痕。调解前，法院可以在线进行诉前委派或诉中委托特邀调解组织和特邀调解员调解；调解后，当事人也可以根据调解结果选择直接在线申请司法确认或起诉，案件信息、结果及相关材料均网上流转，极大地便利了当事人（特别是异地当事人）、调解组织、调解员和法官，具有鲜明的“互联网+”时代意义。

案例 69

行业化解涉外纠纷　调解实现各方共赢*

——四川省保险行业协会通过“和合智解”e调解平台化解一起涉外交通事故纠纷

一、基本案情

2018年2月13日，A先生驾驶甲出租汽车公司所有的出租车，在成都市青羊区与加拿大籍B女士驾驶的小轿车相撞，造成两车受损，B女士受伤。经成都市交警分局责任认定，A先生承担事故全部责任，B女士不承担事故责任。为维护自身权益并获得赔偿，B女士聘请中国律师于2019年4月16日向成都市青羊区人民法院起诉，诉请乙财产保险股份有限公司在交强险限额内承担赔偿责任，A先生、甲出租汽车公司连带赔偿残疾赔偿金等179 575.78元。作为一起涉外民事诉讼案件，人民法院若正式受理，将启动涉外民事诉讼程序审理，法官在审理过程中将面临当事人身份确认、诉讼时效等诸多涉外程序法的内容。通过调解方式更有利于简化案件程序，快速化解纠纷的目的。在征得当事人同意后，青羊区人民法院将该案件通过线上“和合智解”e调解平台推送到四川省保险行业协会下属的成都市保险合同争议人民调解委员会（以下简称保协调委会）组织诉前调解。

二、化解过程

保协调委会受理后，指导A先生、甲出租汽车公司、乙保险公司及时注册了“和合智解”e调解平台账号，经过A先生及公司代理人人脸识别认证后，调解员线上发送了案件资料，并随即通过平台解纷指引功能进行了线上辅导，比较了调解相对诉讼的巨大优势及线上调解的高效便捷性后，A先生、甲出租汽车公司、乙保险公司均同意通过远程视频调解化解纠纷。在沟通好

---

* 推荐单位：四川省保险行业协会；承办人：张静；编写人：周武荣。

调解时间后，调解员在其专属用户端设置了视频调解时间并推送给双方当事人。双方当事人的用户端及手机短信均收到通知：“B 女士与 A 先生、甲出租汽车公司、乙保险公司机动车交通事故责任纠纷，调解员已设置视频调解时间为 2019 年 5 月 8 日 14：00，请准时登录‘和合智解’客户端参与视频调解。”2019 年 5 月 8 日 14：00，调解员选择双方当事人发起视频调解后，B 女士、A 先生与甲出租汽车公司、乙保险公司代理人的手机均响铃提示，双方当事人点击接收了视频调解。调解过程中，A 先生对酒后驾驶机动车发生交通事故、保险公司免赔商业三者险内的情况予以认同；保险公司对 B 女士的伤残等级、误工期限提出异议，要求重新鉴定；对其他项目，在调解员的主持下达成一致。本次调解有共识、有差距，各方同意继续对争议部分保持沟通。

2019 年 6 月 13 日，保协调委会组织第二次视频调解。在调委会和调解员的不懈努力下，B 女士同意放弃误工费赔偿，某财产保险股份有限公司认可伤残等级，各方达成一致意见。调解员根据各方意见填写了调解方案，通过平台自动生成了调解协议，核对无误后，在线推送给了 A 先生、甲出租汽车公司、乙保险公司，双方当事人经确认并且表示无异议后，通过人脸识别在线确认了调解协议书，平台自动生成了在线确认报告，并将调解协议等案件材料同步传回了青羊区人民法院。

三、 典型意义

从 2019 年 5 月 8 日受理，到 2019 年 6 月 17 日第二次调解结案，该涉外案件化解仅用时 28 个工作日。如果通过诉讼程序解决，考虑到涉外等因素，该案处理周期将大于 6 个月的民事普通程序一审案件审理时限。因此，本案通过调解方式处理，不仅节约了司法资源，体现了保险调解的专业价值，而且促进了纠纷快速化解，提高了当事人的满意度，增强了人民群众的获得感。

人民法院大力开展诉源治理，主动运用互联网技术与保险专业调解机构实时精准对接，将案件线上分流，让专业机构办专业事，对快速化解纠纷、减轻审判压力、推进纠纷的共同化解具有重要意义。

自 2018 年调委会与“和合智解”e 调解平台对接成功以来，实现了案件实时移送，较每周一次的传统线下移转，大大提高了工作效率。2019 年，调委会受理“和合智解”e 调解平台委派案件 173 件，处理完毕 173 件，调解成功 120 件，调解成功率达 69.36%。该起案件是委派调解交通事故纠纷中的一件，但也是较特殊的一件，本起涉外纠纷的调解成功，不但节约了司法资源，也减轻了当事人的诉累，实现了诉源治理和多方共赢的良好效果。

Postscript 编后记

乡村是中华文明的基本载体，农耕文明源远流长。“国以民为本”，农业、农村、农民问题是关系国计民生的根本性问题。实施乡村振兴战略，是新时代做好“三农”工作的总抓手，没有农业农村的现代化，就没有国家的现代化。进入 21 世纪以来，2020 年已是中央连续第 17 年发布聚焦“三农”工作的中央一号文件。“产业兴旺、生态宜居、乡风文明、治理有效、生活富裕”是实施乡村振兴的总要求，其中，产业兴旺是重点，生态宜居是关键，乡风文明是保障，治理有效是基础，生活富裕是根本。乡村振兴内涵丰富，是涵盖乡村产业、文化、生态等各方面的全面振兴。乡村是具有自然、社会、经济特征的地域综合体，兼具生产、生活、生态、文化等多种功能。“准确把握乡村振兴的科学内涵，挖掘乡村多种功能和价值，统筹谋划农村经济建设、政治建设、文化建设、社会建设、生态文明建设和党的建设，注重协同性、关联性，整体部署，协调推进”是实施乡村振兴战略的基本原则之一。因此，乡村振兴不仅是农业的全面升级，也是农村的全面进步和农民的全面发展。如此诸多方面都离不开法律的引领、规范、保障与推动作用。

法律始终是人的行为规范和社会关系的调整器，如何发挥法的规范作用（指引、预测、评价）和社会作用，让法律出版助推乡村振兴，是本套丛书的根本目的。国家出台了有关乡村振兴、美丽乡村建设一系列政策措施意见，而如何从法律的视角切入，同时又着眼于乡村振兴的协同性、关联性、整体性，以系统化思维去思考与设计丛书，着实有很大难度。为此，我们紧紧围绕《中共中央、国务院关于实施乡村振兴战略的意见》《乡村振兴战略规划（2018—2022 年）》实施乡村振兴的两个纲领性文件，并从有关乡村社会的书籍中汲取营养，启发思路，寻找 法律与乡村振兴的契合点。产业兴旺需要法治营商环境；生态宜居离不开生态环境保护与修复；治理有效需要夯实基层基础，健全现代乡村治理体系，增强基层干部法治观念、法治为民意识，等等。而乡村作为地域综合体，涉农法律内容横跨刑法、行政法、民商法等各个部门法，如何围绕与乡村振兴关涉最密切、最突出的问题展开，需要一个切入点，于是选取了美丽乡村建设这一主题，从规划、建设、运营等各个纬度涉及的问题去思考、调研，抓取、组织了有关专题。

为深入实际，获取第一手资料，先后调研走访了浙江省、河南省法院和乡镇的部分法官与基层干部，以及乡村振兴的有关培训单位。在浙江，涉农案件（2014—2018 年）中，侵害集体经济组织成员权益纠纷占比较高，其次是承包地征收补偿费用分配纠纷，农嫁女权益纠纷问题突出，涉农土地案件是涉农审判的重点难点。涉农纠纷普遍存在关系错综复杂，矛盾尖锐、易激化，群体性、示范性特征突出，情理法相冲突，程序运用和法律适用难度大等问题。在浙江桐庐县，以村委会及村经济合作社为被告的 180 件案件中，其中涉合同纠纷最多，主要包括工程建设、借贷、承揽、买卖、租赁等经济活动中产生的合同纠纷。基层情况复杂、问题多，民刑交叉、行民交叉，自治与法治，法律与法律之间、政策与法律之间都会存在交叉与不统一、不协调之处。调研获得了极为生动丰富的素材和成果，在上述问题之外，有关乡村规划、涉农犯罪等各方面仍有诸多问题，有待进一步观察与梳理。

调研中，目睹了乡村发生的深刻变化，也深刻感受到了基层工作的繁忙、辛劳与不易。基层干部致力于乡村建设，扎根基层、埋头苦干的精神给我们留下了深刻的印象。在浙江余村，村里搭建了信息化村务公开平台，村委会每一笔报销单据，村民可随时在村务公开平台上查阅。在与安吉县鲁家村党支部书记座谈时，他谈到为了村民文明素质的培养是如何煞费苦心。正如著名社会学家、人类学家费孝通先生在谈到乡村改良时说，“社会是多么灵巧的一个组织，哪里经得起硬手硬脚的尝试？如果一般人民的知识不足以维持一种新制度时，这种制度迟早会蜕形的”。因而乡村振兴，美丽乡村建设，若农民的基本知识不足，文明素质不提升，就不足以从根本上改善乡村的面貌。在河南濮阳我国第一个农村党支部书记学院，人大代表李连成老支书干事创业、不怕吃亏的精神激励了一批人。在浙江桐庐县江南法庭，刘钢庭长设身处地为当事人着想，对于政策法律规定不明确、法院只能驳回起诉的案件，在当事人诉至法院后，即使再忙，他也会争取在立案七日内，及时与当地村民委员会取得联系，协调村民委员会调解处理，以做到案结事了，以实际行动诠释了司法为民的精神。

丛书汇聚了诸多领导和专家以及基层法官的思想、经验与智慧。最高人民法院有关领导和民一庭、环资庭、行政庭、研究室领导及部分专家型法官积极提供了一批乡村振兴的典型案例，并参与指导提纲设计与内容讨论、内容审定，给予了大力支持与指导，在此表示衷心的感谢！同时，感谢浙江省高级人民法院朱深远副院长、徐建新副院长、朱新力副院长、基层工作处二级巡视员吴道富同志等领导为本丛书的出版所作的大量指导、统筹协调组织工作！感谢各位作者在繁忙的工作之余为撰写丛书付出的辛勤劳动和智慧！另外，丛书策划组织过程中，自然资源部空间规划局张兵局长在百忙之中提供了无私的帮助与精心的指导，农业农村部法规司给予了积极的支持，在此一并表示诚挚的感谢！

特别感谢，第十三届全国人民代表大会宪法和法律委员会江必新副主任委员、浙江省高级人民法院李占国院长自始至终对丛书出版给予的大力指导与帮助！

民为邦本，本固邦宁。实施乡村振兴战略，在我国“三农”发展进程中具有划时代的里程碑意义。在丛书即将付梓之际，欣喜之余，深感乡村振兴的课题任重道远，真诚希望社会各界专家、学者、实务工作人员，积极关注乡村振兴中的问题，共同研究、探讨构建乡村振兴的政策法律体系，为共同谱写新时代乡村全面振兴的新篇章作出应有的贡献！

编　者

2020 年 10 月